예배의 축복과
감사설교

배창돈 설교시리즈 4

예배의 축복과
감사설교

예배의 축복과 **감사설교**

- **저　　자**　배 창 돈
- **1판 1쇄 인쇄일**　2011년 10월 25일
- **1판 1쇄 발행일**　2011년 11월 5일
  - **발 행 처**　도서출판 예루살렘
  - **발 행 인**　조 현 숙
  - **등록번호**　제16-75호
  - **등록일자**　1980. 5. 24
  - **주　　소**　서울 강남구 논현동 107-38 남광빌딩
  - **대표전화**　(02)545-0040, 546-8332, 514-5978(영업부)
  - **팩　　스**　(02)545-8493
  - **E-mail**　jerubook@naver.com

  - **기　　획**　정 용 한
  - **편　　집**　김 대 훈
  - **영　　업**　오 승 한

  값 12,000원
  ISBN 978-89-7210-529-9　03230

배창돈 설교시리즈 4

예배의 축복과
감사설교

배 창 돈 지음

머리말

　그리스도인이라면 하나님 말씀 속에 있는 엄청난 보화에 대한 기대감을 가집니다. 살아계신 하나님의 말씀이 삶 속에 역사할 때 그 결과는 참으로 놀랍기 때문입니다.
　성도의 뚜렷한 특징은 예배와 감사입니다.
　예배는 성도의 의무요 특권입니다. 예배를 사모하는 자에게 주시는 하나님의 축복은 성경을 통해서 뿐 아니라 경험하는 성도들을 통해서도 잘 알 수 있습니다. 사람의 등급은 예배를 드리는 모습에 따라 매겨져야 한다는 누군가의 말에 크게 동감하게 됩니다.
　성도의 또 다른 특징은 모든 일에 감사한다는 것입니다. 하나님께서 범사에 감사하라고 하신 것은, 감사할 때 또 다른 은혜를 누릴 수 있기 때문입니다. 믿음이 좋은 성도들은 예외 없이 모든 일에 감사하며 사는 것을 봅니다. 감사하면 마음에서부터 평안과 기쁨을 누리게 되고 자신이 속한 모임과 교회에서도 거룩한 영향력을 끼치게 됩니다.

하나님께서 원하시는 예배자의 삶과 감사하는 삶은 동전의 양면과 같다고 할 수 있을 것입니다. 또한 모든 일에 감사하며 사는 자가 하나님께서 기뻐하시는 삶의 예배를 드리게 되어 세상을 변화시키는 능력있는 제자가 될 수 있을 것입니다.

  "예배의 축복과 감사설교"는 지금까지 설교한 감사절 설교와 예배에 대한 설교를 모았습니다. 이 설교집이 진정한 예배자의 삶과 감사의 삶을 통해 하나님의 은혜를 경험하며 살아가는데 도움이 되었으면 합니다.

  오늘까지 항상 격려와 기도로 수고하며 함께 동역해주신 분들에게 감사드리며 모든 영광을 하나님께 돌려 드립니다.

평택에서
배창돈 목사

목 차

머리말 ·· 6

바울의 감사 영성 (행 16:19-34) ································ 11

감사의 비밀 (눅 17:12-19) ·· 25

삶을 감사로 채우라 (출 23:14-16) ····························· 41

감사의 신비 (시 136:1-12) ·· 55

감사 체질로 살자 (살전 5:18) ···································· 69

감사의 유익 (살전 5:16-18) ······································ 83

하나님의 추수 시간표 (눅 19:11-19) ························· 97

이스라엘의 3대 절기 (골 2:6-7) ······························ 109

기쁨과 감사의 찬양 (시 100:1-5) ···························· 121

전쟁과 감사 (민 31:48-54) ····································· 135

소망 중에 감사하는 삶 (사 43:14-19) ······················ 147

다윗의 감사와 그 결과 (대상 17:1-15) ····················· 161

끝까지 쓰임 받는 자 (민 14:1-12) ·············· 171

원망과 시비가 복음에 끼치는 영향 (빌 2:14-16) ······ 185

먼저 예배자가 되라 (창 4:1-8) ·············· 197

예배자의 축복 (왕상 3:1-15) ·············· 211

예배의 흔적 (출 20:24) ·············· 221

하나님의 임재를 사모하는 예배자 (눅 15:11-24) ······ 235

변함없는 경배자 아브라함 (창 22:1-18) ·············· 247

예배와 성결 (슥 14:12-21) ·············· 259

예배자 다윗 (삼상 17:41-49) ·············· 271

예배와 인생 (창 4:3-16) ·············· 283

예배와 리더 (욥 1:1-5) ·············· 295

마리아를 통해 배우는 예배 (마 26:6-13) ·············· 309

바울의 감사 영성

(행 16:19-34)

『[19] 여종의 주인들은 자기 수익의 소망이 끊어진 것을 보고 바울과 실라를 붙잡아 장터로 관리들에게 끌어 갔다가 [20] 상관들 앞에 데리고 가서 말하되 이 사람들이 유대인인데 우리 성을 심히 요란하게 하여 [21] 로마 사람인 우리가 받지도 못하고 행하지도 못할 풍속을 전한다 하거늘 [22] 무리가 일제히 일어나 고발하니 상관들이 옷을 찢어 벗기고 매로 치라 하여 [23] 많이 친 후에 옥에 가두고 간수에게 명하여 든든히 지키라 하니 [24] 그가 이러한 명령을 받아 그들을 깊은 옥에 가두고 그 발을 차꼬에 든든히 채웠더니 [25] 한밤중에 바울과 실라가 기도하고 하나님을 찬송하매 죄수들이 듣더라 [26] 이에 갑자기 큰 지진이 나서 옥터가 움직이고 문이 곧 다 열리며 모든 사람의 매인 것이 다 벗어진지라 [27] 간수가 자다가 깨어 옥문들이 열린 것을 보고 죄수들이 도망한 줄 생각하고 칼을 빼어 자결하려 하거늘 [28] 바울이 크게 소리 질러 이르되 네 몸을 상하지 말라 우리가 다 여기 있노라 하니 [29] 간수가 등불을 달라고 하며 뛰어 들어가 무서워 떨며 바울과 실라 앞에 엎드리고 [30] 그들을 데리고 나가 이르되 선생들이여 내가 어떻게 하여야 구원을 받으리이까 하거늘 [31] 이르되 주 예수를 믿으라 그리하면 너와 네 집이 구원을 받으리라 하고 [32] 주의 말씀을 그 사람과 그 집에 있는 모든 사람에게 전하더라 [33] 그 밤 그 시각에 간수가 그들을 데려다가 그 맞은 자리를 씻어 주고 자기와 그 온 가족이 다 세례를 받은 후 [34] 그들을 데리고 자기 집에 올라가서 음식을 차려 주고 그와 온 집안이 하나님을 믿으므로 크게 기뻐하니라』

바울의 감사 영성

　바울사도와 실라가 2차 전도여행을 하는 중에 마게도냐의 첫 번째 성인 빌립보로 갔습니다. 그 곳에서 귀신들린 사람을 고쳐줍니다. 오랫동안 고통을 당하던 사람을 고쳐 주었지만 그 결과는 오히려 사람들에게 잡혀서 매를 맞고 감옥에 갇히게 됩니다. 선한 일을 한 결과 치고는 너무나 억울한 일이었습니다.

　본문 22절부터 23절에 보면 그 때 상황을 알 수가 있습니다. "무리가 일제히 일어나 고발하니 상관들이 옷을 찢어 벗기고 매로 치라 하여 많이 친 후에 옥에 가두고 간수에게 명하여 든든히 지키라 하니"

　하나님의 일을 할 때 세상 사람들로부터 핍박을 받을 때가 있습니다. 선한 일이든 악한 일이든 자신에게 이익이 되면 좋아하지만 손해가 되면 기를 쓰고 방해하고 비난합니다.

　귀신들린 사람이 점을 쳐서 자기 주인을 이롭게 했는데 이제 귀신으로부터 벗어남으로 점을 칠 수 없게 되자 주인에게 돌아갈 이익이 없어졌기 때문이었습니다.

그리스도인은 하나님이 주신 뜻을 쫓아 각자에게 맡겨진 사명을 위해 이익과 손해를 초월한 섬김의 삶을 살아야 합니다.

땅콩 박사라고 불리는 조지카버는 흑인 노예의 아들로 태어났습니다. 그의 어머니는 조지커버가 사람을 알아보기도 전에 갱단에게 끌려가 행방불명되고 말았습니다. 자신이 태어난 날도 알지 못하고 어릴 때부터 몸이 약한 조지카버였지만, 배움의 열정을 가지고 인종차별을 이기고 누룩처럼 자신의 일에 최선을 다하므로 흑인에 대한 사회인식을 바꾸었습니다. 돈과 명예를 얻을 수 있는 기회들을 포기하고 국민들을 위해 헌신하였습니다. 목화에 모든 것을 걸었던 사람들에게 땅콩 재배를 통해 수익을 얻을 수 있도록 했습니다.

자신만을 위해 사는 자가 있고 주님의 뜻과 주신 사명을 위해 살아가는 자가 있습니다.

바울은 자신에게 맡겨진 일, 복음 전하는 일을 위해서는 자신에게 엄청난 고통이 다가올지라도 개의치 않고 최선의 삶을 살았습니다.

깊은 밤의 찬송

사람이 억울한 일을 당하면 잠을 못 이룹니다. 억울하게 감옥에 갇힌 바울과 실라가 잠이 왔을까요?

그들에게 그 밤은 일이 꼬인 힘든 시간이었습니다. 분해서 어쩔 줄 몰라 해야 하는 시간에 그들은 기도하고 하나님을 찬송했습니다. 한치 앞도 보이지 않는 시간에 기도하고 찬송한 것입니다.

어려움을 당할 때 두 가지 현상이 나타납니다. 깊은 어둠을 헤치지 못하고 어둠 속에서 주저앉는 사람이 있는가 하면, 어둠을 이기고 더욱 힘있는 삶을 사는 사람들이 있습니다.

힘들고 어려운 일을 당하고 있습니까? 인생의 깊은 밤이 찾아왔습니까? 그러면 일어나서 어두움을 쫓아내야 합니다. 하나님께 더욱 가까이 가야 합니다. 해결자는 오직 하나님 뿐이심을 알고 바라보아야 합니다. 우리가 덫에서 빠져 나올 수 있도록 도우실 분은 주님 밖에 없기 때문입니다. 우리가 주의 은혜를 사모하고 도움을 기다리면 아침마다 우리에게 힘을 주시고, 어려운 일을 당할 때에 구원해 주실 것입니다.

『내 눈이 항상 여호와를 바라봄은 내 발을 그물에서 벗어나게 하실 것임이로다』(시 25:15)

『여호와여 우리에게 은혜를 베푸소서 우리가 주를 앙망하오니 주는 아침마다 우리의 팔이 되시며 환난 때에 우리의 구원이 되소서』(사 33:2)

바울과 실라는 그들에게 다가온 어려움이 부당하다고 기도할 수도 있었습니다. 답답한 마음을 하나님께 내놓고 그들의 마음을 토해내었을 것입니다.

그러나 그들은 기도만 한 것이 아닙니다. 찬송했다고 합니다. 그들의 찬송은 어떤 찬송이었을까요? 한 밤중에 찬송했다는 것은 "하나님 참 잘하셨습니다. 감사합니다."라는 의미를 담고 있는 것입니다. 어려움 속에서도 하나님께 감사할 수 있는 마음이 바로 찬송하는 자의 마음인 것입니다.

보통 일이 잘 풀릴 때, 밝은 미래가 보장되었을 때 하나님을 찬송할 수 있습니다. 그러나 바울과 실라는 고통 가운데서 하나님을 찬송한 것입니다.

우리도 어떤 상황에서도 "하나님 참 잘하셨습니다."라고 하나님을 향해 박수와 신뢰를 보냅시다. 어두움이 깊어갈 때도 하나님을 찬양해야 합니다.

바울의 감사의 영성

바울은 복음을 전하는 일을 위해서는 자신의 목숨을 조금도 아깝게 생각하지 않았습니다. 바울이 그의 삶을 마감하면서 이런 고백을 하였습니다.

『내가 달려갈 길과 주 예수께 받은 사명 곧 하나님의 은혜의 복음을 증언하는 일을 마치려 함에는 나의 생명조차 조금도 귀한 것으로 여기지 아니하노라』(행 20:24)

이런 고백을 할 수 있는 것은 바로 바울의 마음에 자리잡은 감사 때문이었습니다. 감사의 마음을 가지면 인내할 수 있고, 어떤 상황에서도 흔들림 없는 영적인 힘을 가질 수 있습니다. 감사는 하나님의 마음을 기쁘시게 해 드리고 사람의 마음을 감동시킵니다.

제가 젊었을 때 오토바이 사고로 부상을 입고 병원에 입원해 있을 때 목사님이 심방을 오셨습니다. 그때 우리 어머니는 목사님께 "우리 집에 큰 경사가 났습니다. 오토바이 사고가 났음에도 이 정도 부상으로 생명을 지켜주셨으니 이 보다 더한 경사가 어디 있습니까"라고 말씀하셨습니다. 어머니의 그 말씀에 위로하려고 오셨던 목사님이 오히려 위로를 받고 가셨다고 합니다.

감사의 제목을 헤아려보면 셀 수 없을 정도로 많습니다. 하루 동안의 감사, 한 주간 동안의 감사, 한 해 동안의 감사, 태어나서 지금까지의 감사를 세어 보십시오. 아마 셀 수 없을 것입니다.

감사의 세포로 가득 찬 사람은 어떤 경우에도 원망하거나 불평하지 않습니다. 바울은 예수 믿은 후 감사의 세포로 가득 찬 사람으로 바뀌었고, 깊은 밤에 찬송하므로 그의 영적인 건강도를 보여 준 것입니다.

오직 하나님의 은혜로

바울은 하나님의 은혜를 마음에 품고 산 사람이었습니다. 십자가에서 나의 억만 죄악을 위해 죽으신 예수 그리스도의 은혜가 언제나 샘솟았습니다. 하나님의 은혜에 대한 감격이 없었다면 그는 지치고 쓰러졌을 것입니다. 얼마나 많은 핍박과 조롱, 그리고 멸시를 받았습니까? 그런 가운데서도 흔들림 없이 사명을 감당할 수 있었던 것이 바로 하나님의 은혜에 대한 감사 때문이었던 것입니다.

바울 자신이 예수님을 믿고 사도로 살 수 있었던 것 자체가 하나님의 은혜로 된 것임을 알았고. 베푸신 은혜가 헛되지 않도록 다른 사도들보다 더 열심히 일하였지만, 그 열심까지도 함께 하시는 하나님의 은혜로 한 것이었다고 고백할 정도였습니다.

『그러나 내가 나 된 것은 하나님의 은혜로 된 것이니 내게 주신 그의 은혜가 헛되지 아니하여 내가 모든 사도보다 더 많이 수고하였으나 내가 한 것이 아니요 오직 나와 함께 하신 하나님의 은혜로라』(고전 15:10)

그래서 바울은 감옥에서도 기뻐하며 사역했습니다. 매사가 다 기쁨이었습니다.

『주 안에서 항상 기뻐하라 내가 다시 말하노니 기뻐하라』(빌 4:4)

바울은 자신이 복음을 받은 것도 은혜요, 복음을 전하는 것도 하나님의 은혜임을 알고 항상 기뻐하며 섬겼던 것입니다.

여러분은 지난날을 돌이켜 보면 어떤 생각이 드십니까? 지나간 세월의 아픔, 비애스러움이 나를 짓누릅니까? 아니면 하나님의 은혜에 대한 감사가 저절로 나오십니까?

감사는 자신을 지탱하는 힘입니다. 감사는 삶을 기쁘게 살 수 있는 대단한 능력입니다. 울어야 할 때 웃을 수 있고, 하나님을 원망해야 할 상황에서도 하나님께 박수와 지지를 보내는 사람이 될 수 있는 것은 바로 감사입니다.

여기서 잠깐 한 사람을 생각해 봅시다.

이스라엘의 초대왕 사울입니다. 정말 별 볼일 없는 존재로 살다가 죽을 수밖에 없는 자였습니다. 그런데 하나님께서 그를 불러서 왕으로 삼아 주셨습니다. 사울은 처음에는 하나님께서 자신을 불러 주신 것에 대해 너무나 감사해서 어찌할 바를 모르고 말했습니다.

『사울이 대답하여 이르되 나는 이스라엘 지파의 가장 작은 지파 베냐민 사람이 아니니이까 또 나의 가족은 베냐민 지파 모든 가족 중에 가장 미약하지 아니하니이까 당신이 어찌하여 내게 이같이 말씀하시나이까 하니』(삼상 9:21)

그러나 사울은 시간이 지남에 따라 하나님의 은혜의 샘을 모두 퍼내 버렸습니다. 결국 감사의 영성은 말라져버리고 말았습니다. 그리고 감사의 자리를 자신의 노력과 자신의 의로 채웠고, 결국에는 하나님의 뜻을 거스르고 더 이상 하나님으로부터 쓰임 받을 수가 없었습니다.

감사란 무엇인가요?

감사란 우리를 성장시키고 발전하도록 도와주신 모든 것이 하나님께로부터 온 것임을 알고 표현하는 것입니다. 감사란 느낄 감(感)

사례할 사(謝)자로 은혜를 받은 자들이 고마움을 느껴서 구체적인 행동으로 표현하는 것을 말합니다. 성도들은 지나간 세월을 억울해 하거나 분해하지 말고, 어려운 가운데서도 인도해 주신 하나님께 감사해야 합니다.

지나고 보면 모든 것이 감사의 제목임을 느끼게 됩니다. '범사에 감사하라'는 말씀은 진리입니다. 그러므로 지혜로운 자는 어떤 상황에서 감사하며 더욱 하나님을 신뢰하게 되는 것입니다.

어렵고 힘들 때 환하고 밝은 노래를 부르는 사람들의 모습은 얼마나 아름답습니까? 이것이 소망을 가진 자의 모습인 것입니다.

하나님과의 끊어지지 않는 관계

바울이 밤중에도 감사한 것은 하나님과의 관계에 대한 확신 때문이었습니다. 어떤 경우에도 하나님과의 관계는 끊어지지 않는다는 사실 때문에 감사한 것입니다. 인생의 한 밤중에도 하나님과의 관계는 끊어지지 않습니다. 이 사실 때문에 우리는 언제나 감사해야 하는 것입니다. 한 번 예수 믿으면 어떤 경우에도 하나님과의 관계는 영원합니다. 바울의 확신이 한밤중의 노래로 드러났습니다.

"어떤 경우에도 함께 하시는 하나님, 제가 당한 일도 하나님이 아시지요? 저는 어떤 경우에도 하나님을 지지합니다. 하나님은 어떤 일도 유익하게 하시는 분입니다"

간혹 성경에 보면 원망하는 사람들이 나옵니다. 그들은 "하나님 이게 뭡니까? 정말 우리의 하나님 맞아요? 도대체 어떻게 우리를 이렇게 대우하세요? 하나님 섭섭합니다" 그것이 원망입니다.

감사는 하나님을 하나님으로 대우해 드리는 것입니다. 그러므로 원망과 불평은 하나님을 하나님으로 인정하지 않는 것이 되는 것입니다.

우리가 속한 공동체가 감사하는 사람들만 있으면 잘 될 수밖에 없습니다. 그러나 원망과 불평으로 가득 찬 사람들이 있으면 모두가 힘들고 아파할 수밖에 없습니다. 우리가 속한 가정과 교회는 어떻습니까?

감사의 결과

한 밤중의 찬미는 사도 바울과 그 주위 사람들에게 새로운 일을 경험하게 하였습니다. 하나님은 감사하는 자에게 새로운 경험을 하도록 하십니다. 감사하는 바울에게 또 다른 감사의 제목을 주신 것입니다.

『이에 갑자기 큰 지진이 나서 옥터가 움직이고 문이 곧 다 열리며 모든 사람의 매인 것이 다 벗어진지라』 (행 16:26)

큰 지진 일어나 감옥터가 움직였고 그들을 묶고 있던 쇠사슬과 수갑이 다 벗겨졌습니다. 도무지 상상할 수 없는 하나님의 간섭이 시작된 것입니다. 하나님께서 직접 감옥에 오신 것입니다. 그리고 하나님께서 직접 일하기 시작하신 것입니다.

하나님은 우리의 감사를 보고 일하십니다. 예수 믿고도 정말 제대로 된 감사 한 번 못했다면 하나님께 지나간 모든 시간에 대해 감사하고, 한 순간 한 순간 다가오는 어떤 문제도 감사해야 합니다.

유명한 설교가 스펄전은 이런 말을 했습니다.

"우리에게 별빛을 주신 은혜를 감사하면 하나님께서 우리에게 달빛을 주실 것이요. 우리에게 달빛을 주신 하나님께 감사하면 우리에게 햇빛을 주실 것이며, 우리에게 햇빛을 주시는 것에 감사하면 우리를 햇빛도 소용없는 좋은 곳으로 인도하여 주실 것이니 그곳에는 하나님의 영원하신 빛이 밤낮으로 비칠 것입니다."

우리는 하나님의 사랑을 항상 받고 있으므로 끊임없이 열렬하게 감사해야 합니다. 그리고 감사하는 자세는 헌신적이어야 합니다. 감사한 사도바울은 하나님의 일하심을 눈으로 보고 경험하고 있습니다. 감사하게 되면 더 큰 하나님의 일하심을 보게 될 것입니다.

새로운 기회를 얻게 됨

일할 수 있는 기회를 얻는 자는 행복한 자입니다. 섬길 수 있는 것은 기회요 축복입니다. 감사는 또 다른 축복의 기회가 되는 것입니다.

하나님께서 바울 일행을 감옥에서 단지 빼내기만 하신 것이 아닙

니다. 간수의 가정을 바울을 통해 구원받을 수 있도록 하셨습니다. (행 16:27-34)

바울과 실라의 한 밤중의 감사 찬송은 간수를 절망적인 상황으로 몰고 가는 것처럼 보였지만 결국 그 모든 식구들이 예수님을 믿고 세례를 받게 되었습니다. 온 가족이 구원 받은 것입니다. 그리고 온 가족이 기뻐합니다. 바울과 실라에게 다시 한번 복음을 전할 수 있는 기회를 주신 것입니다. 전혀 새로운 기회, 뜻밖의 기회는 감사할 때 찾아오는 것입니다.

오묘한 하나님의 뜻

결국 이 간수의 가정을 구원하시고자 하는 하나님의 뜻이 있었음을 알 수가 있습니다. 바울과 실라가 감옥에 들어가게 된 것도 결국 이 간수의 가정을 구원하시고자 하는 하나님의 사랑의 계획이 있었던 것입니다.

하나님은 구원에 대한 계획을 세우시고 인도하시고 좋은 결과를 맺게 하신다는 사실을 알아야 합니다. 하나님의 계획은 감사하는 자들을 통해 이루십니다. 원망과 불평, 비판을 서슴치 않을 때 하나님은 이스라엘의 광야 기간을 더욱 연장하셨음을 기억해야 합니다. 바울과 실라는 아무 것도 모르고 감옥에 끌려오는 고통과 수모를 당했지만 끝까지 하나님을 신뢰하고 지지했습니다. 그리고 감사했습니다.

"하나님, 무슨 뜻인지 모르지만 오늘 이 일도 대단히 잘하셨습니다. 감사합니다. 하나님께 전폭적인 지지를 보냅니다."

어떤 경우에도 감사하시기 바랍니다. 그러면 하나님께서 우리를 통해 일하실 것입니다. 감사하는 자를 지속적인 복음의 도구로 사용하실 것입니다.

가장 행복한 사람 바울

요즘은 사람들의 입에서 행복이라는 말이 너무나 쉽게 나옵니다. 맛있는 음식을 먹으며 " 행복합니다." 즐겁게 놀면서도 " 행복합니다" 자신이 원하던 직장에 들어갔을 때 행복하다고 말합니다. 그렇다고 그들이 말하는 것이 틀렸다는 것이 아닙니다.

일반적으로 사람들이 말하는 행복은 '생활의 만족과 삶의 보람을 느끼는 흐뭇한 상태'를 말합니다. 그러나 하나님의 사람들의 행복은 이와는 달라야 합니다. 가장 가치 있는 것을 이루었을 때의 표현이 행복이어야 합니다.

주님은 잃어버린 한 영혼을 찾으시고 행복해 하셨습니다. 『예수께서 그들에게 이 비유로 이르시되 너희 중에 어떤 사람이 양 백 마리가 있는데 그 중의 하나를 잃으면 아흔아홉 마리를 들에 두고 그 잃은 것을 찾아내기까지 찾아다니지 아니하겠느냐 또 찾아낸즉 즐거워 어깨에 메고 집에 와서 그 벗과 이웃을 불러 모으고 말하되 나와 함께 즐기자 나의 잃은 양을 찾아내었노라 하리라 내가 너희에게 이르노니 이와 같이 죄인 한 사람이 회개하면 하늘에서는 회개할 것 없는 의인 아흔아홉으로 말미암아 기뻐하는 것보다 더하리라』(눅 15:3-7)

십자가에서 "다 이루었다"라고 말씀하신 주님은 육체의 고통 가운데서도 행복하셨습니다.

간수와 그 가족에게 당당하게 복음을 전한 바울은 행복했을 것입니다.『이르되 주 예수를 믿으라 그리하면 너와 네 집이 구원을 받으리라 하고』(행16:31)

복음을 전한 바울은 생애에 또 한 번의 행복한 순간을 맛보았을 것입니다. 주 예수를 믿고 간수의 가족이 기뻐하는 것을 보면서 얼마나 행복했을까요? 그리고 주님은 얼마나 기뻐하시고 행복해 하셨을까요?

감사하며 사는 자는 모두를 행복하게 하는 자입니다. 할렐루야!

감사의 비밀

(눅 17:12-19)

『[12] 한 마을에 들어가시니 나병환자 열 명이 예수를 만나 멀리 서서 [13] 소리를 높여 이르되 예수 선생님이여 우리를 불쌍히 여기소서 하거늘 [14] 보시고 이르시되 가서 제사장들에게 너희 몸을 보이라 하셨더니 그들이 가다가 깨끗함을 받은지라 [15] 그 중의 한 사람이 자기가 나은 것을 보고 큰 소리로 하나님께 영광을 돌리며 돌아와 [16] 예수의 발 아래에 엎드리어 감사하니 그는 사마리아 사람이라 [17] 예수께서 대답하여 이르시되 열 사람이 다 깨끗함을 받지 아니하였느냐 그 아홉은 어디 있느냐 [18] 이 이방인 외에는 하나님께 영광을 돌리러 돌아온 자가 없느냐 하시고 [19] 그에게 이르시되 일어나 가라 네 믿음이 너를 구원하였느니라 하시더라』

감사의 비밀

사람이 병들었을 때처럼 나약해지는 때는 없을 것입니다. 내 몸의 일부이지만 마음대로 할 수 없는 것이 우리 몸 속에 있는 병입니다.

특히 나병은 격리되어야 하는 병이기에 가족과 함께 살 수도 없습니다. 요즘은 한센씨병이라 부릅니다. 구약에 한센병이란 단어가 처음 등장하는 곳은 출애굽기 4장6절입니다. 히브리어로는 '매쫄라트'로 표현되었는데, 이 말은 '짜라'라는 말에서 파생된 말로 "몹시 괴롭다"라는 뜻을 가지고 있습니다.

한센씨병이란 노르웨이 의학자였던 한센씨(HanSen Armomer Gerhavd Henk, 1841-1912)가 1897년 처음으로 한센균을 발견하여 배양에 성공함으로 한센씨병을 병균에 의해 감염되는 병이라고 공포하게 되었고, 본격적인 치료약이 개발되어 한센씨병을 완치할 수 있었습니다.

의사이신 예수님

건강에 대한 욕망은 모든 사람에게 있습니다. 건강하게 살기 위해 수단과 방법을 가리지 않습니다.

진시황은 아방궁을 짓고 만리장성을 쌓은 후에 오래 살기 위해 서불이라는 신하에게 명하여 불로초를 구해오게 했습니다. 서불을 통해 바다에 있는 봉래산으로 보냈는데, 서불이 여로에 지쳐 쉬었던 경남 거제시 와현마을에 '서불유숙지' 기념비가 2007년도에 세워졌습니다. 사마천이 쓴 사기에도 불로초의 내용이 언급되어 있는데, 남해 금산을 거쳐 거제도 와현, 해금강 등지에서 유숙하다 제주도를 경유해 일본 복강현까지 긴 여행을 했지만 서불은 끝내 불로초를 구해 바치지 못했다고 합니다. 물론 전설이지만 사람들이 건강하게 오래 살기를 얼마나 원하는지를 잘 알 수 있는 내용이기도 합니다.

나병은 그 당시만 해도 저주받은 병이요 불치의 병이었습니다. 그런데 열 명의 나병환자가 예수님이 오신다는 소식을 들었습니다. 그들에게는 너무나 기쁜 소식이었을 것입니다. 예수님께서는 못 고치시는 병이 없다는 소식을 이미 들어서 알고 있었기 때문입니다. 예수님께 나아가는 자들은 육체의 병 뿐 아니라 마음의 병까지도 치료받는다는 사실을 들어서 알고 있었습니다. 예수님 주위에는 수많은 병자들이 모여들었고, 그들은 예수님이 자신을 고쳐 주실 수 있는 분이라는 기대감을 가졌습니다.

『이는 선지자 이사야를 통하여 하신 말씀에 우리의 연약한 것을 친히 담당하시고 병을 짊어지셨도다 함을 이루려 하심이더라』(마 8:17)

영국의 선교사이며 아프리카의 탐험가로 흑암 대륙의 아버지로 불리는 리빙스턴(1813-1873)은 말했습니다 " 하나님은 단 한 분의 아들을 가지셨다. 그 분은 선교사이며 의사이셨다."

예수님은 어떤 병도 치료해 주실 수 있는 의사이신 것입니다.

마음을 얻는 용기

이들은 사람들을 기피하는 대인 기피증까지 있었을 것입니다. 그러나 그들은 대단한 결단을 했습니다. 수많은 사람들이 예수님 주위를 둘러싸고 있어서 그들이 가까이 가기 어렵다는 사실을 알았지만 용기를 낸 것입니다. 세상의 대통령이나 높은 지위에 있는 사람들은 용기를 내어서 찾아가도 만나기 어렵지만 예수님은 누구나 만날 수 있습니다. 주님께 나아갈 용기만 있으면 누구나 만날 수 있는 것입니다. 삭개오 같이 다른 사람들로부터 비판받는 사람도 주님께서는 만나주셨습니다. 더 나아가 삭개오의 집에서 묵으셨습니다. 우리가 예수님을 만나기를 원하면 누구나 만나 주십니다.

오늘도 우리 주님은 나병환자들과 같은 용기를 가진 자들을 찾고 계십니다. 주님 앞에 나아가는데 어떤 외부적인 방해는 반드시 극복할 수 있습니다. 가장 큰 방해는 자기 자신입니다. 자신의 마음속에 있는 두려움과 염려만 극복한다면 주님을 만나는데 그 어떤 것도 방해가 될 수 없는 것입니다.

믿음의 법칙

그 당시 나병에 걸린 사람은 일반인들과 접촉할 수 가 없었습니다. 이들은 예수님을 만날 자격이 없는 사람들이었습니다. 그럼에도 예수님께서는 이들을 만나 주셨습니다. 이 사람들은 예수님을 만날 자격과 조건을 전혀 갖추지 못했지만 예수님은 이들을 정말 적극적으로 맞이해 주신 것입니다.

이것이 믿음의 법칙입니다. 예수님께 나아가 믿기만 하면 누구나 구원 받을 수 있습니다. 자격 없는 열 명의 나환자가 예수님을 만나서 감격적인 치유의 은혜를 누렸듯이 우리도 온갖 죄를 안고 사는 영적인 나병 환자였으나 예수님께서 우리를 받아 주신 것입니다.
『너희는 그 은혜에 의하여 믿음으로 말미암아 구원을 받았으니 이것은 너희에게서 난 것이 아니요 하나님의 선물이라 행위에서 난 것이 아니니 이는 누구든지 자랑하지 못하게 함이라』(엡 2:8-9)

마음을 열어야 합니다

　열 명의 나병환자들은 엄청난 은혜를 받았습니다. 마음을 열기만 하면 누구나 은혜 받을 수 있습니다. 이것이 하나님 나라의 법칙입니다. 수십 년 동안 사람들과 격리되어 있던 심각한 나병환자들이 은혜 받을 수 있었던 것은 그들이 먼저 마음을 열었기 때문입니다.
　여러분, 마음을 여십시오. 주님께 마음을 열고, 말씀에 마음을 여십시오. 그러면 여러분에게 은혜와 감격이 임할 것입니다. 주님께서 오셔서 함께 해 주실 것입니다.
　『볼지어다 내가 문 밖에 서서 두드리노니 누구든지 내 음성을 듣고 문을 열면 내가 그에게로 들어가 그와 더불어 먹고 그는 나와 더불어 먹으리라』(계 3:20)
　그들이 주님께 마음을 열 수 있었던 것은 먼저 그들 자신이 불쌍히 여김을 받아야 하는 존재임을 인정한 것입니다. 그들에게는 부끄러움이나 체면이라는 것은 존재하지 않았습니다. 오직 주님의 긍휼하심만이 필요했습니다. 그들은 주님을 향해 외쳤습니다. "예수 선생님이여 우리를 불쌍히 여기소서" 이들에게 기적이 일어났습니다. 불치병으로 여긴 나병이 나은 것입니다.
　이들이 치료받게 되는 기적은 바로 자신들이 긍휼히 여김을 받아야 하는 존재임을 깨달으면서부터 시작되었습니다. 사람은 누구나 하나님 앞에서 불쌍히 여김을 받아야 할 존재임을 깨달을 때 마음을 열고 주님을 적극적으로 찾게 됩니다.

 하나님 앞에서 주먹을 쳐들고는 '내 힘을 믿는다' 고 큰 소리 치는 것은 참으로 어리석은 짓입니다. 사람이 돈을 가지고, 막강하게 보이는 권력을 가졌을지라도 하나님 앞에서는 모두 불쌍히 여김을 받아야 할 존재임을 알아야 합니다. 하나님의 기적은 긍휼히 여겨달라고 기도할 때부터 시작됩니다.

감사와 표현

 열 명의 나병환자 모두가 나았습니다. 얼마나 기뻤을까요? 이제 그들은 하고 싶은 것을 할 수가 있게 되었습니다. 사랑하는 가족과 친구들을 만날 수 있게 되었고, 그 동안 하지 못한 일들을 할 수 있게 되었습니다. 그리고 병이 나았다고 자랑하고 싶었을 것입니다. 그들은 모두 갈 길로 갔습니다.

 그런데 한 사람은 돌아와서 하나님께 영광을 돌려드리고 예수님께 감사하였습니다.

『그 중의 한 사람이 자기가 나은 것을 보고 큰 소리로 하나님께 영광을 돌리며 돌아와 예수의 발아래에 엎드리어 감사하니 그는 사마리아 사람이라』(눅 17:15-16)

 이 사람은 사마리아 사람으로 예수님의 발아래 엎드렸습니다. 그리고 감사하고 있습니다. 이는 단순히 인사치레가 아니고 환희와 감격에서 나오는 것입니다.

감사는 표현하는 것입니다. 구체적으로 표현하는 것이 진정한 감사입니다.

손자가 할아버지 병문안을 갔습니다. 대수술을 마치고 회복 중에 있는 할아버지 앞에서 손자가 무릎을 꿇고 기도합니다. '하나님! 할아버지 병을 치료해 주셔서 감사해요. 제가 가진 장난감 중에 하나만 가져가세요'

손자의 모습을 통해 어떤 느낌을 받습니까? 은혜를 입은 자는 구체적으로 표현해야 합니다. 그것이 감사입니다.

사마리아인의 매력

나병환자 열 명 중 아홉 명은 유대인이었습니다. 그러나 한 사람은 이방인이요 사마리아인이었습니다. 유대인들로부터 천시 받던 사람들이 사마리아인입니다. 북이스라엘이 멸망하고 앗수르의 지배를 받으면서 이방인들이 들어와 결혼해서 생겨난 후손들을 사마리아인이라고 부릅니다. 이런 이유에서 사마리아인에 대한 유대인의 적대감은 뿌리 깊었습니다. 유대인들은 사마리아인을 종교와 인종의 양면에서 잡종 또는 혼혈아로 여기고 상종하지 않았습니다. 그런데 이런 사마리아인이 감사했습니다.

감사는 누구나 할 수 있습니다. 신앙생활 오래했다고 하는 것이 아닙니다. 비록 사람들에게는 멸시와 적대감의 대상이고 나병에 걸린 사마리아 사람이지만 예수님은 그의 감사를 기쁘게 받으셨습니다.

주님은 감사하는 자를 좋아하십니다. 감사하는 자는 매력이 있습니다. 감사가 주님을 흡족하게 해 드리고 주님의 마음을 사로잡기 때문입니다.

감사의 타이밍

아마 아홉 명도 감사하고 싶은 마음이 있었을 것입니다. 나중에 적당한 때에 감사를 표하겠다고 생각했을 것입니다. 그러나 때를 놓치면 감사할 수 없습니다. 감사해야 할 때에 감사해야 합니다.

감사는 지금 해야 하는 것입니다. 생각났을 때 바로 해야 하는 것이 감사입니다. 예수님은 '그 아홉은 어디 있느냐' 고 물으셨습니다. 그 아홉도 예수님 앞에 있어야 했습니다. 이들은 감사의 타이밍을 놓친 것입니다.

사람의 마음처럼 잘 변하는 것도 없습니다. 오늘은 감사해야 되겠다고 생각하지만 시간이 지나면 그 마음의 강도가 식어지는 경우가 대부분입니다. 그러므로 감사의 타이밍을 놓치지 않도록 해야 합니다. 감사는 가장 먼저 해야 합니다. 나병 환자들이 치료 받은 가치는 그 무엇과도 바꿀 수 없기에 감사 보다 중요한 일은 없는 것입니다.

대부분 감사를 표현하는 것에 대해 그렇게 중요하게 생각하지 않습니다. 그러기에 이 아홉 명도 미루어도 된다고 생각하고 각자 갈 곳으로 갔습니다. 그러나 감사해야 하는 그 때 감사보다 더 중요한 일은 없습니다. 아홉 명은 감사해야 할 타이밍을 놓치고 말았습니다. 주님과 더 좋은 관계를 맺을 수 있는 기회를 놓친 것입니다.

 감사란 하나님께서 내게 행하신 일에 대해 표현하는 것입니다. 감사는 생각만 해서는 안 됩니다. 구체적으로 표현해야 합니다. 그리고 때를 놓치지 말아야 합니다. 감사는 그 어떤 일보다 가장 먼저 해야 할 중요한 일인 것입니다.

하나님께 영광 돌리는 감사

 감사는 단지 감사 자체로 끝나는 것이 아닙니다. 하나님께 영광을 돌려 드리는 것입니다. 하나님은 감사하지 않는 자에 대해서는 서운함을 느끼시지만 감사하는 자를 보시며 너무나 좋아하십니다. 『감사로 제사를 드리는 자가 나를 영화롭게 하나니 그의 행위를 옳게 하는 자에게 내가 하나님의 구원을 보이리라』(시 50:23)

 감사하며 사는 자가 진정한 그리스도인입니다. 마틴 루터가 이런 말을 했습니다. '기독교인과 비기독교인을 구별하는 결정적인 기준은 감사할 줄 아느냐 모르느냐에 있다.'

 그런데 하나님은 단지 감사할 일만 감사하라고 하신 것이 아닙니다. 감사할 수 없는 일까지도 감사하라고 하셨습니다. 그것이 하나님의 뜻입니다. 모든 일이 감사의 제목이라고 하신 것입니다. 그리고 모든 일에 감사하는 자는 하나님의 뜻에 순종하는 것이 된다고 하셨습니다.

『범사에 감사하라 이것이 그리스도 예수 안에서 너희를 향하신 하나님의 뜻이니라』(살전 5:18) 살다보면 감사할 일도 많지만 감사할 수 없는 일도 많습니다. 오히려 원망하고 불평할 일도 더 많은 경우도 있습니다. 그런데 원망하고 불평할 문제까지 감사하라고 하십니다. 어떤 경우든 감사하는 것이 하나님의 뜻입니다.

두 사람이 물 길러 나와서 대화합니다. 한 사람은 불평을 털어 놓습니다. '매일 물을 길어도 끝이 없어요. 매일 길으러 나오기 때문에 재미없어요.' 또 다른 사람은 '나는 내가 긷는 물로 많은 사람이 마신다고 생각하니 정말 감사해요'

감사하는 자는 즐겁게 살 수 있습니다. 그러나 감사가 없다면 내면의 기쁨이 메말라 버릴 것이고 모든 일에 대해 흥미를 잃고 말 것입니다. 하나님은 감사와 기쁨으로 살아가는 자를 사용하시고 도우실 것입니다.

범사에 감사하며 사는 것은 자신의 삶에 윤활유를 치는 것이며 하나님을 신뢰하는 것이 됩니다. 주 안에 사는 자는 오늘 힘들고 어려워도 그 결과는 언제나 좋은 열매를 거두게 된다는 확신을 가지고 사는 자입니다. 그리고 과거에 있었던 일과 앞으로 있을 일까지도 하나님께 맡겨드리고 하나님을 진적으로 신뢰해 드리는 것이 됩니다.

요셉을 봅시다. 그가 형들에게 팔려서 애굽으로 가서 종이 되고 보디발의 아내의 유혹을 거부했다는 것 때문에 강간 미수범이 되어 감옥에 들어갔습니다. 그러나 요셉은 그 누구도 원망하거나 불평하지 않았습니다. 오히려 하나님을 향해서 감사하며 살았습니다.

하나님께서 모든 일을 주관하시고 인도하심을 믿고 신뢰할 때 감사하며 살게 됩니다. 이는 모든 일의 관점을 세상적인 관점에서 보지 않고 하나님을 통해 보기 때문입니다. 범사에 감사하는 것은 그리스도인만이 누릴 수 있는 특권이요 축복인 것입니다.

감사한 자에게 주어진 보너스

한 명의 나병환자는 육신의 병을 치료 받고 그 기쁨을 감사로 표현했습니다. 그러나 예수님은 그에게 또 다른 복을 주셨습니다. 감사하는 삶을 살다보면 우리가 생각하지 못하는 보너스를 받게 됩니다. 그런데 이 보너스가 더 가치 있는 경우가 많습니다. 바로 나병환자가 그랬습니다. 진정으로 감사를 표한 이 나병환자에게 예수님은 이렇게 말씀하셨습니다. '일어나 가라 네 믿음이 너를 구원하였느니라'

육적인 일에 감사하면 영적인 축복이 따라옵니다. 하나님은 감사하는 자에게 더 큰 선물을 가지고 다가오시는 분임을 믿어야 합니다. 이런 말이 있습니다. '행복은 감사 속에 있고 감사는 만족 속에

있으며, 만족의 나무에 감사의 꽃이 피고 감사의 꽃에 행복의 열매가 맺힌다.'

감사는 고결한 영혼의 모습이며 가장 우아한 예절을 가진 자에게서 나타납니다. 칼 힐티는 '잠 안 오는 밤을 위하여' 라는 글에서 '감사하는 사람은 늙지 않는다' 고 했습니다.

삶이 감사로 가득 차 있다면 그만큼 영적인 축복을 많이 받은 것을 느낄 것입니다. 그러나 원망하고 부정적인 생각으로 산다면 지금까지 누린 영적인 축복이 많지 않다는 것을 분명하게 느낄 것입니다.

감사가 전도입니다

우리는 시편 기자처럼 고백해야 합니다.

『우리는 주의 백성이요 주의 목장의 양이니 우리는 영원히 주께 감사하며 주의 영예를 대대에 전하리이다』(시 79:13) 이 말을 쉽게 표현하면 이런 말이 됩니다. "주의 백성이며 주께서 기르시는 양떼인 우리는 영원히 주께 감사하며 영원히 우리가 주의 영광을 찬양하겠습니다."

감사하는 것은 단지 감사로 끝나는 것이 아닙니다. 감사하며 사는 것은 바로 하나님을 전하는 것이 됩니다.

주님께서 이 땅에 오신 목적은 바로 영혼 구원입니다. 아직도 이 세상에 사는 사람들 중에 구원의 기쁜 소식을 듣지 못한 사람들이 너무도 많습니다. 깊은 바다 속으로 빠져가는 사람들에게 손을 뻗쳐 구원해야 합니다. 이 일은 너무나 시급한 일입니다. 전도만이 사람이 하나님을 거역하며 범죄한 사실을 일깨워 줄 수 있습니다. 이 일에 가장 합당한 전도자는 바로 하나님께 감사하는 자들입니다.

감사하며 사는 자는 세상을 풍요롭게 하고 아름답게 합니다. 평소 원망하고 사는 사람도 감사하는 사람을 통해 영향을 받게 됩니다. 그러므로 감사는 현재 살고 있는 공간과 시간적으로 후대를 준비하는 가장 좋은 전도인 것입니다. 감사하는 사람이 많은 사람을 주님께로 인도합니다. 전도자가 되고 싶습니까? 그렇다면 모든 일에 감사하십시오. 그러면 많은 영혼을 주님께로 인도할 수 있을 것입니다. 오늘날 교회 안에 불평하는 자들 때문에 복음의 문이 가로막혀 주님께 가까이 가지 못하고 앉은뱅이로 사는 자가 얼마나 많은지 모릅니다. 감사의 삶을 살므로 좋은 전도자가 되기를 바랍니다.

감사는 신앙고백입니다

하나님의 인도하심과 주관 하에 살아가는 존재임을 고백할 때 저절로 감사가 나오게 됩니다. 지금까지의 삶에 대해 "나의 나 된 것이 하나님의 은혜"라고 고백할 수 있다면 우리는 하나님께서 나의 창조주이시며 나는 그분의 피조물임을 고백하는 것입니다. " 하나님 지금까지 인도해 주셔서 감사합니다. 비록 육적으로는 고통을 당하나 내 영은 매일 새롭습니다. 내가 하나님을 내 창조주로 인정합니다."

감사는 하나님을 신뢰하고 인정하는 신앙고백입니다. 감사 속에는 참으로 복된 비밀이 많습니다. 감사 속에는 미래가 있습니다. 하나님께서 감사를 받으시고 더 좋은 감사 제목을 주시기 때문입니다. 감사생활을 할 때 우리는 하나님의 마음을 흡족하게 해 드릴 수 있습니다.

사랑하는 여러분!
모든 일에 감사하시기 바랍니다.
감사로 하나님을 영화롭게 해 드리시기 바랍니다..
감사로 하나님을 신뢰해 드리세요.
감사로 하나님이 창조주이시고 내가 하나님의 피조물임을 고백하시기 바랍니다.

삶을 감사로 채우라

(출 23:14-16)

『[14] 너는 매년 세 번 내게 절기를 지킬지니라 [15] 너는 무교병의 절기를 지키라 내가 네게 명령한 대로 아빕월의 정한 때에 이레 동안 무교병을 먹을지니 이는 그 달에 네가 애굽에서 나왔음이라 빈 손으로 내 앞에 나오지 말지니라 [16] 맥추절을 지키라 이는 네가 수고하여 밭에 뿌린 것의 첫 열매를 거둠이니라 수장절을 지키라 이는 네가 수고하여 이룬 것을 연말에 밭에서부터 거두어 저장함이니라』

삶을 감사로 채우라

하나님께서는 이스라엘 백성들에게 일 년에 세 번 절기를 지내라고 하셨습니다. 이 세 번의 절기를 통해 하나님께 대한 감사의 마음을 표현해야 했으며 삼대 절기를 범국민적인 행사로 거행하였습니다.

첫 번째 절기는 유월절(Passover)입니다. 유월절을 다른 이름으로 무교절이라고도 합니다.

이스라엘이 애굽의 430년간 종살이에서 해방된 것을 기념하는 절기입니다. 7일간 이 절기를 지내며 하나님께서 행하신 일에 대해 감사했습니다. 유월절은 이스라엘 백성이 애굽에서 나올 때 이스라엘 백성들의 가정의 문인방과 좌우 기둥에 양을 잡아 표시를 하라고 하셨고, 이 표시가 있는 집의 초태생은 살리셨습니다. 이 표시가 없었던 애굽 사람들은 모두 장자를 잃고 통곡하는 소리가 온 애굽에 가득했습니다. 유월절은 이스라엘 백성들이 3500년간 지켜온 명절로 유월절의 뜻은 '패사흐' 라는 말에서 파생되어 '넘어 간다' 는 뜻이 포함되어 있습니다.

또 다른 절기인 추수 감사절은 수장절 또는 초막절이라고도 합니다. 이스라엘이 40년간 시내 광야에서 보낸 기간을 기념하며 축제를 엽니다. 종려나무 가지와 잎, 그리고 시내버들의 무성한 가지들을 취하여 임시장막(초막)을 만들고, 이스라엘 백성 중에 남자는 모두 이 초막 속에 거하며 하나님께 제사를 드리며 즐거워합니다. 이렇게 초막에 거한다고 해서 초막절이라고 합니다. 가나안의 좋은 집에 살면서 지난날 광야 시절의 고난을 생각하며 하나님께서 베푸신 은혜에 크게 감사하는 절기인 것입니다. 이때는 가을 추수기로 곡식 뿐 아니라 무화과와 포도 등을 거두어 추수하는 기간이기도 합니다.

맥추절은 여러 이름으로 불립니다. 맥추절이란 이때가 밀과 보리를 거두는 시기이기에 맥추절이라고 불렀습니다.

이때는 이스라엘 백성이 가나안에 들어가서 처음으로 뿌린 씨앗을 수확하는 것을 기념하는데, 이런 이유 때문에 초실절이라고 부릅니다. 또한 맥추절을 칠칠절이라고 부르는데 이는 유월절을 지킨 후 첫 번째 안식일에서 계산하여 7주일이 지난 다음날이기 때문입니다. 또한 이날은 유월절이 지난 안식일에서 계산하여 50일째 되는 날이라 해서 오순절이라고 부릅니다.

맥추절은 이스라엘 백성들이 가나안에 들어가 처음으로 새 곡식을 먹는 날부터 50일이 되는 날을 기념합니다. 유월절 후 곡식 수확을 위해 낫을 댄 날부터 7주간을 계속해서 지킵니다. 낫으로 수확하여 곡식을 먹는 날부터 하나님의 은혜를 헤아려 50일이 되는 날 모든 사람이 예루살렘 성전에 모여서 하나님께 감사드립니다.

맥추절에는 자원하는 마음으로 감사의 예물을 드리고 모든 가족과 객과 고아들이 함께 즐거워하며 모든 노동을 중지했습니다.

신명기 16장 9-14절을 보면 이 사실을 잘 기록하고 있습니다.

『[9] 일곱 주를 셀지니 곡식에 낫을 대는 첫 날부터 일곱 주를 세어 [10] 네 하나님 여호와 앞에 칠칠절을 지키되 네 하나님 여호와께서 네게 복을 주신 대로 네 힘을 헤아려 자원하는 예물을 드리고 [11] 너와 네 자녀와 노비와 네 성중에 있는 레위인과 및 너희 중에 있는 객과 고아와 과부가 함께 네 하나님 여호와께서 자기의 이름을 두시려고 택하신 곳에서 네 하나님 여호와 앞에서 즐거워할지니라 [12] 너는 애굽에서 종 되었던 것을 기억하고 이 규례를 지켜 행할지니라 [13] 너희 타작 마당과 포도주 틀의 소출을 거두어 들인 후에 이레 동안 초막절을 지킬 것이요 [14] 절기를 지킬 때에는 너와 네 자녀와 노비와 네 성중에 거주하는 레위인과 객과 고아와 과부가 함께 즐거워하되』

이스라엘의 삼대 절기 속에 있는 정신은 감사입니다. 하나님을 향한 감사를 표현하는 것입니다. 일년 동안 세 번의 절기를 지키면서 살아계신 하나님께 감사를 드렸습니다. 하나님은 이스라엘 백성들이 하나님께 감사하는 삶을 살기를 원하셨습니다.

절기를 통해 지난날 조상들에게 베풀어 주신 하나님의 은혜에 감사했습니다. 또한 오늘이 있기까지 베풀어 주신 하나님의 은혜에 대해 감사했습니다. 그리고 지금 현재 삶에 대해 감사했던 것입니다.

범사에 감사

하나님은 모든 삶의 표현이 감사가 되기를 원하셨습니다. 이는 하나님 앞에 사는 인생은 시작부터 마침까지 감사의 삶을 살아야 함을 알려 주신 것입니다. 성도들의 감사는 일시적이거나 어떤 사건에 한해서만 감사하는 것이 아니라 모든 일이 감사 제목임을 알려 주신 것이라고 할 수 있습니다.

데살로니가전서 5장 18절을 통해 분명하게 말씀하셨습니다.
『범사에 감사하라 이것이 그리스도 예수 안에서 너희를 향하신 하나님의 뜻이니라』

어떻게 보면 이해되지 않는 말씀입니다. 살다보면 감사할 수 없는 일이 너무나 많기 때문입니다. 그럼에도 모든 일에 감사하라고 하셨는데 이는 삶 전체를 감사가 지배하도록 하라는 것입니다. 다시 말해 감사체질이 되어야 한다는 것입니다. 또한 범사에 감사한다는 것은 하나님을 신뢰한다는 것입니다. 비록 오늘 내가 당한 이 사건이 감사처럼 보이지 않지만 하나님의 주관하심을 믿고 감사합니다 라고 고백하는 것입니다.

깊은 인격적인 교제의 백미

　모든 일에 감사하는 자가 하나님과 깊은 인격적인 관계 속에 살아갈 수 있습니다. 하나님과 인격적으로 깊은 관계를 맺고 산다면 인생은 참으로 행복할 것입니다. 그리고 하나님과의 인격적안 교제를 통해 하나님이 주시는 최고의 삶을 살게 될 것입니다. 이는 감사하며 사는 삶은 하나님의 뜻대로 사는 삶이기에 하나님께서 기뻐하시기 때문입니다. 그러므로 감사의 삶 속에는 하나님의 무궁무진한 축복이 있는 것입니다.

　어렵고 힘든 시절을 마친 다윗이 이스라엘 왕이 되어 자신이 백향목 궁전에서 편하게 거하는 것에 대한 감사의 마음이 들었습니다. 다윗은 하나님의 궤가 천막에 있는 것을 생각하며 하나님의 성전을 짓고 싶었습니다. 다윗의 마음을 안 하나님은 다윗에게 태평성대를 허락해 주시고 아들들이 계속해서 이스라엘을 다스릴 것이라는 축복의 말씀을 들려 주십니다. 이 말을 들은 다윗은 너무나 감사해서 하나님께 감사 기도를 드립니다.

『나는 누구이오며 내 집은 무엇이기에 나를 여기까지 이르게 하셨나이까』(삼하 7:18)

　감사의 마음을 표한 다윗은 생각지도 못한 복을 받게 됩니다. 감사하며 사는 자가 하나님과 깊은 인격적인 교제를 할 수 있고 그 교제의 결과는 언제나 더 큰 감사의 제목으로 이어짐을 기억해야 합니다.

감사의 에너지

 감사하며 사는 자의 삶에 대해 연구한 내용이 많이 나오고 있습니다. 그 내용을 보면 참으로 오묘함을 알 수 있습니다. 놀러 c 넬슨이라는 사람이 쓴 '감사의 힘' 이라는 책에 보면 감사 에너지가 있다고 합니다.

 마사루 에모토 박사가 생각이나 느낌, 음악이 물의 결정체에 어떤 영향을 끼치는가를 연구하여 고성능 현미경으로 촬영에 성공했는데, 그의 저서 '물은 답을 알고 있다' 라는 책을 통해 소개했습니다. 물을 얼려서 튜브에 담은 뒤에 '사랑' 과 '감사' 라는 단어를 말했을 때 물이 반응을 했는데, 물의 결정체가 규칙적으로 선명하게 아름다운 레이스 모양으로 바뀌었다고 합니다. 그리고 에모토 박사가 '너는 내게 깊은 상처를 주었어 너를 죽여 버릴 거야' 라고 말했을 때 물의 결정체가 뒤틀리고 파괴되고 분열된 모양이 되었다고 합니다. 에모토 박사는 말이 물의 결정체에 영향을 끼치는 이유가 모든 사물은 에너지 자체이기 때문에 가능하다고 했습니다.

 또한 감사할 때 우리 몸의 심장과 뇌가 영향을 받는다고 합니다. 감사할 때는 심장 박동이 규칙적이고 주기적이 되지만, 부정적인 감정인 분노를 느끼면 심장 박동이 불규칙해진다고 합니다. 이것은 칠드리 박사와 하워드 마틴 박사가 '심장 공식의 해법' 이라는 책에서 발표하였습니다. 이렇게 감사하며 살면 몸과 마음이 상승작용을 해서 건강한 상태가 됩니다.

정신의학자인 '에이멘'이라는 박사가 '영혼의 하드웨어를 치유하자'는 책에서 생각이나 감정, 행동은 뇌의 기능에 직접적인 영향을 끼친다고 했습니다. 감사와 같은 긍정적인 생각과 분노와 같은 부정적인 생각이 뇌속의 혈액의 흐름에 영향을 주는 것입니다. 긍정적인 생각을 하면 혈액양이 크게 증가하고, 적응력과 순발력을 관장하는 뇌의 중앙 윗부분과 좌뇌에 혈액량이 증가하므로 적응력이 좋아지고 의욕이 넘치게 되어 집중력과 기억력이 증가됩니다. 좌뇌의 활동이 활발해지면 분노나 우울한 생각이 자리를 잡지 못한다고 합니다.

감사의 동조현상

동조현상이란 하나의 진동이 다른 진동과 일치되어 조화를 이루는 현상을 말합니다. 동조현상은 크리스쳔 호이겐스에 의해 17세기에 발견되었습니다. 호이겐스가 소유하고 있는 많은 추시계가 어느 시간이 지나면 동일한 모습으로 흔들렸습니다. 시계추마다 다른 리듬을 갖도록 조절했는데 얼마 되지 않아서 모든 시계추가 강력한 리듬의 시계추와 완벽하게 일치되는 움직임을 나타냈습니다.

이처럼 동조현상은 심장과 뇌파가 일치하는 현상으로, 감사의 마음을 가질 때 심장박동과 뇌파의 흐름이 일치한다는 것입니다. 동조현상 때문에 우울한 사람들이 있는 방에 들어가면 우울해지고 감사가 넘치는 사람들과 어울리면 금방 감사가 넘치게 됩니다. 이런 현상 때문에 정신과 의사들은 일정 기간이 지나면 다른 정신과 의사들에게 자신의 상태를 점검해야 한다고 합니다.

 감사가 넘친 공동체에 들어가면 자신도 모르는 사이에 감사가 넘치는 행복한 삶을 살게 됩니다. 그러나 부정적인 모임 속에 들어가면 자신도 부정적인 사고를 가지게 됩니다. 또한 감사가 넘치는 삶을 사는 긍정적인 사고가 강한 사람이 모임에 들어가면 그 모임은 차츰 긍정적인 모임이 됩니다.

치료하는 힘을 가진 감사

 감사는 스트레스를 완화시켜 건강을 증진하고 면역력을 강화시켜 치료를 촉진한다고 합니다.

 미국의 코나리 출판사의 사장이며 베스트셀러 작가인 M J라이언이라는 여자가 쓴 글에 이런 내용이 있습니다.

 부유한 가정에서 태어난 톰은 일류 경영 대학원에서 MBA 학위를 받고 직장에서 높은 자리까지 올랐지만 전혀 기쁘지 않았습니다. 그는 항상 '오늘 내가 무슨 실수나 하지 않았는가' 에 대한 조바심 때문에 삶에 대한 만족이나 감사를 찾아 볼 수 없었습니다. 결국 톰은 우울증 증세를 보이기 시작했고 병원을 찾았습니다. 그 병원 의

사는 그에게 치료법을 알려 주었습니다. 그 치료법은 약물 치료가 아니라 매일 아침에 일어나 감사할 내용을 생각해 내는 것이었습니다. 그리고 하루를 마무리 할 때는 하루 중에 잘한 일만을 생각해 내라고 했습니다. 톰은 감사할 일이 너무 많다는데 놀랐다고 합니다. 그 후 실수에 대한 두려움이 사라지고 자신만만한 모습으로 바뀌었고 '감사가 우울증 치료제' 라는데 놀랐다고 합니다.

감사는 혈관에 엔도르핀을 분비시켜서 면역체계를 강화시켜 병에 대한 저항력과 자연 치유력을 높여 줍니다. 또한 엔돌핀은 혈관이 늘어나도록 자극해서 심장을 안정된 상태로 만들어 줍니다. 감사하면 몸에 유익한 호르몬이 많이 배출되어 건강해진다고 합니다. 이와는 반대로 분노하고 원망하는 부정적인 감정은 병에 저항하는 백혈구 수치를 감소시키고 많은 아드레날린을 혈관으로 보내서 뇌졸중이나 심장질환을 일으킨다고 합니다.

감사의 유익은 우리가 생각하는 것보다 훨씬 많습니다. 그래서 더 많이 감사하기로 결심해야 합니다. 우리가 이 세상 살면서 누리는 것 중에는 공짜로 누리는 것이 너무나 많습니다. 우리는 공짜로 누리는 것에 대해 무감각하게 살아가고 있습니다. 하늘과 바다, 그리고 땅의 소산물, 짐승 등 만물과 연결되는 혜택을 마음껏 누리고 있습니다. 들에 나가면 볼 수 있는 푸른 하늘, 꽃의 향기, 이 모든 것은 하나님으로부터 받은 선물입니다. 공짜로 누리는 것에 대해 감사해야 합니다.

감사하는 삶을 살게 되면 삶의 어두운 부분을 밝힐 수 있습니다. 그리고 보지 못했던 것들을 보게 됩니다. 이는 어두운 밤에 전등을 비추면 보이지 않던 부분들이 보이는 것과 같습니다. 감사하면 평범한 하루도 하나님의 은총임을 알게 되어 가슴이 벅차오르게 됩니다. 감사하면 하나님께서 만드신 모든 피조물에 대해서도 감격하게 됩니다. 감사하면 신기할 정도로 걱정 근심이 사라집니다. 감사하는 사람처럼 행복하게 사는 사람도 없을 것입니다.

  하나님은 감사의 힘이 얼마나 대단한가를 잘 아시기 때문에 범사에 감사하라고 하신 것입니다.

인간관계의 향상

  감사하는 사람은 매력적인 사람입니다. 감사하고 만족하는 자는 친구들이 함께 하기를 좋아합니다. 그러나 원망으로 가득 찬 사람과는 함께 하고 싶지 않습니다. 또한 감사하는 사람은 너무나 매력이 있어서 하나님께서도 가까이 하십니다. 감사의 생활을 하는 자들은 다른 사람에게 용기와 소망을 줍니다. 감사는 다른 사람들에게 긍정적인 생각을 심어 주어 아주 좋은 헬퍼가 됩니다. 그리고 좋은 친구가 됩니다.

  사람들이 바이러스에 쉽게 감염되듯이 감사도 전염이 됩니다. 주님은 그리스도인들의 모임이 전부 감사하는 모임이 되기를 원하십니다. 이상하게 단 한 명이라도 불평하는 사람이 있으면 그 공동체가 급격하게 불평 그룹이 되는 것을 봅니다. 원망은 하나님의 뜻이 아닙니다.

『그들 가운데 어떤 사람들이 원망하다가 멸망시키는 자에게 멸망하였나니 너희는 그들과 같이 원망하지 말라』(고전 10:10)

『모든 일을 원망과 시비가 없이 하라』(빌 2:14)

『형제들아 서로 원망하지 말라 그리하여야 심판을 면하리라 보라 심판주가 문 밖에 서 계시니라』 (약 5:9)

감사하지 않고 사는 것은 자신 뿐 아니라 내가 속한 그룹까지도 악성 바이러스로 전염시킨다는 사실을 알아야 합니다.

감사는 하나님에 대한 온전한 신뢰

모든 일에 감사한다는 것은 하나님을 신뢰하는 것입니다. 비록 현재 당한 일이 힘들고 어려워도 여전히 하나님의 뜻을 신뢰하는 것입니다. 성경에 나오는 욥이 그 대표적인 인물이라고 할 수 있습니다. 욥은 재앙으로 모든 것을 다 잃었지만 그의 입술로 원망하거나 불평하지 않았습니다. 그의 입술에서는 오히려 하나님께 감사가 흘러 나왔습니다.

『이르되 내가 모태에서 알몸으로 나왔사온즉 또한 알몸이 그리로 돌아가올지라 주신 이도 여호와시요 거두신 이도 여호와시오니 여

호와의 이름이 찬송을 받으실지니이다 하고』(욥 1:21)

　감사하며 사는 자는 어떤 상황에서도 하나님을 신뢰하고 인정하게 됩니다. 이 모습이 바로 아름다운 예배자의 모습입니다. 그리스도인은 예배자의 삶을 살아야 합니다. 예배자의 삶과 감사하며 사는 자의 삶은 분리해서 생각할 수 없는 것입니다.

　데살로니가후서에서는 감사하는 삶은 구원받은 그리스도인의 당연한 삶이 되어야 함을 말씀하고 있습니다.

『주께서 사랑하시는 형제들아 우리가 항상 너희에 관하여 마땅히 하나님께 감사할 것은 하나님이 처음부터 너희를 택하사 성령의 거룩하게 하심과 진리를 믿음으로 구원을 받게 하심이니』(살후 2:13)

　평생 감사하며 살아가므로 하나님께서 기뻐하시는 예배자의 삶을 살아가시기 바랍니다.

감사의 신비

(시 136:1-12)

『[1] 여호와께 감사하라 그는 선하시며 그 인자하심이 영원함이로다 [2] 신들 중에 뛰어난 하나님께 감사하라 그 인자하심이 영원함이로다 [3] 주들 중에 뛰어난 주께 감사하라 그 인자하심이 영원함이로다 [4] 홀로 큰 기이한 일들을 행하시는 이에게 감사하라 그 인자하심이 영원함이로다 [5] 지혜로 하늘을 지으신 이에게 감사하라 그 인자하심이 영원함이로다 [6] 땅을 물 위에 펴신 이에게 감사하라 그 인자하심이 영원함이로다 [7] 큰 빛들을 지으신 이에게 감사하라 그 인자하심이 영원함이로다 [8] 해로 낮을 주관하게 하신 이에게 감사하라 그 인자하심이 영원함이로다 [9] 달과 별들로 밤을 주관하게 하신 이에게 감사하라 그 인자하심이 영원함이로다 [10] 애굽의 장자를 치신 이에게 감사하라 그 인자하심이 영원함이로다 [11] 이스라엘을 그들 중에서 인도하여 내신 이에게 감사하라 그 인자하심이 영원함이로다 [12] 강한 손과 펴신 팔로 인도하여 내신 이에게 감사하라 그 인자하심이 영원함이로다.』

감사의 신비

선한 자와 악한 자의 두드러진 차이 하나를 든다면, 그것은 감사하는 마음입니다. 감사하는 마음을 가지고 사는 자 중에 악인을 찾아볼 수 없습니다. 악인에게는 감사가 없습니다. 악인의 특징은 원망과 불평으로 가득 차 있다는 것입니다. 세상이 악해질수록 감사가 없어지는 것은 너무나 당연한 결과라고 할 수 있습니다.

세상의 종말이 가까워 올수록 감사하지 않는다고 했습니다. 디모데후서 3장1-2절에 보면 말세의 특징 가운데 하나가 감사가 없는 것이라고 말씀하고 있습니다.

『너는 이것을 알라 말세에 고통하는 때가 이르러 사람들이 자기를 사랑하며 돈을 사랑하며 자랑하며 교만하며 비방하며 부모를 거역하며 감사하지 아니하며 거룩하지 아니하며』(딤후 3:1-2)

감사의 대상

먼저 감사의 대상이 하나님이심을 밝히고 있습니다. 그래서 처음 시작부터 '여호와께 감사하라'고 말씀하고 있습니다. 그리고 '하나님의 인자하심이 영원하다'고 거듭 거듭 강조하고 있습니다. 시편136편에서 26번이나 나옵니다. '인자'란 윗사람이 아랫사람에게 베푸는 특별한 사랑과 은혜를 가리키는데, 하나님께서 자기 백성에게 변치 않는 사랑을 표현할 때 사용하는 말씀입니다. 하나님은 변하지 않는 영원한 사랑을 베푸시는 분입니다. 이 세상 사람들의 사랑은 참으로 잘 변하지만 하나님의 사랑은 영원히 변하지 않습니다. 변하지 않고 영원한 사랑을 베푸시는 하나님께 감사하는 것은 너무나 당연한 것입니다.

『여호와께 감사하라 그는 선하시며 그 인자하심이 영원함이로다 신들 중에 뛰어난 하나님께 감사하라 그 인자하심이 영원함이로다 주들 중에 뛰어난 주께 감사하라 그 인자하심이 영원함이로다』(시 136:1-3)

감사의 결과

감사는 삶의 모습을 아름답게 합니다. 보이지 않는 내면에서부터 좋은 열매를 맺게 됩니다.

1) 감사는 좋은 관계를 가져옵니다.

　인자하심이 영원한 하나님께 감사하는 것은 하나님께서 원하시는 것입니다. 하나님과의 좋은 관계란 하나님을 찬양하고 감사하는 가운데 이루어집니다. 그러나 불평과 원망하는 모습을 보일 때 하나님께서 진노하시고 책망하셨습니다. 이스라엘 백성들이 지도자인 모세를 원망하고 불평했을 때 하나님은 진노하셨습니다. 감사는 하나님과 사람들과의 사이에서 좋은 관계를 가져옵니다.

2) 감사하는 자의 성품이 좋습니다.

　감사할 때 부드러운 성품을 보여 줍니다. 그러나 원망할 때는 강팍하고 무례한 모습을 보입니다. 감사의 삶을 살 때는 삶의 여유가 있습니다. 감사하는 삶은 생활 전체를 부드럽게 하는 윤활유와 같은 역할을 합니다.

3) 감사하는 자가 만족한 삶을 삽니다.

　어떤 일이든 감사라는 안경을 쓰고 보면 감사하지 않을 일이 없습니다. 그렇지 않으면 매사에 원망할 수박에 없습니다.

4) 감사하는 자가 겸손합니다.

　모든 것이 자신으로부터 시작된 것이 아니라 하나님으로부터 온 것임을 인정할 때 감사가 나오고 감사는 곧바로 겸손으로 연결됩니다. 감사와 겸손은 뗄 수 없는 관계인 것입니다. 감사하지 않고 사는 사람은 모든 일이 자신이 잘나서 된 것으로 생각합니다. 그래서 자신이 이룬 업적에 대해 스스로 자신을 높입니다. 그러나 감사의 대상인 하나님을 아는 사람은 자신이 이룬 일에 대해 더욱 겸손해집니다.

무엇을 감사해야 할까요? 시편 기자의 감사는 우리가 무엇을 감사해야 할 것인가를 잘 알려 주고 있습니다.

하나님께서 행하신 일로 인해 감사

하나님은 홀로 큰 기이한 일을 행하셨습니다. 그러므로 영광과 존귀와 높임을 받으실 분은 하나님 한 분 뿐이신 것입니다. 여기서 기이한 일이란 창조하신 사역과 구원하신 사역을 말합니다. 이 일은 오직 하나님만이 하실 수 있는 일입니다. 이 세상의 모든 것을 창조하신 하나님은 모든 일의 주관자이십니다. 모든 일은 하나님의 간섭하심으로 이루어집니다. 이 세상을 창조하신 하나님은 오늘도 이 세상을 향해 일하고 계십니다. 사랑의 마음으로 일하고 계시는 것입니다.

예수 그리스도를 통해 구원받고 하나님의 자녀가 된 우리는 하나님의 보호와 인도하심을 경험하며 살고 있습니다. 그러므로 우리가 하나님께 감사하는 것은 지극히 당연한 것입니다. 하나님께서 행하신 일에 대해 감사를 표현하는 것은 하나님의 마음을 기쁘시게 해 드리는 행동입니다. 하나님께서는 감사하는 것을 원하고 계시기에 감사하고 살면 하나님의 마음을 사로잡게 될 것입니다.

철학자 플라톤은 자신에 대해 이런 감사를 했다고 합니다.
1) 남자로 태어난 것을 감사하고
2) 야만인이나 짐승으로 태어나지 않은 것을 감사하고
3) 소크라테스와 같은 시대에 태어나지 않은 것을 감사한다고 했습니다.

음악가 베토벤은 임종시에 이런 말을 하였습니다.
'오랫동안의 고통과 수난의 일생을 끝내게 해 주신 하나님께 감사합니다'
지금까지 하나님께서 우리에게 행하신 일을 기록하며 감사해 보세요. 우리가 생각할 수 없는 놀라운 일을 하나님께서 우리를 위해 행하고 계심을 기억해야 할 것입니다.

창조주 하나님께 감사

시편 기자는 하나님이 창조하신 것의 오묘함에 대해 하나씩 열거하며 감사하고 있습니다. 우리가 살면서 누리는 모든 혜택이 하나님의 선물임을 마음 깊은 곳에서부터 우러러 나오는 감사로 표현하고 있습니다.

『지혜로 하늘을 지으신 이에게 감사하라 그 인자하심이 영원함이로다 땅을 물 위에 펴신 이에게 감사하라 그 인자하심이 영원함이로다 큰 빛들을 지으신 이에게 감사하라 그 인자하심이 영원함이로다 해로 낮을 주관하게 하신 이에게 감사하라 그 인자하심이 영원함이로다 달과 별들로 밤을 주관하게 하신 이에게 감사하라 그 인자하심이 영원함이로다』(시 136:5-9)

프랑스 곤충학자 파브르는 유명한 '곤충기'를 썼습니다. 가정형편이 어려워 독학으로 열심히 공부하여 18세에 초등학교 교사, 20세에 중등교사, 생물 관찰, 곤충연구에 몰두했습니다. 그는 연구에 몰두할수록 하나님을 더욱 경외했다고 합니다. 뜨거운 햇볕아래서 10-15시간 동안 곤충을 관찰하며 느낀 것은 하나님의 창조의 경이로움이었다고 합니다. 자연을 연구하면 할수록 하나님을 열렬히 사랑하지 않을 수가 없었다고 합니다.

하나님께서 창조하신 자연은 우리에게 참으로 큰 유익을 줍니다. 아름다운 자연과 해와 달을 보면 하나님께 감사와 찬양을 돌리지 않을 수 없습니다. 하나님은 땅을 만드셨고, 큰 빛을 지으셨습니다. 비행기를 타고 구름 위를 지나다 보면 그 위에 뛰어 내려 거닐고 싶은 마음이 들기도 합니다.

하나님은 해로서 낮을 주관하게 하셨습니다. 해 뜨는 시간에 해를 바라보면 우리 앞에 펼쳐진 미래를 보는 것과 같은 희망을 보게 됩니다. 해돋이 때에 주위가 붉게 물든 하늘과 저녁 노을의 아름다움을 보면 사람들은 감탄하며 어느 듯 시인이 되어 있는 것을 보기도 합니다.

자연은 사람들에게 쉼과 편안함을 가져다줍니다. 바다를 보면 답답하던 가슴이 확 뚫리기도 합니다. 자연의 오묘한 섭리로 만물이 새싹을 틔우고 열매를 맺어 사람들에게 양식을 공급해 줍니다. 자연은 하나님께서 만드신 걸작품입니다. 그런데 이 위대하고 아름다운 걸작품들이 바로 나를 위한 선물임을 깨닫는다면 창조주 하나님께 마음을 다해 감사하지 않을 수 없을 것입니다.

민족을 구원하신 하나님께 감사

시편기자는 창조하신 것에 대해 감사하고 이어서 자신의 민족을 구원하신 하나님의 그 사랑을 감사하고 있습니다. 우리 민족을 향해 베푸신 사랑이야말로 모든 성도들이 감사해야 할 제목입니다.
『애굽의 장자를 치신 이에게 감사하라 그 인자하심이 영원함이로다 이스라엘을 그들 중에서 인도하여 내신 이에게 감사하라 그 인자하심이 영원함이로다 강한 손과 펴신 팔로 인도하여 내신 이에게 감사하라 그 인자하심이 영원함이로다』(시136:10-12)

나라가 있다는 것은 참으로 감사한 일이 아닐 수 없습니다. 나라

없는 설움과 아픔은 누구에게도 호소할 수 없습니다. 우리 민족은 일제 치하에서 온갖 핍박으로 고통을 당했습니다. 일제로부터 당한 고통은 이루 말할 수 없습니다.

2011년 초 자유기독학교 학생들과 함께 기독교 유적지 탐방을 했습니다. 일제시대에 신앙의 핍박을 당한 교회와 한국 전쟁에서 학살을 경험한 교회들을 탐방했습니다. 나라가 힘이 없을 때 당하는 억울함은 이루 말할 수 없는 것입니다. 얼마나 많은 사람들이 투옥되고 억울하게 죽어 갔는지 모릅니다.

일제 만행의 대표적인 사건이라고 할 수 있는 제암리 교회에서 일어난 사건이 있습니다. 1919년 4월 15일 오후 2시경 아리타 도시오 육군 중위가 이끄는 일본군경은 만세운동이 일어났던 제암리에 도착했습니다. 그들은 마을 주민 약 30명을 제암리교회 예배당에 모이게 하고 출입문과 창문을 모두 잠그고 집중사격을 명령하였습니다. 그때 한 부인이 어린 아기를 창밖으로 내어놓으면서 아기만은 살려달라고 애원하였으나, 일본군경은 그 아이마저 찔러 죽였습니다. 증거인멸을 위해 학살의 현장인 예배당에 불을 지르므로 죽지 않은 주민들까지 모두 불에 타 죽었습니다. 이때 교회당 안에서 죽은 사람이 23명, 뜰에서 죽은 사람이 6명이나 되었습니다.

이스라엘 백성들은 애굽에서 평생 종으로 사는 것을 운명으로 여기고 살았으나 하나님께서는 모세를 통해 구원하셨습니다. 이스라엘 백성들이 하나님께서 구원해 주신 은혜에 감사하며 살 때 그들은 하나님의 손길을 경험했습니다. 그러나 감사를 잊어버리고 원망과 불평으로 가득 찼을 때는 하나님의 진노가 임했습니다.

애굽을 나온 이스라엘 백성들은 하나님께서 행하신 감사의 제목들을 순간순간 잊어 버렸습니다. 에돔 땅을 직접 통과하지 못하고 먼 길을 돌아가게 되자 고생을 참지 못하고 하나님께 원망하기 시작했습니다. '왜 우리를 광야로 데려와서 죽이려 하시오? 여기는 먹을 것도 없고 마실 물도 없지 않소'

하나님은 불평하고 원망하는 그들에게 독사를 보내서 물려 죽도록 했습니다. 그러자 모세에게 '우리가 하나님과 당신을 원망하여 죄를 지었습니다. 제발 하나님께 기도하여 이 뱀들을 없애 주시오'라고 애걸합니다. 이에 모세가 이들을 위해 기도했고 하나님은 놋뱀을 만들어 장대에 달고 이 놋뱀을 보는 자는 다 살도록 하셨습니다. 뱀에 물린 자가 놋뱀을 쳐다보자 살아났습니다.

원망은 하나님의 하나님 되심을 거부할 때 일어납니다. 그러나 감사는 하나님을 하나님으로 인정하는 것입니다.

지금 미국을 이룬 사람들이 청교도들입니다. 청교도들은 영국 국교의 박해를 피해 신앙의 자유를 찾아서 1620년 9월6일 메이플라워라는 배를 타고 새로운 대륙으로 향했습니다. 남자 78명, 여자 24명 총 102명이 미국의 동해안인 프리머스항에 도착했습니다. 그들이 상륙한 땅은 황무지였습니다. 먼저 그들은 벌목을 해서 예배당을 짓고, 다음에 학교를 지었습니다. 그 해 겨울은 유난히도 추워서 거의 반 이상 죽고 말았습니다. 사랑하는 사람들을 잃은 그들의 아픔은 컸지만 봄이 되자 그들이 가지고 갔던 씨앗으로 파종을 해서 가을에 수확을 거두었습니다. 감자와 옥수수, 밀 등의 첫 수확은 그들에게 말할 수 없는 기쁨이 되었습니다. 그들은 첫 수확물을 앞에 놓고 하나님께 감사의 예배를 드리고 원주민을 초청해서 추수 잔치를 함께 즐겼습니다. 감사로 시작한 미국은 지금 세계 최고의 강국이 되었습니다. 민족의 구원이야말로 빼놓을 수 없는 감사제목인 것입니다.

인도자가 되신 하나님께 감사

하나님께서는 이스라엘 백성들을 애굽에서 이끌어 내셨습니다. 그리고 광야를 통해 가나안까지 인도하셨습니다. 먹이시고 재우시고 갈 길을 지시하셨습니다. 낮에는 구름기둥으로 밤에는 불기둥으로 이스라엘 백성들을 이끄셨습니다. 하나님은 한 치의 실수도 없이 완벽하게 이스라엘 백성을 인도하셨습니다. 시편기자는 인도자인 하나님께 감사하고 있습니다.
『홍해를 가르신 이에게 감사하라 그 인자하심이 영원함이로다 이스라엘을 그 가운데로 통과하게 하신 이에게 감사하라 그 인자하심이 영원함이로다 바로와 그의 군대를 홍해에 엎드러뜨리신 이에게 감사하라 그 인자하심이 영원함이로다 그의 백성을 인도하여 광야

를 통과하게 하신 이에게 감사하라 그 인자하심이 영원함이로다』 (시편 136:13-16)

우리가 살아온 지난 시간 모두 하나님의 간섭과 인도하심이 있었음을 믿어야 합니다. 어떤 때는 실패한 것처럼 보여도 그것이 곧 성공의 길임을 뒤늦게 알게 될 만큼 완벽하게 인도해 주시는 것입니다. 하나님의 인도만큼 놀랍고 완벽한 인도는 없습니다.

하나님은 이스라엘을 애굽에서 이끌어 내셔서 가나안으로 인도하셨듯이 우리의 인도자가 되기를 자청하셨습니다. 우리가 하나님을 인정하면 모든 일을 완벽하게 인도해 주실 것입니다.

『네 길을 여호와께 맡기라 그를 의지하면 그가 이루시고 네 의를 빛 같이 나타내시며 네 공의를 정오의 빛 같이 하시리로다』(시편 37:5-6)

역사를 주관하신 하나님께 감사

하나님은 이스라엘 역사를 이끄시고 애굽과 중동의 모든 역사를 주관하셨습니다. 시편 136편 17-18절을 보면 하나님께서 큰 왕을 치셨고 유명한 왕들을 죽이셨다고 말씀하고 있습니다.

『큰 왕들을 치신 이에게 감사하라 그 인자하심이 영원함이로다 유명한 왕들을 죽이신 이에게 감사하라 그 인자하심이 영원함이로다』(시편 136:17-18)

하나님은 이스라엘을 대적의 손에서 지키셨습니다. 하나님의 계획을 막는 세상의 왕들은 벌레 같은 존재에 불과 했습니다. 제국들이 하나님의 명령에 따라 흥하기도 하고 망하기도 했습니다.

스펄전은 이렇게 말했습니다.

"하나님만이 존재하고 모든 세력은 그에게 속한다. 다른 모든 것들은 그림자들로서 가고 오는 것들이며 비본질적이고 안개와 같고 꿈과 같다"

감사는 신비

하나님은 우리를 죄로부터 구원하시기 위해 독생자 예수님을 십자가에 못박아 죽이셨습니다. 죄값으로 지옥 갈 수밖에 없었던 우리를 하나님의 자녀로 입양해 주셨습니다. 그리고 친히 아버지가 되셔서 우리의 보호자가 되셨습니다. 하나님께서 이런 우리들에게 요구하신 것이 바로 감사입니다.

감사는 하나님과 더 깊은 관계로 이어주는 신비라고 할 수 있습니다. 얼마나 감사가 중요하면 범사에 감사하라고 하셨을까요? 범사에 감사한다는 것은 인간의 머리로 이해할 수 없지만 하나님의 계획을 철저하게 신뢰한다는 표현입니다. 비록 지금 눈앞에 벌어진 상황은 절망이지만 그 뒤에 일하실 살아계신 하나님을 믿는다는 고백입니다. 감사할 때 절망이 감사의 제목으로 바뀌는 것입니다.

하나님은 감사하는 자의 미래를 보장하시고 후원하십니다.

시편기자는 모든 일이 감사의 제목이었음을 세세하게 표현하고 있습니다.

감사하는 자를 하나님은 기쁨으로 도우시고 인도하십니다. 그리고 그 마음을 다 받으십니다.

그리고 하나님은 감사의 제사를 드리는 자에게 구원을 보여 주신다고 하셨습니다.

『감사로 제사를 드리는 자가 나를 영화롭게 하나니 그의 행위를 옳게 하는 자에게 내가 하나님의 구원을 보이리라』(시 50:23)

감사의 제사를 드리는 사람이 하나님을 영화롭게 해 드립니다.

감사하는 자가 되어 평생 하나님의 구원하심과 인도하심을 받는 주인공이 되기를 바랍니다.

감사 체질로 살자

(살전 5:18)

『범사에 감사하라 이것이 그리스도 예수 안에서 너희를 향하신 하나님의 뜻이니라』(계 7:12) 『이르되 아멘 찬송과 영광과 지혜와 감사와 존귀와 권능과 힘이 우리 하나님께 세세토록 있을지어다 아멘 하더라』

감사 체질로 살자

오늘 본문은 그리스도인들이 이 땅에서 어떻게 살아야 하는가? 그리고 천국에서는 어떤 삶을 살게 되는가에 대해 말씀하고 있습니다. 사람들을 양이라고 합니다. 이는 양이 가까운 것밖에 보지 못하는 심한 근시라는 특징을 염두에 두고 하신 말씀일 것입니다.

대부분의 사람들은 현재만 보고 살아갑니다. 중국 모택동은 1956년에 이미 2050년에는 중국이 세계 최고 강국이 되어야 한다고 말했다고 합니다. 그리고 이 일을 위해 드러내지 않고 조용히 준비해야 한다고 말했다고 합니다.

성도들은 이 세상만 사는 것이 아닙니다. 죽음 이후에 천국에서 영원히 살게 됩니다. 영원이 얼마나 긴 시간인지 아십니까? 천년, 만년을 살고 또 천년, 만년을 끝없이 사는 것입니다.

성도에게 필요한 감사 의지

성도들의 삶은 한 마디로 감사의 삶이어야 합니다. 세상이 얼마나 짜증내고 불평하며 살 수 밖에 없는 곳입니까? 그럼에도 감사하라고 하십니다. 짜증내고 불평하고 원망하는 사람은 하나님께서 주시는 은혜를 맛보며 살 수가 없습니다.

성도들이 이 세상에서 무조건 감사하는 삶을 살아야 한다는 것은 참으로 이해가 되지 않습니다. 그러나 그것이 이 세상을 창조하신 하나님의 뜻이기에 말씀 속에는 오묘하신 하나님의 인도하심이 포함되어 있음을 알아야 합니다.

성경에서 말씀하는 '감사'의 뜻은 '감사한 마음을 가진다' '감사한다' '감사를 돌린다' 는 뜻입니다. 감사는 저절로 생기는 것이 아닙니다. 감사하고자 할 때 내 것이 된다는 것입니다. 감사하고자 힘쓸 때 감사의 삶을 살게 됩니다. 그러므로 감사를 위해 적극적으로 표현해야 합니다. 말로 행동으로 물질로 표현해야 합니다. 감사를 위해 노력하는 자가 감사하게 되고 하나님께서 준비하신 감사의 열매를 누리게 됩니다.

감사는 하나님과의 통로

성도들은 모두 하나님의 특별한 은혜를 받은 자들입니다. 하나님의 지극하신 사랑을 받았습니다. 하나님은 예수님을 십자가에 못박으시면서까지 우리를 죄로부터 구원해 주셨습니다. 우리의 죄로 인해 당할 영원한 고통의 대가를 예수님께서 대신 받으신 것입니다.

이렇게 큰 사랑을 베푸신 하나님은 변치 않고 우리를 사랑하십니다. 우리는 누구도 흔들 수 없는 구원을 받았습니다. 너무나 큰 선물을 받은 우리는 어떤 상황에서도 흔들리지 말고 감사해야 합니다. 감사는 하나님과 우리를 연결하는 통로가 됩니다. 감사하지 않는 자는 그 통로가 막힌 자라고 할 수 있습니다.

동맥경화에 대해 들어 보았습니까? 우리 몸은 생명을 유지하는 각종 장기들과 혈관, 근육, 그리고 뼈와 혈액으로 구성되어 있는데 그 중에서도 혈관은 동맥과 정맥, 그리고 모세혈관으로 크게 구분할 수 있습니다. 동맥은 심장에서 우리 몸의 각 부위로 혈액이 나와 퍼지는 역할을 하는 혈관을 말하는 것입니다. 동맥경화라는 것은 두껍고 탄력적인 동맥 속에 노폐물이나 이물질, 지방덩어리 등이 혈관 내벽에 달라붙어 혈관지름이 좁아져 발생하는 질환입니다. 동맥경화는 몸 전체를 마비시키고 맙니다. 증상으로는 뇌출혈, 중풍, 고혈압 등의 질환을 일으킵니다. 참으로 모든 몸의 기능을 마비시키는 것입니다.

하나님의 백성인 우리의 삶 자체가 감사가 될 때 하나님과 깊은 교제의 삶을 살 수가 있습니다. 하나님과의 연결통로인 감사가 막히면 하나님과의 교제도 끊어지게 됩니다.

데살로니가전서에서는 하나님과 연결되는 통로에 대해 말씀하고 있습니다. 통로는 기쁨과 감사, 그리고 기도입니다.

『항상 기뻐하라 쉬지 말고 기도하라 범사에 감사하라 이것이 그리

스도 예수 안에서 너희를 향하신 하나님의 뜻이니라』(살전 5:16-18)
 주님의 뜻 안에 산다는 것은 곧바로 주님과 깊은 관계 속에서 사는 것을 말합니다. 감사가 없이 사는 자에게는 기쁨도 없고 하나님께 올바른 기도를 할 수도 없습니다. 물론 하나님의 은혜도 경험할 수 없음은 당연한 일입니다. 원망과 불평은 하나님과 멀어지게 할 뿐 아니라 오히려 심판을 받게 함을 기억해야 합니다.
『형제들아 서로 원망하지 말라 그리하여야 심판을 면하리라 보라 심판주가 문 밖에 서 계시니라』(약 5:9)

이스라엘의 3대 절기는 감사절기

 하나님께서 이스라엘 백성들에게 일 년에 세 번 절기를 지내라고 하셨습니다. 이 세 번의 절기를 통해 하나님께 대한 감사의 마음을 표현해야 했습니다. 하나님은 삼대 절기를 모든 국민이 참여하는 행사로 거행하라고 하셨습니다.
 첫 번째 절기는 유월절입니다. 유월절을 다른 이름으로 무교절이라고도 합니다. 이스라엘이 애굽에서의 430년간 종살이에서 해방된 것을 기념하는 절기입니다. 7일간 이 절기를 지내며 하나님께서 행하신 일에 대해 감사했습니다.
 두 번째 절기가 맥추절입니다. 맥추절은 여러 이름으로 불립니다. 맥추절이란 이 때가 밀과 보리를 거두는 시기이기에 맥추절이라고 불렀습니다.

맥추절은 이스라엘 백성들이 가나안에 들어가 처음으로 새 곡식을 먹는 날부터 50일이 되는 날을 기념하는 날입니다. 모든 사람이 예루살렘 성전에 모여서 하나님께 감사드렸는데, 맥추절에는 자원하는 마음으로 감사의 예물을 드리고 모든 가족과 객과 고아들이 함께 즐거워하며 모든 노동을 중지했습니다.

세 번째 절기가 추수감사절입니다. 추수감사절은 수장절 또는 초막절이라고도 하고, 이스라엘이 40년간 시내 광야에서 보낸 기간을 기념하며 축제를 엽니다.

하나님의 명령인 감사

범사에 감사하라는 하나님의 말씀은 인생을 창조하신 하나님의 명령입니다. 이는 그리스도 안에 사는 자들은 감사가 선택이 아니라 필수라는 것입니다. 어떤 경우에도 반드시 감사하며 살라는 것입니다.

감사하며 사는 삶이 순종의 문제라면 온전한 순종을 위해 노력해야 합니다. 하나님의 명령에 순종할 때 형통케 하시며 높여 주십니다. 순종의 결과는 고스란히 자신에게 돌아옵니다. 신실하신 하나님은 말씀하신 바를 반드시 지키십니다.

하나님 말씀을 지켜 행하는 자에 대한 하나님의 보호와 지극하신 사랑을 성경 곳곳에서 찾아 볼 수 있습니다. 이사야 1장 19절에서는 『너희가 즐겨 순종하면 땅의 아름다운 소산을 먹을 것이요』라고 말씀하고 있습니다. 이는 하나님께서 현세의 삶에 적극적으로 개입하실 것을 말씀하고 계신 것입니다.

예수님께서는 마태복음 7장 24-27절에서 순종의 결과에 대해 말씀하셨습니다. 겉으로 보기에는 똑같이 보여도 반석 위에 지은 집과 모래 위에 지은 집은 그 미래가 판이하게 다릅니다. 반석 위에 지은 집은 많은 비가 내리고 바람이 몰아쳐도 무너지지 않지만 모래 위에 지은 집은 철저하게 파괴되어 처참한 모습이 될 것임을 말씀하셨습니다. 감사하며 사는 자는 든든한 반석 위의 집처럼 흔들림이 없지만, 원망과 불평을 일삼는 자는 마지막이 처참하게 될 수밖에 없음을 말씀하신 것입니다.

감사는 미래를 향한 강한 추진력

두 사람이 직장에서 해고를 당했습니다. 두 사람 모두 먹고 사는 일이라 충격을 받을 수밖에 없는 일이었습니다. 이 일에 대해 두 사람은 각기 다른 반응을 보였습니다. 한 사람은 회사와 직장 상사에 대한 원망의 마음과 함께 좌절과 미움으로 마음의 심한 아픔을 느끼게 되었습니다. 그러나 또 다른 사람은 회사에 대한 서운함은 있었지만 회사가 어려움으로 사원의 규모를 축소할 수밖에 없음을 이해하고, 이 일로 하나님께서 자신에게 더 좋은 직장을 주실 것이라고 확신하였고 결과 또한 그대로 되었습니다.

또 다른 예를 보겠습니다.

사랑하는 연인이 떠났습니다. 한 사람은 '아 나는 정말 희망이 없어! 사람들은 날 사랑하지 않아! 하나님 왜 그 여자를 나에게서 떠나게 하셨나요 너무 하신 것 아닙니까?' 그리고는 하나님에 대한 서운한 감정과 떠나간 연인을 미워하는 마음을 안고 세월을 보내게 되었습니다. 그러나 또 한 사람은 '우리는 잘 어울리지 않았어! 마음은 아프지만 함께 했던 아름다운 시간을 추억으로 간직할 수 있게 되어 좋았어! 하나님께서 내게 합당한 자를 만나게 하실꺼야 !

원망하는 자는 더 이상 앞으로 전진할 수 없습니다. 가나안을 앞에 두고 열 명의 정탐꾼들의 말을 듣고 원망하던 이스라엘 백성들은 한 발자국도 앞으로 나갈 수가 없었습니다. 그러나 가나안을 정복할 수 있다고 믿었던 여호수아와 갈렙은 당당하게 약속의 땅 가나안으로 입성할 수 있었습니다.

감사하는 자가 미래의 사람이요 미래에 영향력을 끼치게 됩니다. 감사하면 기쁨으로 살지만 감사하지 않는 자는 염려와 두려움으로 살 수 밖에 없음을 기억해야 할 것입니다.

건강하게 하는 감사

심장과 뇌는 감사할 때 영향을 받는다고 합니다. 감사할 때는 심장 박동이 규칙적이고 주기적이 되지만 부정적인 감정인 분노를 느끼면 심장 박동이 불규칙해진다고 합니다. 감사하고 살면 몸과 마음이 건강한 상태를 유지하게 됩니다. 감사하게 되면 뇌의 혈액양이 크게 증가하여 적응력이 좋아지고 의욕이 넘치게 되어 집중력과 기억력이 증가된다고 합니다.

감사하며 사는 자는 하나님께서 주신 몸을 잘 관리하는 것이 됩니다. 그러나 분노와 미움을 가지면 자신의 몸의 여러 부분을 손상시키는 결과를 가져오게 됩니다. 그러므로 감사하며 사는 것이 지혜로운 삶인 것입니다. 먼저 감사하십시오. 그리고 감사할 문제가 아니라는 생각이 들어도 감사를 표현하면 먼저 자신의 마음이 즐거워질 것입니다.

카네기는 말하기를 '행복에 이르는 방법은 남에게 감사를 기대하지 말고 남에게 감사하는 것을 즐겨 하는 것이 된다' 라고 말했습니다. 감사하며 사는 것이 몸과 마음을 건강하게 하는 길임을 명심하고 감사의 삶을 살기를 바랍니다.

감사는 거룩한 영향력

감사가 넘친 공동체에 들어가면 자신도 모르는 사이에 감사가 넘치는 행복한 삶을 살게 됩니다. 그러나 부정적인 모임 속에 들어가면 자신도 부정적인 사고를 가지게 됩니다. 감사가 넘친 삶을 사는 긍정적인 사고가 강한 사람이 모임에 들어가면 그 모임이 차츰 긍정적인 모임이 되지만, 우울한 사람들이 있는 모임에 들어가면 자신도 모르게 우울해집니다.

감사는 긍정적인 영향력을 끼쳐서 다른 사람의 치료를 촉진하는 역할을 합니다. 감사는 스트레스를 완화시켜 건강을 증진하고 면역력을 강화시켜 치료를 촉진한다고 합니다. 감사는 혈관에 엔도르핀을 분비시켜서 면역체계를 강화시켜 병에 대한 저항력과 자연 치유력을 높혀 주며, 엔돌핀은 혈관이 늘어나도록 자극해서 심장을 안정된 상태로 만들어 줍니다.

감사하면 몸에 유익한 호르몬이 많이 배출되어 건강해진다고 합니다. 이와는 반대로 분노하고 원망하는 부정적인 감정은 병에 저항하는 백혈구 수치를 감소시키고 많은 아드레날린을 혈관으로 보내서 뇌졸중이나 심장질환을 일으킨다고 합니다. 감사의 힘이 얼마나 대단한가를 잘 아시는 하나님께서는 범사에 감사하라고 하신 것입니다. 감사하면 어두운 삶을 밝혀 줍니다.

감사하고 살면 보지 못했던 것들을 보게 되고 깨닫게 됩니다. 감사하는 자가 지혜로운 자인 것입니다.

감사하면 평범한 하루도 하나님의 은총임을 알게 되어 가슴이 벅차오르게 되고 감사하면 하나님께서 만드신 모든 피조물에 대해서도 감격하게 됩니다. 감사하면 신기할 정도로 근심이 사라집니다. 감사하며 사는 사람처럼 행복하게 사는 사람도 없을 것입니다.

주님은 그리스도인들의 모임이 전부 감사하는 모임이 되기를 원하십니다. 단 한 명이라도 불평하는 사람이 있으면 그 공동체가 급격하게 영향을 받기 때문입니다. 감사하지 않고 사는 것은 자신 뿐 아니라 내가 속한 그룹까지도 악성 바이러스로 전염시킨다는 사실을 알아야 합니다. 사람들은 바이러스에 쉽게 감염되듯이 감사도 전염이 됩니다. 특히 감사는 부모를 통해 자녀에게 전해집니다. 감사하며 사는 부모 밑에서 자란 자녀는 감사가 체질화 됩니다. 오늘이라도 자녀들의 말을 살펴보십시오. 놀랍게도 자신의 거울을 보는 것과 같은 느낌을 받게 될 것입니다.

감사는 인간관계를 향상시킵니다

감사하는 사람은 매력적인 사람입니다. 감사하고 만족하는 자는 친구들이 함께 하기를 좋아합니다. 그러나 원망으로 가득 찬 사람과는 함께 하고 싶지 않습니다. 감사하며 사는 자는 공동체를 화목하게 합니다. 서로를 향한 우애와 신뢰가 형성되어 있는 것을 봅니다. 그러므로 감사하며 사는 자가 많을수록 공동체의 만족도는 올라갑니다. 이와는 반대로 불평과 원망하는 사람들이 많으면 그 공동체는 얼음처럼 굳어질 수밖에 없습니다.

감사는 좋은 관계를 유지시켜주고 사람들의 마음을 즐겁게 해 줍니다. 알고 보면 사람들과의 관계 속에서도 감사의 제목은 무수하게 많습니다. 부부 사이에 매일 서로에게 감사할 제목 다섯 가지씩만 말해보세요. 그러면 상대방의 감사에 웃고 기뻐하고 감동하게 되어 서로에게 마음을 활짝 열게 될 것입니다. 감사가 하나님의 마음을 기쁘시게 해 드릴 뿐 아니라 사람의 마음까지 즐겁게 해줍니다. 오늘부터 만나는 사람에게 감사할 제목을 찾고 진정으로 감사를 시작해 보세요. 그러면 언제나 사랑 받는 자가 될 것입니다.

감사는 천국의 삶

감사하는 사람은 너무나 매력이 있어서 하나님께서도 가까이 하십니다. 감사하는 자의 마음은 즐겁습니다. 그리고 다른 사람을 즐겁게 하고 가는 곳마다 화목하게 하므로 이 땅에서 미리 천국의 맛을 보게 됩니다.

마음에 감사가 넘치는 사람은 그 어떤 경우에도 불행하지 않습니다. 많은 것을 누리며 살아도 감사하지 못한 자는 이미 지옥의 고통을 맛보며 사는 것과 같습니다. 주님은 우리가 감사하므로 이 땅에서 미리 천국의 맛을 보며 살기를 원하십니다. 천국의 주된 주제가 하나님을 향한 감사이기에 이 땅에서 미리 감사하며 기쁨을 맛보고 사는 것이야말로 성도들에게 주신 선물이라고 할 수 있을 것입니다.

모든 성도는 마땅히 감사하며 살아야 하는 자임을 강조한 말씀을 기억하시기 바랍니다.

『주께서 사랑하시는 형제들아 우리가 항상 너희에 관하여 마땅히 하나님께 감사할 것은 하나님이 처음부터 너희를 택하사 성령의 거룩하게 하심과 진리를 믿음으로 구원을 받게 하심이니』(살후 2:13)

지금부터 감사의 체질로 바꾸기 위해 노력하시기 바랍니다. 생각과 말, 행동 모두 적극적으로 감사를 표현해서 이 땅에서 천국에서의 삶을 준비하고 감사의 축복을 소유하시기 바랍니다.

감사의 유익

(살전 5:16-18)

『[16] 항상 기뻐하라 [17] 쉬지 말고 기도하라 [18] 범사에 감사하라 이것이 그리스도 예수 안에서 너희를 향하신 하나님의 뜻이니라』

감사의 유익

우리에게서 모든 것을 빼앗아가는 저주는 무엇일까요? 그것은 바로 원망입니다. 하나님은 원망하는 것을 싫어하십니다. 하나님을 향한 원망을 반역으로 여기셨습니다.(민17장10절)

사람들이 원망하는 모습은 아담 때부터 내려온 인간의 모습입니다. 아담은 자신의 범죄로 인한 결과에 대해 하나님을 원망했습니다. 그리고 하와를 원망했습니다. 창세기 3장 12절에서 그 사실을 잘 알 수 있습니다. 『아담이 이르되 하나님이 주셔서 나와 함께 있게 하신 여자 그가 그 나무 열매를 내게 주므로 내가 먹었나이다』자신의 불행이 하나님 때문인 것처럼 말한 것입니다. 원망은 인간의 대표적인 어리석은 모습이라고 할 수 있습니다.

이스라엘 백성이 하나님의 인도하심으로 어렵게 애굽에서 나와 홍해를 건너 광야로 가던 중에 원망으로 가나안에 들어가지 못하게 됩니다. 이미 자신들에게 주어진 약속을 받아들고도 그 약속을 던진 것은 바로 원망이었습니다. 원망과 짜증을 내며 행진하는 이스라엘 백성들을 보시며 하나님은 참으로 마음이 불편하셨을 것입니다. 결국 이스라엘 백성들은 원망의 대가로 40년을 광야에서 머문 것도 모자라 광야에 들어가지 못하고 광야에서 죽음을 맞이한 것을 보면 원망이야말로 하나님의 약속까지도 가로막는 불신앙이라고 할 수 있습니다.

하나님은 감사하는 자가 되기를 원하십니다. 아니 이상할 정도로 감사를 강조하시는 것을 보게 됩니다. 이는 사람들이 감사에 인색함을 아시기 때문이라고도 할 수 있을 것입니다.

범사에 감사하는 것은 하나님의 뜻

범사에 감사하라는 말씀은 환경과 상식을 초월한 감사를 하라는 것입니다. 감사꺼리가 아닌데 감사하라는 것은 모순이라고 생각할 수 있습니다. 그런데도 감사하라고 하십니다. 이 말씀이 불신자들에게는 해당될 수가 없지만 믿음의 사람들에게는 누구나 해당 되는 말씀입니다.

모든 일에 감사하는 것은 하나님의 뜻입니다. 그러므로 모든 일에 감사하지 않는 것은 하나님에 대한 불순종이라고 할 수 있습니다. 참으로 어려운 말씀입니다. 살다 보면 감사할 일도 있고 원망해야 할 일도 있는데 말입니다. 왜 범사에 감사하라고 하셨을까요?

하나님께서 삶의 주관자이시기에 범사에 감사

믿음을 가지고 하나님의 뜻대로 살아가는 사람은 어떤 일도 하나님의 사랑과 관심을 받고 있다는 사실을 알아야 합니다. 예수 그리스도를 주님으로 영접한 사람은 하나님의 자녀입니다. 자녀를 향한 하나님의 사랑을 확신한다면 자신에게 일어나는 일이 하나님 모르게 진행될 수는 없다는 사실을 믿어야 합니다.

하나님은 그 자녀들이 당하는 문제에 대해 아버지를 신뢰하고 나아갈 때, 그 결과를 아름답게 하시는 분이십니다. 더욱이 하나님은 미래를 주관하십니다.

『네 길을 여호와께 맡기라 그를 의지하면 그가 이루시고 네 의를 빛 같이 나타내시며 네 공의를 정오의 빛 같이 하시리로다』(시편 37:5-6)

하나님께서는 감사하는 자에게 더 큰 감사의 제목을 주시는 분입니다. 사람의 눈에는 어떤 사건이 생기면 염려가 되지만 하나님께서 보실 때는 전체적인 하나님의 계획의 일부분에 불과합니다. 그러므로 그 사건의 단면을 보기 보다는 하나님의 전체적인 계획을 더 신뢰해야 합니다. 그러므로 모든 문제의 주관자이신 하나님께 감사하는 것이야말로 하나님을 신뢰한다는 것과 같은 의미라고 할 수 있습니다. 그러므로 어떤 문제도 감사의 제목이 되는 것입니다.

성도들이 주님 안에 살아간다면 비록 눈앞에 보이는 사건이 고통과 아픔을 줄지라도 그것은 결국 유익이 됨을 알아야 합니다. 하나님께서 미래를 주관하심을 확신하고 오늘의 사건만을 보지 말고 미래에까지 전개하실 하나님을 신뢰하며 기대하면 감사하지 않을 일은 없는 것입니다.

주님 안에 사는 자는 모든 것이 감사 제목

지나온 날들을 생각해보십시오. 어렵고 고통스러웠던 일들이 나중에는 다 유익한 것이었음을 느끼게 될 것입니다.

요셉이라는 믿음의 사람을 보십시오. 어려운 가운데서도 하나님을 원망하지 않았습니다. 잘못한 것도 없이 형들에게 미움을 받아 애굽으로 팔려갔고 보디발의 아내의 무고로 감옥에 들어갔습니다. 그러나 그의 입으로 하나님을 원망하지 않았습니다. 형들을 저주하지 않았습니다. 고난의 삶 가운데서도 하나님이 보고 계시고 인도하고 계심을 믿었습니다. 주 안에 사는 자는 모든 것이 감사 제목임을 믿어야 합니다.

감사는 믿음의 언어

범사에 감사하는 것은 예수 그리스도 안에 있는 자, 다시 말해 믿는 자가 사용하는 언어라는 말입니다. 믿음의 언어라는 말입니다.

믿지 않는 사람들에게 감사라는 단어는 생소할 수 있습니다. 모든 것이 자신의 노력이나 자신의 공로로 일어난 일이라고 생각하는 자에게는 마음에서부터 나오는 감사가 있을 수 없습니다.

그러나 하나님의 사랑을 마음에 품고 살면 작은 것 하나라도 그냥 넘기지 않고 감사하게 됩니다. 예수님께서 우리를 향해 베풀어 주신 사랑을 느끼고 사는 자는 마음에 사랑의 밭이 일궈져 있어서 조그만 문제도 그냥 넘기지 못하고 감사하게 됩니다. 봄에 내리는 가랑비만 보아도 감사해서 눈가를 적시게 되는 것입니다.

믿음의 사람은 하나님의 뜻을 압니다. 그야말로 모든 일이 감사의 제목이 되는 것입니다. 감사는 믿음의 언어요 하늘의 언어입니다. 오늘도 주님은 우리에게 말씀하십니다.

『범사에 감사하라 이것이 그리스도 예수 안에서 너희를 향하신 하나님의 뜻이니라』(살전 5:18)

적극적인 감사

범사에 감사하라는 것은 적극적으로 감사하라는 것입니다. 비록 인간의 눈에는 감사의 제목이 아니라고 해도 범사에 감사하는 것은 대단히 적극적인 자세라고 할 수 있습니다. 하나님은 무엇보다도 적극적으로 감사하는 것을 좋아하십니다. 특히 적극적으로 감사한 이방인에 대해 매우 기뻐하신 것을 통해서도 알 수 있습니다.

나병환자 열 명 중 한 명만 감사했는데, 아홉 명이 돌아간 상황에서 혼자만 감사한 것을 보면 얼마나 적극적인 자세를 가지고 있었는지 알 수가 있습니다.

하나님은 감사하며 사는 자의 마음을 단지 인정만 하시는 것이 아니라 적극적으로 받아주십니다. 이는 감사가 좋은 영적 상태를 유지하는 길이기 때문이기도 할 것입니다. 범사에 감사하는 자는 기쁨이 넘칩니다. 감사와 기쁨은 뗄 수 없는 쌍둥이와 같다고 할 수 있습니다. 감사와 기쁨은 긍정적인 모습이며 믿음의 모습이기에 감사하고 기쁨에 넘친 자가 하나님 앞에 쓰임 받을 수 있는 것입니다.

그러나 신앙생활을 하면서도 언제나 어둡고 원망하는 자는 결코 하나님으로부터 쓰임 받을 수 없습니다. 범사에 감사하라는 것은 아주 작은 부분까지 감사하기를 원하시는 것입니다.

사실 저 자신도 평소에 감사해야 할 문제를 잊고 사는 경우도 많습니다. 건강하다는 것 자체가 감사해서 감사헌금을 드리기로 하였습니다. 그런데 건강에 대한 감사를 나 혼자만 드릴 것이 아니라 모든 가족이 다 건강한 것을 생각하고 정성껏 감사헌금을 드렸습니다. 병이 들어 치료된 다음에 감사할 수도 있지만 병이 들지 않고 건강한 것에 감사할 수 있다면 하나님께서는 더 좋아하실 것입니다. 수많은 감사 제목을 가지고도 감사하지 못하는 자가 되지 말고 감사 제목을 일일이 찾아서 감사할 수 있다면 하나님은 더욱 기뻐하실 것입니다.

감사 인증서

예수님으로부터 감사인증서를 획득한 사람은 열 명 중에 오직 한 명 밖에 없었습니다. 이는 현실적으로 하나님으로부터 인정받는 감사를 하는 것이 어렵다는 것을 보여준 예라고 할 수 있겠습니다. 하나님께서 인정하시는 감사는 어찌 보면 10대 1의 경쟁율 보다 더 높을지도 모릅니다. 감사는 최고의 보석입니다. 감사는 성도들에게 보석과도 같은 것입니다. 그러므로 감사하기 위해 더 노력해야 합니다. 그런데 감사를 해도 되고, 안 해도 되는 제일 뒷전에 두면 되겠습니까?

실제로 전도폭발훈련에서도 기도를 가르칠 때, 가장 먼저 해야 할 기도제목에 감사를 넣고 있습니다. 감사하기 위해 노력하시기 바랍니다. 치열한 경쟁률을 뚫고 하나님의 마음에 꼭 드는 감사의 사람이 되시기 바랍니다.

감사는 시급한 일

아홉 명의 나병병자에게 가장 시급한 일은 감사였습니다. 그러나 아홉 명은 감사보다 다른 일을 더 우선시 했습니다. 감사부터 하고 다른 일을 했으면 이들의 인생도 달라졌을 것입니다. 단지 육적인 나병만 낳는 정도로 인생이 끝나지 않았을 것입니다.

감사를 뒷전에 두는 것은 어리석은 일입니다. 감사하는 일을 가장 앞에 두어야 합니다. 적어도 나병을 치료받은 이방인은 감사를 가장 우선시했습니다. 열 명의 나병자가 병 낫기 위해 얼마나 간절히 애원했을까를 우리는 상상해 볼 수 있습니다. 그 간절함을 이루었으면 마땅히 감사해야 했습니다. 그러나 이들은 감사를 다음으로 미루었습니다. 아니 아예 잊은 자도 있을 것입니다. 뒤늦게 주님을 찾아 나선 자도 있었을 것입니다. 그러나 모두 주님을 찾아 사례하지 못했습니다. 감사는 즉시 해야 하는 시급하고도 중요한 일임을 명심해야 할 것입니다.

천국 공동체를 이루는 감사

감사가 넘치는 공동체와 원망이 넘치는 공동체를 비교해보세요. 감사가 넘치는 곳은 천국이지만 원망이 넘치는 곳은 지옥이라고 해도 틀린 말이 아닐 것입니다.

하나님께서는 우리가 모든 일에 감사하며 이 세상에서 감사로 인한 기쁨과 평안함을 누리기를 원하십니다. 매일 원망하고 살아가는 자녀들은 다툼과 미움의 불편함 속에서 살게 될 것입니다. 그러나 서로에게 감사하는 자녀들을 보는 부모는 자녀들을 향해 대견함을 느끼게 될 것입니다.

오늘날은 감사가 더욱 메말라 가고 있습니다. 그러다 보니 가정도 삭막해지고 이 세상이 사막화되어 가는 느낌을 받습니다. 그러나 감사하며 살게 되면 물가에 심긴 나무처럼 풍성한 열매를 맺을 수 있습니다. 아내의 좀 부족하게 보이는 음식 솜씨에도 칭찬하며 감사하면 아내의 음식 솜씨는 날로 좋아져서 요리사에 버금가는 솜씨가 되지만, 부족한 음식 솜씨를 지적하고 불평하면 아내는 주눅이 들어 음식 만드는 것을 가장 두려워하게 될 것입니다.

더 큰 행복을 가져오는 감사

누가복음 17장에 보면 나병에 걸린 열 명이 예수님을 만나 모두 치료받게 됩니다. 이들 중 단 한 명만이 예수님께 찾아와 감사를 표합니다. 감사한 사람은 이방인이었습니다. 감사한 사람은 더 큰 선물을 받아서 집으로 돌아가게 됩니다. 주님께서 이 나병환자에게 주신 선물은 구원이었습니다. 하나님께서 예수님을 이 땅에 보내시면서 그렇게 주시고자 하셨던 구원을 선물로 받은 것입니다. (눅17장 18-19절)

감사하는 자에게 하나님은 가장 좋은 보물까지 아낌없이 베풀어 주시는 것입니다. 숨겨 놓으셨던 것, 그리고 보너스까지 주십니다. 하나님께서 주시는 행복은 감사하는 마음 없이 불가능함을 보여 주신 것입니다.

감사하며 사는 자가 더 큰 하나님의 선물을 받게 됩니다. 아마 모르긴 해도 감사하지 않고 원망하고 산 것 때문에 하나님의 선물과 보너스를 놓친 경우가 많을 것입니다. 행복한 삶을 원하면 매일 주시는 감사의 제목부터 찾아보도록 해야 할 것입니다.

주님과 깊은 교제를 하게 하는 감사

한 사람의 나병환자는 감사를 통해 주님의 마음을 얻었습니다. 주님으로부터 인정받았습니다. 주님과 평생 교제할 수 있는 구원을 받았습니다.

실제로 믿음의 사람들이 감사할 때 주님과 가장 깊은 교제를 하게 됩니다. 특히 모든 일에 감사하며 사는 자는 주님의 뜻을 행하는 자요 하나님의 마음에 합한 자로 이런 자의 기도를 하나님께서 잘 받아 주십니다. 특히 범사에 감사하는 자의 기도는 하나님께 상달 될 뿐 아니라 응답받는 삶을 살게 될 것입니다.

모든 일에 감사하며 살아가는 기도의 사람에게 하나님은 기도의 응답을 통해 더 큰 감사의 제목을 주심으로 하나님의 은혜를 날마다 경험하며 살게 하십니다. 하나님의 은혜를 경험하며 사는 자는 성령의 음성에도 민감하게 반응하며 성령의 인도하심을 받는 삶을 살게 될 것입니다.

감사의 마음을 가지게 되면 성령의 음성에 민감하여 말씀에 순종하게 되고 주의 일에 더욱 적극적인 자가 될 수 있습니다. 그러므로 감사란 그리스도인에게 참으로 중요한 삶의 자세라고 할 수 있습니다.

주님과 깊은 교제를 하고 싶습니까? 그렇다면 먼저 자신이 감사하는 사람인가를 점검해보아야 할 것입니다.

감사하게 되면 주님을 향해 열린 마음을 가지게 되므로 모든 일에 하나님께 기도하는 마음으로 살게 될 것입니다. 결국 감사 없는 삶을 살게 되면 하나님과의 깊은 교제가 없는 삶을 살 수 밖에 없습니다. 감사하며 살아가므로 주님과 깊은 교제를 하며 동행하는 자가 되기를 바랍니다.

감사하는 자가 지도자가 됩니다

감사하는 자가 주님으로부터 쓰임 받습니다. 교회 안에는 많은 직분이 있습니다. 그런데 감사하지 않는 자는 결코 주님으로부터 쓰임 받지 못한다는 사실을 알아야 합니다.

감사의 영성은 다른 사람에게 좋은 영향력을 끼쳐 영적인 유익을 줍니다. 그러나 감사 없이 일하는 자는 열매를 맺을 수 없습니다. 열심히 일해도 단지 자신의 일만 할 뿐입니다.

감사하는 자는 주님이 주신 꿈을 이룹니다. 이스라엘의 열 두 정탐꾼이 여리고를 정탐하고 와서 열 명은 여리고 정벌은 불가하다고 부정적인 보고를 하므로 모든 백성을 원망의 도가니에 빠지게 했습니다. 그들은 미친 듯이 통곡하며 곧 폭동이라도 일으킬 기세였습니다. 그러나 두 명의 정탐꾼 갈렙과 여호수아는 능히 여리고를 격파할 수 있다고 말했습니다. 결국 여호수아와 갈렙만이 가나안 땅에 들어갈 수 있었습니다. 하나님께서 주신 꿈을 이룬 것입니다.

　하나님을 절대적으로 신뢰하는 자는 어떤 경우에도 감사할 수 있습니다. 감사하는 자가 하나님께서 약속하신 꿈의 주인공이 될 수 있습니다. 감사함으로 주님께 쓰임 받는 인생이 되시기 바랍니다.

하나님의 추수 시간표

(눅 19:11-19)

『[11] 그들이 이 말씀을 듣고 있을 때에 비유를 더하여 말씀하시니 이는 자기가 예루살렘에 가까이 오셨고 그들은 하나님의 나라가 당장에 나타날 줄로 생각함이더라 [12] 이르시되 어떤 귀인이 왕위를 받아가지고 오려고 먼 나라로 갈 때에 [13] 그 종 열을 불러 은화 열 므나를 주며 이르되 내가 돌아올 때까지 장사하라 하니라 [14] 그런데 그 백성이 그를 미워하여 사자를 뒤로 보내어 이르되 우리는 이 사람이 우리의 왕 됨을 원하지 아니하나이다 하였더라 [15] 귀인이 왕위를 받아가지고 돌아와서 은화를 준 종들이 각각 어떻게 장사하였는지를 알고자 하여 그들을 부르니 [16] 그 첫째가 나아와 이르되 주인이여 당신의 한 므나로 열 므나를 남겼나이다 [17] 주인이 이르되 잘하였다 착한 종이여 네가 지극히 작은 것에 충성하였으니 열 고을 권세를 차지하라 하고 [18] 그 둘째가 와서 이르되 주인이여 당신의 한 므나로 다섯 므나를 만들었나이다 [19] 주인이 그에게도 이르되 너도 다섯 고을을 차지하라 하고』

하나님의 추수 시간표

어떤 귀족이 왕위를 받기 위해 먼 나라로 가면서 열 명의 종을 불러서 한 므나씩을 주며 장사를 하라고 합니다. 한 므나는 일반 노동자의 3개월치 품삯으로 그 당시 로마 화폐로는 100데나리온에 해당합니다. 때가 되어 귀족이 왕위를 받고 돌아와서 맡겼던 돈에 대해 어떻게 장사했는지 결산을 하고 있습니다. 여기서 한 므나라는 것은 맡겨진 사명을 말합니다. 먼저 한 사람이 한 므나로 열 배를 남겼다고 보고하자. 주인이 크게 칭찬합니다.

『주인이 이르되 잘하였다 착한 종이여 네가 지극히 작은 것에 충성하였으니 열 고을 권세를 차지하라 하고』(눅19:17)

이 땅의 추수는 가을에 합니다. 그러나 인생 추수는 하나님 앞에 갔을 때 합니다. 인생 추수는 인생에게는 반드시 결산이 있다는 것입니다. 이 땅에서 하나님 앞에서 신실하게 산 자에게는 상급이 약속되어 있습니다. 사람들은 상급을 좋아합니다. 하나님께서도 상 주는 것을 좋아하십니다.

칭찬과 상급의 근거를 찾으시는 하나님

고린도전서 4장 5절의 내용을 쉬운 성경에서는 이렇게 말씀하고 있습니다. "여러분은 때가 되기 전에는 아무것도 판단하지 말고, 주님께서 오실 때까지 기다리십시오. 주님께서 어둠 속에 감추어진 것들을 밝히 나타내시며, 사람들의 마음속에 있는 생각까지 드러내실 것입니다. 그 때에 각 사람은 하나님에게서 칭찬을 받을 것입니다."

이 말씀은 '주님께서 오시면 어둠 속에 감추인 것들을 나타내시며, 사람들의 마음속에 있는 생각까지 드러내시어 각 사람을 칭찬하실 것이다' 라는 뜻입니다.

이 말씀은 우리에게 큰 위로가 됩니다. 이런 이유 때문에 하나님을 위해 더 많은 일을 할 수 있는 동기가 되는 것입니다. 하나님은 후한 상급을 약속하셨습니다. 이 땅에 사는 우리가 생각하는 상급과는 비교할 수 없는 하나님의 권위에 합당한 것을 베푸실 것입니다.

주님께서는 마가복음 10장 30절에서 『현세에 있어 집과 형제와 자매와 어머니와 자식과 전토를 백 배나 받되 박해를 겸하여 받고 내세에 영생을 받지 못할 자가 없느니라』라고 말씀하셨습니다. 요즘 투자에 대한 수익률이 10%라면 대단한 수익이라고 합니다. 그런데 하나님은 백배의 수익을 약속하셨습니다. 이는 참으로 후한 상급이 아닐 수 없습니다.

행한 대로 갚아 주시는 영원한 상급

마태복음 16장 27절에서는 이렇게 말씀하고 있습니다.
『인자가 아버지의 영광으로 그 천사들과 함께 오리니 그 때에 각 사람이 행한 대로 갚으리라』

이 땅에서는 불공평한 것이 많지만 하나님은 공평하게 행한 대로 반드시 갚아 주십니다. 자기를 부인하며 섬김의 삶을 산 자와, 가난한 자에게 긍휼함을 베풀고, 핍박 중에 인내하고, 자신의 맡은 일에 충성하고 산 자들에게 이 땅의 상급과 비교되지 않는 영원한 상급이 있음을 믿어야 합니다.

결코 낙심하지 마십시오

행한 대로 갚아 주시는 하늘나라 상급이 있기에 낙심할 이유가 없습니다. 이 세상의 모든 상은 상대평가이지만 하나님 나라 상급은 절대평가입니다. 열 므나 남긴 사람과 다섯 므나 남긴 사람 모두 칭찬을 받습니다. 그러므로 하나님 나라의 일을 행할 때 결코 낙심하지 말아야 합니다. 그 이유에 대해 갈라디아서 6장 9절에서 말씀하고 있습니다.
『우리가 선을 행하되 낙심하지 말지니 포기하지 아니하면 때가 이르매 거두리라』]

지금 우리의 눈에 보이지 않아도 하늘나라 추수의 법칙, 상급의 법칙은 계속해서 적용되고 있습니다. 농부가 벼가 자라는 것이 눈에 보이지 않아도 낙심하지 않습니다. 수확을 확신하기 때문입니다. 진정한 그리스도인이라면 끈질긴 믿음으로 하나님의 추수 시간표를 믿는 것입니다.

추수는 하나님의 시간표에 따라

 조급한 사람은 예수님을 믿으면 오늘 당장 형통해야 된다고 생각합니다. 그러나 큰 믿음을 가진 그리스도인은 하나님의 시간표에 의해 주신다고 확신합니다. 그래서 눈앞에서 일어나고 있는 부당함이나 핍박을 보며 좌절하거나 낙심하지 않고, 눈앞에서 일어나고 있는 형통함을 보고 모든 것을 다 이루었다고 자만하지도 않습니다.
 성도들은 선한 일을 위해 노력하고 베푸는 가운데 부유함이 있음을 알아야 합니다. 섬기고 나누어 주고 베풀 때에 맛볼 수 있는 참 기쁨이 있음을 알아야 합니다. 그렇게 할 때 하늘 창고에 보물을 쌓게 되는 것입니다. 하나님 앞에서 행한 섬김이 든든한 터가 되고, 참 기쁨을 얻게 해 줄 것이기 때문입니다.

상급의 종류

 하나님께서 주시는 상급에는 통치권과 면류관이 있습니다. 먼저 성경에는 통치권에 대해 말씀하고 있습니다.

〈통치권〉

사람들은 통치자가 되는 것을 좋아합니다. 한 도시를 다스리는 지도자가 되기를 원하고 한 나라의 대통령이 되는 것을 가장 큰 영광으로 생각합니다. 하늘나라에서도 상급으로 통치권을 약속하셨습니다. 누가복음 19:16-18에서 말씀합니다.

『그 첫째가 나아와 이르되 주인이여 당신의 한 므나로 열 므나를 남겼나이다 주인이 이르되 잘하였다 착한 종이여 네가 지극히 작은 것에 충성하였으니 열 고을 권세를 차지하라 하고 그 둘째가 와서 이르되 주인이여 당신의 한 므나로 다섯 므나를 만들었나이다 주인이 그에게도 이르되 너도 다섯 고을을 차지하라 하고』

충성된 자는 그 섬김에 비례해서 열 고을 권세와 다섯 고을의 권세를 차지하게 됩니다. 성경 여러 곳에서는 상급으로 통치권이 허락되어 있음을 말씀하고 있습니다.

『참으면 또한 함께 왕 노릇 할 것이요 우리가 주를 부인하면 주도 우리를 부인하실 것이라』(딤후 2:12)

『이기는 자와 끝까지 내 일을 지키는 그에게 만국을 다스리는 권세를 주리니』(계 2:26)

모든 성도는 예수 그리스도와 함께 있게 되지만 통치권을 가지는 것은 아닙니다. 이 땅에서 어려운 고난을 견디어 내고 복음을 전하는 일에 힘쓴 자에게 통치권을 상급으로 주실 것을 약속하고 있습니다.

〈면류관〉

이 땅에서 삶에 대한 상급으로 면류관을 주신다고 하셨습니다. 그런데 법대로 경기하지 않으면 상을 받을 수 없다고 말씀하고 있습니다.

『경기하는 자가 법대로 경기하지 아니하면 승리자의 관을 얻지 못할 것이며』(딤후 2:5)

성경에는 우리에게 주실 면류관에 대해 말씀하고 있습니다.

전 세계에 가난하고 버려진 사람을 위해 변호하고 돕기 위해 세운 단체인 EPM이라는 단체를 세웠고, 미국의 많은 베스트셀러를 남긴 랜디 알곤은 신약 성경에 나타난 내용을 중심으로 면류관에 대해 설명하고 있습니다.

1. 썩지 아니할 면류관

굳은 각오와 결단으로 모든 일에 절제한 사람에게 썩지 아니할 면류관인 영원히 빛날 면류관을 주십니다.

『이기기를 다투는 자마다 모든 일에 절제하나니 그들은 썩을 승리자의 관을 얻고자 하되 우리는 썩지 아니할 것을 얻고자 하노라』(고전 9:25)

2. 의의 면류관

자신에게 맡겨진 일에 최선을 다하여 다시 오실 주님 맞을 준비를 잘한 사람에게 의의 면류관을 주십니다.

『이제 후로는 나를 위하여 의의 면류관이 예비되었으므로 주 곧 의로우신 재판장이 그 날에 내게 주실 것이며 내게만 아니라 주의 나타나심을 사모하는 모든 자에게도니라』(딤후 4:8)

3. 생명의 면류관

핍박이나 순교를 무릅쓰고 주님께 충성한 사람에게 생명의 면류관을 주십니다.

『시험을 참는 자는 복이 있나니 이는 시련을 견디어 낸 자가 주께서 자기를 사랑하는 자들에게 약속하신 생명의 면류관을 얻을 것이기 때문이라』(약 1:12)

『너는 장차 받을 고난을 두려워하지 말라 볼지어다 마귀가 장차 너희 가운데에서 몇 사람을 옥에 던져 시험을 받게 하리니 너희가 십 일 동안 환난을 받으리라 네가 죽도록 충성하라 그리하면 내가 생명의 관을 네게 주리라』(계 2:10)

4. 영광의 면류관

영적 지도자의 위치에서 예수님을 잘 대변한 사람에게 영광의 면류관을 주십니다.

『그리하면 목자장이 나타나실 때에 시들지 아니하는 영광의 관을 얻으리라』(벧전 5:4)

5. 기쁨의 면류관

전도와 제자훈련으로 다른 사람을 영적으로 잘 세워 준 사람에게는 기쁨의 면류관을 주십니다.

『그러므로 나의 사랑하고 사모하는 형제들, 나의 기쁨이요 면류관

인 사랑하는 자들아 이와 같이 주 안에 서라』(빌 4:1)

『우리의 소망이나 기쁨이나 자랑의 면류관이 무엇이냐 그가 강림하실 때 우리 주 예수 앞에 너희가 아니냐』(살전 2:19)

성도의 상급은 하나님의 영광

우리가 상급을 받는 것은 단지 우리를 인정해 주신다는 것만을 의미하는 것이 아니라 하나님을 기쁘시게 해 드렸다는 것입니다. 하나님의 영광을 위해 섬겼다는 것입니다. 이는 하나님께 영광을 돌리면 우리에게는 영원한 유익으로 다가온다는 것입니다.

간혹 '나는 상급에 대해 관심 없습니다' 라고 말하는 사람이 있습니다. 그러나 성경은 상급을 사모해야 한다고 말씀합니다. 우리가 주님으로부터 착하고 충성된 종이라고 칭찬 받는 것은 우리의 기쁨만이 아니라 주님의 기쁨이기 때문입니다. 우리가 하나님으로부터의 상을 구하는 것은 성도로서 당연한 자세가 되어야 합니다. 천국을 사모할 뿐 아니라 하나님께서 주시는 상급에 대해 사모하는 마음을 가지지 않으면 우리가 받을 상을 놓칠 수도 있기 때문입니다. 여기에 대해 사도요한을 통해 이렇게 말씀하고 있습니다.

『지금까지 애써 온 수고가 물거품이 되지 않도록 주의하라 온전한 상을 받도록 노력하라』(요이1:8)

성도들은 이 땅의 상급보다 하늘나라 상급을 사모하는 태도를 잃지 않고 살아가는 것이 하나님을 기쁘시게 해 드리는 것임을 알아야 합니다.

『너희는 스스로 삼가 우리가 일한 것을 잃지 말고 오직 온전한 상을 받으라』(요이 1:8)

칭찬 받지 못하는 성도들

성도들이라고 해서 누구나 다 다스릴 권세를 받고 면류관을 받는 것은 아닙니다. 이 땅에서의 삶에 따라 부끄러운 구원을 받을 자도 있습니다. 겨우 천국에만 들어갈 수 있는 사람도 있다는 사실을 고린도전서 3장12-15절에서 말씀하고 있습니다.

『만일 누구든지 금이나 은이나 보석이나 나무나 풀이나 짚으로 이 터 위에 세우면 각 사람의 공적이 나타날 터인데 그 날이 공적을 밝히리니 이는 불로 나타내고 그 불이 각 사람의 공적이 어떠한 것을 시험할 것임이라 만일 누구든지 그 위에 세운 공적이 그대로 있으면 상을 받고 누구든지 그 공적이 불타면 해를 받으리니 그러나 자신은 구원을 받되 불 가운데서 받은 것 같으리라』(고전 3:12-15)

이 땅에서의 행위에 따라 영원한 상급이 있고, 겨우 구원만 받는 사람도 있음을 알아야 합니다. 이런 자는 이 땅에서 주님의 뜻에는 무관심하고 자신을 위해 일한 자로 하나님께서 원하시는 열매와는 무관한 자들인 것입니다. 이런 자들은 주님께서 오실 때 부끄러워 할 수밖에 없을 것입니다.

『자녀들아 이제 그의 안에 거하라 이는 주께서 나타내신 바 되면 그가 강림하실 때에 우리로 담대함을 얻어 그 앞에서 부끄럽지 않게 하려 함이라』(요일 2:28)

천로역정을 쓴 존 번연은 이렇게 말했습니다.

"이 세상에서 하나님을 위해 최선을 다해 일한 사람이 다음 세상에서 그분을 최고로 누리는 까닭은 무엇인가? 행위와 섬김으로 영혼의 모든 기능과 심령이 늘어나고 역량이 확대되어 영광의 공간이 넓어졌기 때문에 하나님 품을 가장 많이 차지한다."

이 땅에서 주님의 마음으로 주님의 뜻을 행한 자들은 천국에서 하나님의 사랑을 가장 많이 누리게 되는 것입니다.

상급과 구원

하나님께서 우리에게 천국행 티켓을 주시는 것은 상급으로 주시는 것이 아닙니다. 천국 가는 것은 행위로 얻는 대가가 아니라 예수님을 믿음으로 값없이 주시는 선물입니다. 그러나 상급은 믿음으로 구원 받은 자에게 주시는 하나님의 최고의 칭찬입니다.

구원은 하나님의 일

구원을 위해 우리가 할 수 있는 일은 없습니다. 우리가 구원 받기 위해서 하나님께서 일하셨습니다. 예수님을 이 땅에 보내시고 우리의 죄값을 예수님께서 대신 짊어지시고 십자가에 죽으시도록 하셨습니다. 구원은 우리를 위한 하나님의 일입니다. 구원은 우리의 행위가 아닌 예수님의 행위로 받기 때문입니다.

예수님은 우리의 모든 죄의 대가를 단번에 영원히 치루셨습니다. 이런 대가를 지불하신 예수님을 믿으면 우리는 영원한 대가를 치루지 않습니다. 이제는 다시 지옥에 대한 걱정을 할 필요가 없습니다. 예수님께서 우리의 죄를 온전히 용서 하셨습니다. 그리스도의 사랑 안에서는 더 없이 안전합니다. 예수 그리스도를 영접한 자는 구원 받은 하나님의 자녀가 확실하므로 구원에 대해 더 이상 의심해서는 안 됩니다.

상급은 우리의 일

상급을 위해 하나님께서 우리를 위해 하실 일은 없습니다. 상급은 하나님을 위해 우리가 일해야 합니다. 상급을 위해 하나님께서 우리를 위해 대신 해 주실 수 있는 일은 없습니다. 예수님께서 상급을 받을 수 있도록 능력을 주시지만 결국 우리가 행해야 합니다. 이 땅에서의 삶은 영원한 미래에 영향을 끼칩니다.

하나님의 추수 시간표가 있음을 기억하세요.

주님께서 다시 오시는 그날, 주님 앞에서 부끄럽지 않고 주님으로부터 칭찬 받을 수 있는 우리 모두가 되기를 간절히 소원합니다.

이스라엘의 3대 절기

(골 2:6-7)

『[6] 그러므로 너희가 그리스도 예수를 주로 받았으니 그 안에서 행하되 [7] 그 안에 뿌리를 박으며 세움을 받아 교훈을 받은 대로 믿음에 굳게 서서 감사함을 넘치게 하라』

이스라엘의 3대 절기

이런 말이 있습니다.
"감사는 물 위에 기록하고 섭섭함은 바위에 기록한다"
사람들은 매일 베푸시는 하나님의 사랑을 받고 살지만 그 사랑을 의식하지 못하고 살 때가 많습니다.

사람이 가장 잊고 사는 것 중에 하나가 감사일 것입니다. 미국인들은 작은 일에도 "땡큐"라고 말합니다. 감사가 습관화 되어 있습니다. 이는 참으로 좋은 습관이라고 할 수 있습니다.

사람들은 감사에는 인색하고, 불평하는 데는 익숙한 것을 보면 아무라도 감사할 수 없는 것처럼 보입니다. 그런데 성경에서는 '모든 일에 감사하라' 고 말씀하고 있습니다.

살다보면 불평과 원망할 일도 많습니다. 그런데 모든 일에 감사하라고 하셨습니다.

요즘 세상은 원망과 불평으로 가득 차 있습니다. 원망과 불평은 미움과 갈등, 그리고 싸움의 원인이 되고 자신의 삶을 파괴시키는 원인이 됩니다. 이와는 반대로 감사하며 사는 자는 그 삶이 정말 아름답게 보입니다. 감사는 누구나 할 수 있는 것이 아닙니다. 하나님을 바로 알고 믿음을 가진 자만이 할 수 있는 특권이 바로 감사인 것입니다.

감사의 이유

예수 그리스도 때문입니다. 우리와 같은 죄인을 위해 이 땅에 오셔서 생명을 주신 예수 그리스도의 이름은 참으로 대단한 이름입니다. 우리를 위해 생명을 아낌없이 주신 주님은 오늘도 여전히 놀라우신 분입니다.

모든 성도들은 기도할 때 예수님의 이름으로 구하고 있습니다. 우리는 놀랍고 위대하신 주님의 이름을 매일 부르며 기도하고 있는 것입니다. 우리가 예수 그리스도의 이름으로 구하며 얼마나 많은 응답과 사랑을 받고 있습니까? 우리가 예수님을 믿는 것은 생애에 가장 큰 축복이 아닐 수 없습니다.

많은 사람들은 예수님을 칭송하며 감사를 표했습니다.
데이빗 리빙스턴은 말했습니다
"하나님은 단 한 분의 아들을 가지셨다. 그 분은 선교사이며 의사이셨다. 내가 예수님과 관계없이 소유하는 것에 대해서는 나는 아무런 가치를 부여하지 않겠다."

영국의 YMCA의 창립자 윌리엄즈는 이렇게 말했습니다.
"여러분들은 사람과 교제할 때에 예수 그리스도에 대한 말없이 말해 본 적이 있는가?"
그는 예수 그리스도를 전하고 자랑하지 않을 수 없었습니다.
미국의 정치가 웹스터는
"나는 예수가 하나님의 아들이심을 믿는다. 예수님이 행하신 이적, 그의 존엄하신 인격, 그가 행하신 모든 일을 볼 때 하나님의 아들이심을 믿지 않을 수 없다."고 말했습니다.
오늘날 예수의 이름을 너무 자주 듣게 된 것 때문에 예수님을 자주 지나쳐 버리는지도 모릅니다. 우리가 예수님의 이름으로 구할 때 얼마나 귀한 것을 많이 주셨는지 생각해 보세요.
히브리서 3장 1절에서는 예수님을 깊이 생각하라고 했습니다.
『그러므로 함께 하늘의 부르심을 받은 거룩한 형제들아 우리가 믿는 도리의 사도이시며 대제사장이신 예수를 깊이 생각하라』(히 3:1)
우리 모두는 예수님을 통해 인생이 무엇인지 알았고, 죄 문제를 해결했고, 천국에 대한 소망을 가지고 살게 되지 않았습니까? 예수님을 통해 인생의 모든 문제를 해결하게 된 것입니다. 우리는 매일 예수님을 깊이 생각하며 살아야 합니다.
사도 바울은 예수님을 발견한 것이 너무나 좋았습니다. 예수님이 너무 좋아서 감정을 억제하지 못하고 환호성을 질렀습니다. 바울은 너무나 흥분해서 말했습니다.

『그러나 무엇이든지 내게 유익하던 것을 내가 그리스도를 위하여 다 해로 여길뿐더러 또한 모든 것을 해로 여김은 내 주 그리스도 예수를 아는 지식이 가장 고상하기 때문이라 내가 그를 위하여 모든 것을 잃어버리고 배설물로 여김은 그리스도를 얻고』(빌 3:7-9)

세상엔 우상도 많은데 우리가 예수 그리스도를 주님으로 믿게 된 것에 감사해야 합니다. 많은 유혹 가운데서도 예수님을 믿고 천국 갈 수 있는 것이 얼마나 감사한 일입니까? 하나님께서 죄 많은 우리를 불러 주시고 하나님의 자녀 삼아 주신 것에 감사해야 할 것입니다.

넘치는 감사

넘치는 감사는 아무라도 할 수 없습니다. 믿음이 있어야 합니다. 믿음의 뿌리를 내려야 합니다. 믿음의 뿌리를 내리지 못하면 금방 흔들릴 수 있습니다. 감사하며 살다가도 다른 어려운 문제나 유혹을 받으면 기쁨을 빼앗길 수 있습니다.

하나님은 이스라엘 백성들의 마음에 감사가 뿌리박히기를 원하셔서 이스라엘 백성들에게 절기를 통해 감사하라고 명령하셨습니다. 출애굽기 23장 14-17절에서 말씀하고 있습니다.

『너는 매년 세 번 내게 절기를 지킬지니라 너는 무교병의 절기를 지키라 내가 네게 명령한 대로 아빕월의 정한 때에 이레 동안 무교병을 먹을지니 이는 그 달에 네가 애굽에서 나왔음이라 빈 손으로 내 앞에 나오지 말지니라 맥추절을 지키라 이는 네가 수고하여 밭에 뿌린 것의 첫 열매를 거둠이니라 수장절을 지키라 이는 네가 수고하여 이룬 것을 연말에 밭에서부터 거두어 저장함이니라 네 모든 남자는 매년 세 번씩 주 여호와께 보일지니라』

 이스라엘의 세 번의 절기 모두 감사의 절기입니다. 이스라엘 백성이 감사의 삶을 살기를 원하신 하나님의 뜻을 엿볼 수 있습니다.

유월절(무교병 절기)

 유월절은 이스라엘 백성이 애굽의 노예에서 해방된 것을 기념하는 절기입니다. 애굽의 억압된 생활에서 자유를 얻은 날입니다. 우리나라로 치면 광복절과 같습니다.

 유월절은 7일 동안 지키는데 허리띠를 띠고 신을 신고 지팡이를 짚고, 아주 급하게 누룩 없는 빵과 쓴나물을 먹으면서 절기를 지킵니다. 누룩 없는 딱딱한 빵을 무교병이라고 합니다.

 세상에서 그렇게 맛이 없고 딱딱한 빵이 무교병이요 쓴나물이라고 합니다. 그들은 무교병과 쓴나물을 먹으면서 과거의 선조들의 출애굽 때를 재현하는 것입니다. 무교병과 쓴나물을 먹으면서 우리는 결코 그날을 잊어서는 안 된다는 것을 새롭게 다짐하는 것입니다. 그리고 애굽에서 나온 것과 광야생활 40년을 감사합니다.

 하나님은 유월절을 통해 과거를 잊지 말고 조상 때부터 일하신 하나님께서 구원해 주심에 대해 감사하라는 것입니다.

 사람들에게 필요한 것이 바른 역사의식입니다. 하나님께서 조상들에게 행하신 역사는 참으로 중요합니다. 하나님은 조상 때부터 행하신 일에 대해 감사하도록 하십니다. 예전에 구원받도록 하신 것에 대해서 항상 감사해야 합니다. 과거에 행하신 일을 감사하라는 것입니다.

추수 감사절(초막절, 수장절)

■ 살아 있는 교육

이 절기는 요즘 우리가 지키는 추수감사절에 해당합니다. 수장절이라는 말 대신 초막절이라고도 합니다. 추수감사절은 열매를 거둬들이고 저장한 연말에 지킵니다. 한 해 동안의 수확을 마친 후 하나님께 감사하는데 철저하게 감사하는 것입니다. 단지 1년 동안의 사건만을 감사하는 것이 아니라 이스라엘을 향해 행하신 하나님의 은혜에 대해 감사하는 것입니다.

한 주간 들판에서 초막(텐트)을 짓고 생활하면서 하나님 은혜를 가르치며 감사합니다. 요즘 여름이 되어서 휴가 갈 때 텐트 치는 것과는 다릅니다. 한 주간 동안 텐트 안에서 40년 동안의 광야 생활에 대한 감사를 자녀들에게 가르칩니다. 40년 동안 광야 생활하면서 우리 선조들이 어떻게 살았고, 불평하다가 이렇게 되었고, 하나님께서 만나와 메추라기를 통해 먹이셨고 하는 내용들을 생생하게 가르칩니다. 이는 결국 살아있는 교육의 현장이 되도록 하며 그 안에서 하나님께 감사하는 것입니다.

■ 한 주간 동안의 생생한 감사

매년 한 주간 먹고 자면서 하나님의 사랑과 은혜에 감사하며 가르침을 받은 자녀들이 어떻게 되겠습니까? 그들은 평생 하나님의 은혜를 간직하고 살게 될 것입니다. 하나님께 감사하는 사람이 될 수밖에 없을 것입니다.

하나님께서 우리에게 베푸신 은혜를 생각하면 한 주간 동안 감사도 부족할 것입니다. 어떻게 보면 우리의 감사가 너무 일회적이고 마음 뿐일 때가 많은 것이 문제입니다.

■ 때를 넘기지 않는 감사

출애굽기 23장16절에서 이렇게 말씀하십니다. 『맥추절을 지키라 이는 네가 수고하여 밭에 뿌린 것의 첫 열매를 거둠이니라 수장절을 지키라 이는 네가 수고하여 이룬 것을 연말에 밭에서부터 거두어 저장함이니라』

연말에 감사하라는 것은 하나님께서 선조들에게 행하신 일과 자신들의 도우심에 대한 감사를 매년 하라는 것입니다. 매년 초막절을 지킵니다. 몇 년에 한 번 하거나 죽음을 앞두고 한 번 하는 것이 아닙니다. 큰 사건이 생겨서 하는 것도 아닙니다. 매년 하는 것입니다. 그 때를 넘겨서는 안 됩니다.

이처럼 감사에 있어서 중요한 것은 때를 넘기지 않는 것입니다. 그 해를 넘기고 몇 년 후에 생각날 때 감사하라고 하신 것이 아니라. 때를 넘기지 말고 감사하라고 말씀하고 있습니다.

맥추절

맥추절은 40년 광야에서의 첫 수확에 대한 감격을 마음에 품고 하나님께 감사하는 것입니다.

이스라엘 백성들은 광야 40년 동안 하나님이 주신 것을 의존하며 살았습니다. 그런데 가나안에 정착하여 40년 만에 처음으로 자신들의 손으로 씨를 뿌리고 농사를 지어 보리와 밀을 수확했습니다. 얼마나 기뻤을까요? 얼마나 감격하고 감사했을까요?

"하나님 지금까지 우리는 받기만 했습니다. 먹이시고 입혀 주셨습니다. 지금까지 살 수 있었던 것은 하나님의 은혜입니다. 이제 우리 손으로 농사해서 수확한 것을 받으시옵소서!"

첫 열매인 보리를 빻아서 기름과 유향을 얹어서 불로 태워 하나님께 드렸습니다.

■ 헌신을 다짐하는 지극한 감사

소출은 삶과 연관되어 있습니다. 생명을 유지 시켜 주신 것에 대한 지극한 감사 표현입니다. 맥추절을 통해 헌신을 다짐합니다. "주님 지금까지 먹이시고 입히셨습니다." 첫 열매를 드리며 헌신을 다짐합니다.

생명을 유지시켜 주시고 공급해 주시는 하나님께 감사를 드려야 합니다. 하나님의 돌보심 없이 인생은 단 일초도 살 수 없는 존재입니다. 세상에서 가장 귀한 것이 생명입니다.

■ 성숙한 모습을 보여 드리는 감사

맥추절은 어떻게 보면 성숙한 모습을 보여 드리는 것입니다. 지금까지는 주님으로부터 일방적으로 받기만 했지만 "이제 수확한 것을 정성껏 드립니다. 정말 감사하며 사랑합니다."라는 의미입니다.

어린 자녀들은 헌신이 없습니다. 요구하고 투정만 부립니다. 감사가 없습니다. 그러다가 철이 들면 감사하기 시작합니다. 시집가고도 철이 안든 딸은 친정에 가면 이번에는 무엇을 챙겨 갈까 하는 생각으로 눈을 크게 뜨고 집안을 살핍니다. 그러나 철이 든 딸은 무엇을 해 드릴까 라고 생각합니다.

그러므로 감사는 성숙한 모습입니다. 매일 감사하며 사는 것은 하나님을 무척 기쁘시게 해 드리는 성숙한 모습입니다.

■ 처음 사랑의 감격을 담아 살겠다는 고백

이스라엘 백성이나 오늘날 그리스도인들의 문제는 첫사랑을 자주 잊어버린다는 것입니다. 맥추절은 처음 수확한 그날의 감격을 생각하며 하나님께 첫사랑을 드리는 자세로 감사를 드리는 것입니다.

"광야에서 지키시고 입히시고 먹여 주시던 하나님의 사랑에 감사합니다. 이제 그 사랑 잊지 않고 살겠습니다. 정말 사랑합니다. 세상에서 살던 나를 불러 주셔서 예수 믿게 하시고 하나님의 자녀 삼아 주심 정말 감사합니다." 하나님의 사랑을 생각하며 언제나 첫사랑의 자세로 살기를 원하는 것입니다.

우리는 맥추감사절을 지킬 때 마다 주님을 처음 만났을 때의 첫사랑을 회복하기를 결단해야 합니다. 맥추감사절을 통해 다시 한번 하나님의 사랑에 감사하고 찬양을 드리는 것입니다.

부부도 마찬가지입니다. 몇 번 잘못 한 것 가지고 상처 받았다고 난리치고 미워하지 말고, 과거에 결혼하자고 쫓아다닌 것 생각하시기 바랍니다. 예전에 잘한 것 생각하면 감사가 절로 나올 것입니다.

구체적으로 표현해야 하는 감사

감사는 마음과 말과 행동으로 다 표현되어야 합니다. 단지 마음으로만 감사하라고 하지 않으셨습니다. 『너는 무교병의 절기를 지키라 내가 네게 명령한 대로 아빕월의 정한 때에 이레 동안 무교병을 먹을지니 이는 그 달에 네가 애굽에서 나왔음이라 빈 손으로 내 앞에 나오지 말지니라』(출23:15) 고 말씀하고 있습니다. 빈손으로 내게 보이지 말라는 부분에 대해 '쉬운 성경' 에는 이렇게 기록하고 있습니다. "누구든지 나에게 예배 드리러 올 때는 예물을 가지고 오너라"

이는 말이나 마음 뿐 아니라 실제로 감사를 표현하라는 것입니다. 이 땅의 모든 소출이 하나님의 은총으로 주어진 것임을 알고 구체적으로 감사하라는 것입니다. 우리가 지금까지 살아온 것은 하나님의 공급과 인도하심입니다. 열매와 수확은 분명 하나님께서 주신 것입니다. 세상에서도 감사한 마음을 전할 때 선물을 하지 않습니까? 하나님께서도 구체적인 표현을 원하시는 것입니다.

넘치는 감사

골로새서 2장7절에서 '감사함을 넘치게 하라'고 말씀하고 있습니다. '넘치게 하라' -강물이 제방을 넘쳐흐르는 것을 말합니다. 철철 넘치는 감사 생활, 다시 말해서 감사 생활이 몸에 배어 있어야 한다는 것입니다.

감사는 예수 그리스도를 주로 받아 신앙 생활하는 성도들의 가장 아름다운 표현입니다. 예수 믿은 것 하나만 가지고도 큰 감사 제목입니다. 감사는 그리스도인의 특권입니다. 세상 사람들과 구별된 특징이 바로 감사입니다. 감사하며 사는 것이 하나님의 뜻대로 사는 것이요 하나님의 뜻대로 사는 자는 감사하는 자입니다.

구약 시대의 절기 모두 감사절이었듯이 우리도 매일 감사하며 사는 것이야말로 영적인 예배가 되는 것입니다. 하나님은 매일 감사하며 사는 자의 삶을 받으십니다. 불평하는 모습을 하나님은 싫어하십니다. 감사는 계속적이어야 합니다. 주님 앞에 갈 때까지 지속적으로 감사해야 하는 것입니다.

하나님은 철철 넘치는 감사를 원하십니다. 하나님은 감사하며 드리는 예배를 받으시고 기뻐하십니다. 감사는 모든 삶을 활기차게 하는 신비입니다. 감사하며 살기를 바랍니다.

기쁨과 감사의 찬양

(시 100:1-5)

『[1] 온 땅이여 여호와께 즐거운 찬송을 부를지어다 [2] 기쁨으로 여호와를 섬기며 노래하면서 그의 앞에 나아갈지어다 [3] 여호와가 우리 하나님이신 줄 너희는 알지어다 그는 우리를 지으신 이요 우리는 그의 것이니 그의 백성이요 그의 기르시는 양이로다 [4] 감사함으로 그의 문에 들어가며 찬송함으로 그의 궁정에 들어가서 그에게 감사하며 그의 이름을 송축할지어다 [5] 여호와는 선하시니 그의 인자하심이 영원하고 그의 성실하심이 대대에 이르리로다』

기쁨과 감사의 찬양

결혼을 하기 위해서는 배우자에 대해 많은 것을 따집니다. 특히 중매를 통해 결혼하는 경우에는 지인들을 통해 배우자에 대해 자세히 알아 봅니다. 요즘 결혼 중매 회사를 통해서 만나는 경우에는 건강 진단서까지 첨부해야 한다고 합니다. 결혼날짜를 잡고도 번복하고 다시 결정하기도 합니다. 그러나 하나님께서 우리를 받아 주실 때는 까다롭게 따지지 않으십니다.

'누구든지' 의 법칙

하나님 앞에 나아가는 데는 '누구든지' 의 법칙이 있습니다. 하나님은 누구나 받아 주십니다. 지역이나 출신, 외적인 조건을 따지지 않으십니다. 예수님을 믿으면 누구나 구원받는다는 법칙입니다. 그래서 구원이 너무 가치가 없는 것처럼 보입니다. 그러나 이것은 가치의 문제가 아니라 사랑의 문제입니다. 인간을 너무나 사랑하시기에 누구나 받아 주시는 것입니다.

이 세상은 누구든지의 법칙이 적용되지 않습니다. 자격이 있어야 합니다. 그러나 예수님을 믿고 하나님의 자녀가 되는 이 중요한 문제에는 누구든지 자격이 있다는 것입니다.

『내가 문이니 누구든지 나로 말미암아 들어가면 구원을 받고 또는 들어가며 나오며 꼴을 얻으리라』(요 10:9) 『누구든지 주의 이름을 부르는 자는 구원을 받으리라 하였느니라』(행 2:21) 『볼지어다 내가 문 밖에 서서 두드리노니 누구든지 내 음성을 듣고 문을 열면 내가 그에게로 들어가 그와 더불어 먹고 그는 나와 더불어 먹으리라』(계 3:20)

'누구든지' 법칙에는 중요한 원리가 있습니다. 기회를 놓치면 안 되는 것입니다. 성경에 나오는 부자와 거지 나사로의 비유를 보면 이 사실을 알 수가 있습니다. 부자는 믿음을 가지는데도 유효기간이 있음을 몰랐습니다. 유효기간은 너무나 중요합니다.

구원받고 천국 가는 데는 "누구든지"의 법칙이 적용되지만, 이 세상 사는 동안 그 기간을 놓쳐서 구원의 대열에서 탈락되는 사람이 너무나 많다는 사실을 알아야 합니다. 내일로 미루는 습관을 가진 자에게는 영원히 기회가 오지 않습니다. 하나님 앞에 나아가야 할 시간은 바로 지금입니다.

하나님의 통치를 받는 기쁨

하나님은 하나님의 통치를 받기 원하는 모든 사람을 통치하십니다. 하나님의 백성이 되기를 원하는 자는 누구나 하나님의 통치를 받을 수 있습니다. 1절의 말씀 중에 "온 땅이여"라는 말씀은 자기 백성이라는 제한을 넘어서 이방인에게도 해당된다는 것입니다. 누구나 예수 믿기만 하면 하나님의 통치를 받게 됩니다.

 이 땅의 통치자들은 무력으로 침략하여 억지로 자신의 통치 아래 두지만 하나님의 의도는 전혀 다릅니다. 하나님은 사랑으로 통치하시기 때문입니다. 누구든지 예수 그리스도를 믿기만 하면 하나님의 자녀로서의 특권과 영광을 소유할 수 있는 것입니다. 이런 이유 때문에 사람들은 하나님을 향해 기쁨으로 나아가야 합니다.

하나님과 인간의 관계

 하나님과의 관계를 바로 알면 가장 인간답게 살 수 있습니다. 하나님과 인간의 관계를 알면 인생 수수께끼가 다 풀립니다. 의문 속에 있던 과거 현재 미래의 문제가 하나님과의 관계 속에서 모두 풀리는 것입니다. 이 뿐 아니라 하나님을 알면 인간의 실체도 바로 알게 됩니다. 그 이유는 바로 하나님은 우리를 지으신 자이시기 때문입니다. 3절에서 말씀하고 있습니다.

『여호와가 우리 하나님이신 줄 너희는 알지어다 그는 우리를 지으신 이요 우리는 그의 것이니 그의 백성이요 그의 기르시는 양이로다』

 "그는 우리를 지으신 자"라는 말씀은 인생은 하나님과의 관계를 떼 놓고는 생각할 수 없는 존재라는 것을 말씀하고 있는 것입니다. 사람은 누구나 하나님의 지으심을 받은 인생입니다. 하나님께서 인간을 흙으로 만드셨다고 말씀하고 있습니다.

『여호와 하나님이 땅의 흙으로 사람을 지으시고 생기를 그 코에 불어넣으시니 사람이 생령이 되니라』(창2장7절)

그럼에도 불구하고 많은 사람들이 스스로 태어난 존재인 것처럼 으스대면서 살고 있습니다. 인간이 어디서 왔는지 조차 모르고 살아가는 사람들도 있습니다.

인생은 하나님의 작품

다윗도 자신을 만드신 하나님에 대해『내가 주께 감사하오옴은 나를 지으심이 심히 기묘하심이라 주께서 하시는 일이 기이함을 내 영혼이 잘 아나이다』라고 시편139편14절에서 말씀하고 있습니다. 이는 하나님이 만드신 다른 모든 피조물과 비교해 볼 때 너무 기이하고 놀라워서 하나님께 특별한 경외감을 보내야 한다는 것입니다.

사람은 하나님의 최고의 작품입니다. 한류 스타들의 브랜드 가치가 2008년 기준으로 배용준 600억원, 보아-295억원, 장동건155억원이라고 합니다.

성경에는 한 영혼이 천하보다 귀하다고 합니다. 본래 죄인인 인생의 죄값을 갚아 주시기 위해 예수님께서 십자가에 못 박혀 죽으심으로 우리가 하나님의 소유가 되었고 가장 가치있는 존재가 되었습니다. 이 사실을 고린도전서 6장19-20절에서 말씀하고 있습니다.

『너희 몸은 너희가 하나님께로부터 받은 바 너희 가운데 계신 성령의 전인 줄을 알지 못하느냐 너희는 너희 자신의 것이 아니라 값으로 산 것이 되었으니 그런즉 너희 몸으로 하나님께 영광을 돌리라』

성도들은 가치에 가치를 더한 자들입니다. 하나님께서 우리를 창조하신 가치 있는 자일 뿐 아니라 예수님께서 자신의 생명과 바꾼 정말 가치 있는 인생인 것입니다.

인생은 하나님의 것

다윗은 인생이 하나님의 것이라고 말씀하고 있습니다.

『여호와가 우리 하나님이신 줄 너희는 알지어다 그는 우리를 지으신 이요 우리는 그의 것이니 그의 백성이요 그의 기르시는 양이로다』(시 100:3)

이는 하나님께서 인생의 주인이심을 말씀하는 것입니다. 하나님과 인간을 떼놓고 생각할 수 없는 이유는 우리가 하나님의 것이기 때문입니다. 사람은 누구나 하나님의 소유라는 것입니다.

『땅과 거기에 충만한 것과 세계와 그 가운데에 사는 자들은 다 여호와의 것이로다』(시 24:1)

『모든 영혼이 다 내게 속한지라 아버지의 영혼이 내게 속함 같이 그의 아들의 영혼도 내게 속하였나니 범죄하는 그 영혼은 죽으리라』(겔 18:4)

우리 몸은 말할 것도 없고 영혼까지 다 하나님의 소유라고 말씀하고 있습니다. 소유권이 있으면 마음대로 할 수 있습니다. 우리가 하나님의 소유라는 사실을 알고 내 마음대로 해서는 안 된다는 사실을 명심해야 합니다. 주인이신 하나님의 뜻을 묻고 그분이 원하시는 대로 살아갈 때 칭찬을 받을 수 있습니다.

인생은 자신의 삶에 대해 반드시 결산을 받아야 합니다. 우리에게 주신 달란트를 마음대로 사용할 수 없습니다. 주인의 뜻에 따라 사용해야 합니다. 두 달란트, 다섯 달란트 받은 자의 칭찬이 우리의 칭찬이 되도록 합시다.

『그 주인이 이르되 잘 하였도다 착하고 충성된 종아 네가 적은 일에 충성하였으매 내가 많은 것을 네게 맡기리니 네 주인의 즐거움에 참여할 지어다 하고』(마 25:21)

인생은 하나님의 양

성경은 인생이 양과 같은 존재임을 말씀하고 있습니다. 어린 시절 양을 치며 살았던 다윗은 인생이 양임을 시편 23편에서 노래했습니다.

『여호와는 나의 목자시니 내게 부족함이 없으리로다 그가 나를 푸른 풀밭에 누이시며 쉴 만한 물 가로 인도하시는도다 내 영혼을 소생시키시고 자기 이름을 위하여 의의 길로 인도하시는도다 내가 사망의 음침한 골짜기로 다닐지라도 해를 두려워하지 않을 것은 주께서 나와 함께 하심이라 주의 지팡이와 막대기가 나를 안위하시나이다 주께서 내 원수의 목전에서 내게 상을 차려 주시고 기름을 내 머리에 부으셨으니 내 잔이 넘치나이다 내 평생에 선하심과 인자하심이 반드시 나를 따르리니 내가 여호와의 집에 영원히 살리로다』(시 23:1-6)

양은 스스로 하루도 지낼 수 없습니다. 목자 없이는 생활이 불가능한 것입니다. 만약 양이 스스로 365일을 보냈다면 이것은 기적에 가까운 일일 것입니다.

우리 인간 스스로 할 수 있는 것은 없습니다. 인간 스스로 되어지는 것은 그렇게 많지 않기 때문입니다. 사람들은 비가 많이 와도 어쩔 줄 모르고 적게 와도 불안해 하는 존재입니다. 모든 것이 그렇습니다. 사람이 계획을 해도 계획한대로 되어지지 않는 수많은 일들을 봅니다.

양의 생명은 절대적으로 목자의 손에 있습니다. 양이 살 수 있는 것은 목자의 보살핌과 인도가 있기 때문입니다. 우리는 목자이신 하나님을 떠나서는 살 수 없는 존재입니다.

목자는 밤낮으로 양을 보호했습니다. 목자는 양을 보호하기 위해 최선의 노력을 다한 것입니다. 그리고 이리가 침범하지 못하도록 몸으로 싸웠고 양이 구덩이에 빠지면 있는 힘을 다해 구덩이로부터 끌어 올렸습니다. 양이 아파서 울면 양의 아픈 곳을 찾아서 땀을 흘리며 어디가 아픈가를 끝까지 찾아내고야 말았습니다. 그리고는 최선을 다해 양을 치료해 준 것입니다.

이 모든 것은 양 스스로의 노력이 아니라 목자가 있었기 때문에 가능한 것이었습니다. 양끼리 있으면 문제가 해결되지 않습니다. 오히려 문제가 커집니다. 갑자기 사고가 나면 자기가 자신을 위해서 할 수 있는 일이 없습니다. 다른 사람들의 도움으로 들것에 실려 다닐 수밖에 없는 것입니다. 하나님과 인간의 관계를 바로 알면 멋있게 이 세상을 살 수 있습니다. 하나님께서 우리의 목자이심을 확신하고 있습니까?

지나간 모든 시간은 하나님의 은혜

당시 정통 유대인이며 최고의 엘리트였던 사도 바울이 예수님을 믿고 난 후에 깨달은 것이 은혜였습니다. 은혜는 사랑스럽지 못한 자에게 대한 하나님의 사랑을 뜻합니다. 바울이 예수님을 구주로 영접하기 전에는 자신이 잘나서 모든 것을 다 한 것으로 생각했습니다. 그러나 알고 보니 모든 것이 하나님의 은혜였습니다. 바울은 자신에게 베풀어 주신 은혜가 헛되지 않도록 더욱 최선을 다한 삶을 살았던 것입니다.

『그러나 내가 나 된 것은 하나님의 은혜로 된 것이니 내게 주신 그의 은혜가 헛되지 아니하여 내가 모든 사도보다 더 많이 수고하였으나 내가 한 것이 아니요 오직 나와 함께 하신 하나님의 은혜로라』 (고전 15:10)

자신이 은혜 받은 자임을 아는 자는 종의 자세를 가지고 섬기게 됩니다. 바울은 누구보다도 더 많이 수고하였습니다. 그의 사역의 범위와 열매는 그 누구도 따라갈 수 없을 만큼 풍성하였던 것입니다.

기쁨으로

은혜를 아는 자에게 나타나는 현상이 있습니다. 그것이 바로 기쁨입니다. 오늘 우리가 본 성경 말씀 속에 '기쁨' 이라는 단어가 나옵니다. 하나님이 자신을 기르시는 목자임을 아는 순간 지금까지 베풀어 주신 하나님의 은혜에 감사하지 않을 수 없습니다. 시편기자는 기쁨으로 하나님을 섬겼습니다. 『기쁨으로 여호와를 섬기며 노래하면서 그의 앞에 나아갈지어다』(시100:2)

국어사전에서는 기쁨은 육적인 것과 향락으로부터 시작되는 것으로 나오지만 여기서의 기쁨은 세상의 쾌락이나 향락을 말하는 것이 아닙니다. 하나님을 알게 된 기쁨입니다. 하나님으로부터 시작된 기쁨입니다. 육적인 것으로 채워지는 기쁨과는 그 질이 다르다는 것입니다.

하나님이 어떤 존재인지 알았기에 기쁨으로 섬깁니다. 여호와 하나님은 우리를 지으신 자요 우리의 주인이기에 기쁨으로 시간과 재능, 그 밖에 모든 것을 가지고 불평하지 않고 섬긴다는 것입니다.

여러분들은 어떤 자세로 섬기고 있습니까? 만약 기쁨으로 섬긴다면 하나님을 아는 자의 모습이라고 할 수 있을 것입니다.

 하나님을 섬기고 예배드리는 일은 종교적인 의무감에서 형식적으로 행해져서는 안 됩니다. 받은 은혜와 주신 축복을 기억하면서 감격 속에서 자발적으로 행해져야 합니다. 그러므로 성도들이 하나님께 나아가는 자세는 기쁨으로 나아가야 합니다.

 봉사를 해도 기쁨으로 섬기지 못하고 억지로 하거나 의무감에서 할 수도 있고, 어떤 때는 억지로 할 때도 있을 것입니다. 그러나 하나님을 향한 자세는 기쁨으로 모든 일을 해야 합니다. 주님의 일을 할 때 기쁨으로 하고, 적극적인 자세를 가진다면 하나님께서는 더욱 기뻐하실 것입니다.

감사함으로

 하나님 앞에서 삶의 자세는 기쁨과 함께 감사로 가득차야 합니다. 시편 100편 4절에 『감사함으로 그의 문에 들어가며 찬송함으로 그의 궁정에 들어가서 그에게 감사하며 그의 이름을 송축할지어다』

 이 말씀은 예배드리러 가는 자의 자세를 말씀하고 있는 것이며 한편으로는 삶의 자세를 함께 말씀하고 있는 것이기도 합니다. 성경을 쉽게 표현하면 이런 뜻입니다. 『감사의 노래 부르며 하나님의 성문으로 들어가자. 찬양을 드리며 하나님의 뜰 안으로 들어가자. 하나님께 감사하고 하나님의 이름을 찬양하자.』

감사는 하나님의 마음을 기쁘시게 해 드리는 피조물의 자세요 인간다운 자세입니다. 감사할 줄 모르면 짐승과 같다고 말합니다. 감사할 때 하나님은 기뻐하십니다.

사람과의 관계에서도 감사는 마음을 움직이는 강한 힘이 있습니다. 그렇다면 하나님 앞에서 감사하며 사는 것이야말로 하나님께 대한 합당한 자세일 것입니다.

믿음을 가지는 순간 바뀌는 가장 중요한 의식 구조가 감사입니다. 감사하며 사는 자는 하나님과 더욱 깊은 관계를 가지게 됩니다. 그러므로 하나님께 대한 감사는 축복이며 강한 무기입니다.

감사란 하나님께 대한 반응이기도 합니다. 하나님께서 베풀어주신 은혜와 사랑에 대해 어떻게 보답할 수 있겠습니까? 그에 대한 반응은 바로 감사입니다. 범사에 감사하고 사는 자는 하나님의 하신 모든 일을 인정하고 민감하게 반응하므로 하나님을 기쁘시게 해 드리는 결과를 가져오는 것입니다.

누구에게나 있는 감사

정신병을 앓고 있는 아내를 둔 사람이 있었습니다. 어느 날 친구들이 모여 아내 자랑을 하고 있었습니다.

'내 아내는 너무나 예쁘다' '내 아내가 우리 집안에 들어와 집안이 화목하게 되었다' '내 아내는 언제나 내 마음을 녹여주지'

그런데 정신병을 앓고 있는 아내를 둔 남편은 어떤 자랑을 할 것인가가 다른 사람들의 관심거리였습니다. 그는 당당하게 일어나 기쁜 마음으로 '나는 너무 감사해서 어쩔 줄 모르겠네, 여러분이 아는 대로 내 아내는 별로 자랑할 것이 없네, 그러나 내가 아내가 있는 것을 행복으로 생각하는 것은 병중에 있는 아내 때문에 기도를 열심히 한다는 것이네, 만약 집안에 고통이 없었다면 기도도 열심히 하지 않았을 것이고 지금과 같은 좋은 신앙을 가지지 못했을 것이네, 나는 항상 기도하며 사는 것을 감사하네'

이 말을 들은 사람들이 마음에 많은 감동을 받았다고 합니다. 감사는 하나님과의 관계를 더욱 깊게 해줍니다. 감사하면 하나님의 사랑 안에 거하게 되는 것입니다.

매일 해야 할 감사

감사는 큰 일이 생길 때만 하는 것이 아닙니다.
어떤 농부에게 젖소가 있었습니다. 20일 후에 많은 손님이 오게 되어 있었습니다. 이 농부는 20일 동안 젖을 저축하기로 하고 젖을 짜지 않았습니다. 20일 후에 손님들이 밀어 닥치자 20일 동안 저축한 젖을 짜기 시작했습니다. 그런데 아무리 짜도 한 방울도 나오지 않았습니다. 우유는 매일 짜야 나오는 법입니다.
감사도 마찬가지입니다. 성도는 매일 감사에 힘써야 합니다. 감사할 때 하나님은 다시 감사할 수 있도록 빈자리를 채워 주십니다. 반대로 감사하지 않으면 이미 가진 것마저도 말라 붙어버리게 됩니다. 감사 없는 생활의 결과는 반드시 실패하게 됩니다.

예수님께서 말씀하신 비유 중에 탕자의 이야기를 보면 둘째 아들이 아버지의 사랑 속에 살고 있으면서도 그 생활에 대한 감사와 기쁨이 없었습니다. 결국 감사를 느끼지 못하고 아버지의 재산을 가지고 멀리 떠나 제 생각대로 향락에 도취되어 행동하므로 그 생을 망치고 말았습니다. 이처럼 감사가 없으면 제멋대로 살게 됩니다. 감사하지 않고 무감각하게 살거나 원망과 불평을 일삼으면 하나님과의 거리는 갈수록 멀어질 수밖에 없습니다. 마음을 열고 하나님과 이웃을 향해 감사하십시오. 그리고 작은 것에도 감사하십시오. 작은 것에 감사할 수 있는 사람이 큰 것도 받을 수가 있습니다.

누군가가 "가을은 열매의 계절이요 감사의 계절이다"라고 말했습니다. 우리가 이곳까지 올 수 있었던 것은 하나님께서 주신 수많은 감사의 제목이 모여서 이 자리까지 온 것입니다.

하나님께 감사하십시다. 그리고 사랑하는 이웃과 그리스도 안에서 가족 된 모든 분들에게 감사합시다. 지나간 모든 시간들에 대해 하나님께 감사를 드립시다. 그리고 새로운 시간을 감사로 시작합시다. 매일 매일의 하루를 감사로 열고 감사로 닫기를 바랍니다.

전쟁과 감사

(민 31:48-54)

『[48] 군대의 지휘관들 곧 천부장과 백부장들이 모세에게 나아와서 [49] 모세에게 말하되 당신의 종들이 이끈 군인을 계수한즉 우리 중 한 사람도 축나지 아니하였기로 [50] 우리 각 사람이 받은 바 금 패물 곧 발목 고리, 손목 고리, 인장 반지, 귀 고리, 목걸이들을 여호와께 헌금으로 우리의 생명을 위하여 여호와 앞에 속죄하려고 가져왔나이다 [51] 모세와 제사장 엘르아살이 그들에게서 그 금으로 만든 모든 패물을 취한즉 [52] 천부장과 백부장들이 여호와께 드린 거제의 금의 도합이 만 육천칠백오십 세겔이니 [53] 군인들이 각기 자기를 위하여 탈취한 것이니라 [54] 모세와 제사장 엘르아살이 천부장과 백부장들에게서 금을 취하여 회막에 드려 여호와 앞에서 이스라엘 자손의 기념을 삼았더라』

전쟁과 감사

출애굽한 이스라엘 백성들이 가나안에 들어가기 전에 미디안 사람들과 전쟁을 합니다. 미디안 족속은 아브라함의 세 번째 아내 그두라의 아들 미디안에 의해 생긴 부족입니다. 아브라함은 이들을 동방으로 보냈다고 창세기 25장6절에 기록되어 있습니다. 『자기 서자들에게도 재산을 주어 자기 생전에 그들로 하여금 자기 아들 이삭을 떠나 동방 곧 동쪽 땅으로 가게 하였더라』

이들은 가나안 동편에 정착하여 모압과 동맹 관계를 유지했으며, 일부는 모세의 장인 이드로가 살았던 가나안 남쪽에 정착해 살았습니다. 이들은 우상을 숭배하고 성적으로 타락했으며 이스라엘 백성이 죄를 짓도록 조장하므로 하나님의 진노를 샀습니다. 이스라엘은 이들과의 전쟁에서 이김으로 가나안 전쟁의 서막을 열었고, 이 전쟁의 승리는 가나안을 정복할 수 있다는 자신감을 얻게 되는 결과를 얻게 됩니다.

국가의 몰락 이유

모압왕 발락은 십볼의 아들로, 이스라엘 백성들이 모압 땅을 통과

할 때, 이스라엘이 아모리 족속을 쳐부순 소식을 듣고 자신들도 멸절될까 봐 두려워했습니다(민22장4절), 그래서 이스라엘을 멸망시키려고 복술가(술사)였던 발람을 돈으로 매수하여 이스라엘을 저주하도록 했습니다. 그러나 하나님께서 저주하지 못하도록 하시고 오히려 축복하게 됩니다.

이제 이스라엘을 범죄하도록 하기 위해 미인계를 썼습니다. 미디안과 모압이 연합하여 모압 여자들을 이용해서 이스라엘 남자들을 우상 숭배하도록 한 것입니다. 이스라엘 남자들이 성적으로 타락하고 우상 숭배하게 된 배후 인물이 바로 발람이라는 선지자였습니다. 『보라 이들이 발람의 꾀를 따라 이스라엘 자손을 브올의 사건에서 여호와 앞에 범죄하게 하여 여호와의 회중 가운데에 염병이 일어나게 하였느니라』(민 31:16)
『그러나 네게 두어 가지 책망할 것이 있나니 거기 네게 발람의 교훈을 지키는 자들이 있도다 발람이 발락을 가르쳐 이스라엘 자손 앞에 걸림돌을 놓아 우상의 제물을 먹게 하였고 또 행음하게 하였느니라』(계 2:14)

하나님의 백성을 죄악 속으로 몰아넣거나 죄악에 동조하는 것은 국가가 몰락하는 이유가 되는 것입니다. 그 당시 미디안과 모압은 여러 우상을 섬겼는데 그 주신이 바알이었습니다. 바알은 '주인'이란 뜻으로 생산과 다산을 주관하는 신으로 믿었습니다. 바알 숭배자들은 혼음과 인신제사 등으로 음탕하고 끔찍한 행위를 하였습니다. 바알 숭배자와 바알신전 여인들의 음행은 바알 제사의 한 과정이었습니다.

성적인 타락의 의미

　육체와 영혼은 유기적인 관계를 가지고 있습니다. 육체의 부패는 인격을 타락하게 합니다. 육체가 음란한 죄를 범하면 영혼도 부패하기 때문입니다. 하나님은 이런 이유에서 육체의 순결을 요구하시는 것입니다.

　성은 하나님의 창조 사역 중 아름답고 신비한 것이지만 인간이 타락하므로 거룩하게 여겨야 할 성을 육체의 욕심대로 사용하고 남용하므로 타락하게 됩니다. 이러한 인간의 연약함 때문에 음란의 죄를 떨쳐버릴 가장 이상적인 방법이 결혼이라고 성경은 말씀합니다. 결혼은 하나님께서 정하신 거룩한 제도입니다. 그러므로 결혼을 통해 영과 육의 순결을 유지하는 일에 더욱 힘써야 합니다.
『그런즉 사랑하는 자들아 이 약속을 가진 우리는 하나님을 두려워하는 가운데서 거룩함을 온전히 이루어 육과 영의 온갖 더러운 것에서 자신을 깨끗하게 하자』(고후 7:1)

　그러나 예외적인 경우도 있습니다. 사도 바울처럼 하나님 나라의 일을 위해 독신으로 살면서 성령의 능력으로 성령의 인도함을 받고 사는 믿음의 사람들이 있기도 합니다.

　성도들이 음란한 죄를 범하는 것은 하나님을 배신하는 행위로 간주 되어 왔습니다. 음란으로 몸을 더럽히는 것은 하나님께서 거하시는 성도들의 몸인 성전을 더럽히는 악한 행위인 것입니다.

『너희는 너희가 하나님의 성전인 것과 하나님의 성령이 너희 안에 계시는 것을 알지 못하느냐 누구든지 하나님의 성전을 더럽히면 하나님이 그 사람을 멸하시리라 하나님의 성전은 거룩하니 너희도 그러하니라』(고전 3:16-17)

성적인 범죄는 그리스도의 몸 된 지체를 창기의 지체로 변절시키는 범죄로 간주되었습니다. 고린도전서 6장 15절에서는 이렇게 말씀하고 있습니다.

『너희 몸이 그리스도의 지체인 줄을 알지 못하느냐 내가 그리스도의 지체를 가지고 창녀의 지체를 만들겠느냐 결코 그럴 수 없느니라』

하나님의 거룩성을 모독하고 공동체를 오염시키는 범죄였습니다. 그래서 음란을 하나님을 반역하는 행위라고 취급했습니다.

오늘날 문명과 문화를 타락시키는 것이 바로 성적인 타락이입니다. 성적인 타락이 가정과 사회를 파괴합니다. 결국 한 민족과 나라가 망하게 되는 것입니다. 성경에 나오는 노아의 홍수, 소돔과 고모라의 멸망, 로마의 멸망을 보면서 오늘날의 성적인 타락은 우려해야 할 심각한 일입니다. 성적인 유혹은 꿀처럼 달지만 나중에는 치명적인 독이 된다고 했습니다. 잠언 5장 3-4절에서 이렇게 말씀하고 있습니다.

『대저 음녀의 입술은 꿀을 떨어뜨리며 그의 입은 기름보다 미끄러우나 나중은 쑥 같이 쓰고 두 날 가진 칼 같이 날카로우며』

성도들은 이 땅에서 찰나적이고 쾌락적인 성문화를 경계하고, 하나님께서 본래 세워주신 사랑의 법이 얼마나 아름다운 것인지를 건전한 가정생활과 경건한 삶을 통해 보여 주어야 합니다.

성범죄에 대한 심판

다른 죄악은 믿음으로 대항하여 직접 싸워야 합니다. 그러나 음행은 피하라고 합니다. 그만큼 음행의 유혹을 이길 수 있다고 자신할 수 있는 사람은 없기 때문입니다.

요셉도 보디발의 아내와 함께 하지 않고 피했습니다. 그리고 적극적으로 유혹할 때도 피함으로 범죄하지 않았습니다.

『여인이 날마다 요셉에게 청하였으나 요셉이 듣지 아니하여 동침하지 아니할 뿐더러 함께 있지도 아니하니라 그러할 때에 요셉이 그의 일을 하러 그 집에 들어갔더니 그 집 사람들은 하나도 거기에 없었더라 그 여인이 그의 옷을 잡고 이르되 나와 동침하자 그러나 요셉이 자기의 옷을 그 여인의 손에 버려두고 밖으로 나가매』(창 39:10-12)

요셉이 보디발의 아내의 유혹을 이긴 것은 고난의 시작처럼 보였지만 오히려 애굽 왕궁으로 입성하는 첫 단추가 되었음을 기억해야 합니다. 유혹의 자리는 피해야 합니다.

『음행을 피하라 사람이 범하는 죄마다 몸 밖에 있거니와 음행하는

자는 자기 몸에 죄를 범하느니라』(고전 6:18)

성적인 유혹에 이스라엘 백성들이 넘어가서 결국에는 바알이라는 우상에게 제사를 드리자 하나님께서 징계하십니다. 일반 백성들을 염병으로 죽게 하셨는데 염병이란 무서운 전염병을 말합니다. 그때 죽은 자가 2만4천 명이나 되었다고 합니다.(민25:9) 그리고 지도자들은 목매달아 죽이므로 지도자의 위치가 얼마나 중요한지를 알려 주셨습니다.

죄를 조장한 자의 결국

미디안 사람들은 이스라엘 백성들을 보며 기뻐했을 것입니다. 그러나 하나님의 심판이 기다리고 있음을 몰랐습니다. 하나님께서는 진노하셔서 미디안을 진멸시키라고 하셨고, 각 지파에서 일천 명씩 모두 만 이천 명을 데리고 나가서 미디안군을 전멸시킵니다.

이스라엘의 타락을 주도한 모압과, 그들과 동맹하고 협조한 미디안의 다섯 왕과 그들의 남자, 그리고 타락을 사주한 주범 발람을 죽이게 하심으로 하나님의 백성을 해치고 죄악에 빠뜨리는 자의 최후가 어떤지를 보여 주셨습니다.

『그들이 여호와께서 모세에게 명령하신 대로 미디안을 쳐서 남자를 다 죽였고 그 죽인 자 외에 미디안의 다섯 왕을 죽였으니 미디안의 왕들은 에위와 레겜과 수르와 후르와 레바이며 또 브올의 아들 발람을 칼로 죽였더라』(민 31:7-8)

하나님의 구원 방법

하나님은 공의로우신 분입니다. 죄에 대해서는 반드시 심판하시는 분입니다. 죄를 짓고도 아무 일 없을 것이라고 착각해서는 안 됩니다. 지은 죄에 대해서 적당하게 넘어가려는 것은 하나님께는 통하지 않기 때문입니다.

『인자를 천대까지 베풀며 악과 과실과 죄를 용서하리라 그러나 벌을 면제하지는 아니하고 아버지의 악행을 자손 삼사 대까지 보응하리라』(출 34:7)

그러나 죄 문제를 해결할 수 있는 방법을 하나님께서는 인간에게 알려 주셨습니다. 이는 하나님께서는 인간의 죄악을 해결해 주시기를 원하시기 때문입니다. 인간의 죄악을 해결해 주시기 위해 예수님을 이 땅에 보내 주시고 십자가에 못 박으셨습니다. 하나님의 공의로우심 때문에 예수님은 십자가에서 가장 고통스럽고 비참하게 죽으셨습니다. 죄가 없으신 분이 우리 죄를 해결해 주시기 위해 십자가에 죽으신 것입니다.

『그가 우리 죄를 없애려고 나타나신 것을 너희가 아나니 그에게는 죄가 없느니라』(요일 3:5)

예수 믿고 죄 사함을 받는 것이야말로 인생에게 최대의 축복인 것입니다.

승전에 대한 감사

이스라엘 백성들은 전쟁에서 이기고 감사하고 있습니다. 이스라엘 백성의 승리는 믿을 수 없는 완벽한 승리였습니다. 미디안과의 전쟁에서 단 한 명의 희생자도 없었던 것입니다.

『군대의 지휘관들 곧 천부장과 백부장들이 모세에게 나아와서 모세에게 말하되 당신의 종들이 이끈 군인을 계수한즉 우리 중 한 사람도 죽지 아니하였기로』(민 31:48-49)

전쟁의 역사상 단 한 명의 희생자도 없이 전쟁에서 이긴 예는 드물 것입니다. 미디안 부족의 숫자를 학자들이 13만-15만 정도로 봅니다. 그렇다면 전쟁에 참가한 남자들을 대략 35,000명으로 볼 수 있습니다. 이는 하나님의 완벽한 도우심이었던 것입니다.

이스라엘 백성들은 전쟁에서 이긴 것이 자신들의 용맹함이나 완벽한 준비 또는 전술 때문이 아니라 하나님 때문이라고 느끼지 않을 수 없었습니다. 사람의 죽고 사는 것은 하나님의 손에 있고, 전쟁의 승패 역시 하나님의 손에 있음을 눈으로 확인한 것입니다.

생명을 지켜 주신 것에 감사

이스라엘 백성들이 전쟁에서 빼앗은 전리품들을 가져왔습니다. 그리고 '우리의 생명을 위하여 여호와 앞에 속죄하려고 가져왔나이다' 라고 고백하고 있습니다.

『우리 각 사람이 받은 바 금 패물 곧 발목 고리, 손목 고리, 인장 반지, 귀 고리, 목걸이들을 여호와께 헌금으로 우리의 생명을 위하여 여호와 앞에 속죄하려고 가져왔나이다』(민 31:50)

 이는 죄에 대한 용서가 아니라 생명을 보호해 주신 하나님의 은혜에 감사해서 드리는 속전을 말합니다. 속전으로 드리는 금 패물은 전쟁에서 죽지 않고 살아 온 생명 대신 바치는 제물입니다.

 생명은 사람 마음대로 할 수 없습니다. 하나님께서 우리의 생명을 매일 지켜 주심을 감사해야 합니다.

공급해 주신 것에 감사

 군인들이 하나님께 드린 제물은 개인적으로 가지고 온 것입니다. 그들이 탈취한 것을 자기의 것으로 삼지 않고 하나님께 드렸습니다. 그 당시 사람들은 금을 장신구로 치장하는 것을 좋아했습니다. 그러나 그들은 하나님께 드린 것이 '금이 일만 육천 칠백 오십 세겔'이라고 했는데 이는 금이 191키로가 되었다는 것입니다. 정말 어마어마한 돈이라고 할 수 있습니다.

『모세와 제사장 엘르아살이 그들에게서 그 금으로 만든 모든 패물을 취한즉 천부장과 백부장들이 여호와께 드린 거제의 금의 도합이 만 육천칠백오십 세겔이니 군인들이 각기 자기를 위하여 탈취한 것이니라』(민 31:51-53)

 자신들이 탈취한 것은 하나님께서 승리케 해 주신 것임을 알았습니다. 사람은 재물을 앞에 두면 강한 소유욕이 발동됩니다. 그리고 놓치지 않으려고 합니다. 그래서 유산을 가지고 싸우고 미워하는 경우를 자주 봅니다. 이스라엘 백성들은 공급자이신 하나님께서 가장 귀하신 분임을 인정하고 있는 것입니다. 물질의 산을 넘어야 하나님께로 다가갈 수 있습니다. 하나님께서 모든 것의 공급자이심을 확신한다면 하나님께 즐겁게 드릴 수 있을 것입니다.

악으로부터 지켜 주신 것에 감사

이스라엘 백성들의 전쟁은 자신들을 죄속으로 빠뜨렸던 미디안과의 전쟁이었습니다. 미디안과의 전쟁은 죄악과의 싸움이었습니다. 하나님은 미디안을 심판하신 것입니다. 악을 철저하게 징벌하시겠다는 하나님의 뜻을 알 수 있습니다.

이스라엘 백성들은 죄악에 대한 심판이 얼마나 무서운가를 뼈저리게 느꼈을 것입니다. 그리고 죄로부터 구원해 주시고자 하시는 하나님의 크신 사랑을 느꼈을 것입니다.(죄의 뿌리인 미디안을 진멸하시면서 자신들을 지키시는 하나님의 사랑을 느꼈을 것입니다.) 또한 다시는 죄를 짓지 않기로 결단했을 것입니다.

지혜는 옳고 그름을 분별하는 것입니다. 옳고 그름을 분별하는 것이야말로 최고의 지혜입니다. 죄는 옳고 그름 보다 욕심과 쾌락을 쫓으라고 합니다. 선과 악을 분별하고 하나님의 뜻이 이 땅을 지배하는 나라가 되도록 기도해야 할 것입니다.

영원히 지켜 주실 것에 감사

 전쟁에서 이겨서 드린 예물을 이스라엘 자손의 기념으로 삼았다고 했습니다.

『모세와 제사장 엘르아살이 천부장과 백부장들에게서 금을 취하여 회막에 드려 여호와 앞에서 이스라엘 자손의 기념을 삼았더라』(민 31:54)

 '기념'을 통해 과거를 생각하고 미래에 대한 다짐을 합니다. 이스라엘 백성들에게 베풀어 주신 은혜와 사랑에 감사하고, 항상 긍휼과 사랑을 베풀어 주시기를 원하는 기원을 담은 것을 말합니다.

 오직 하나님의 은혜와 보호로 살아가는 존재임을 인식하고 감사하며 살기를 원하고 있습니다. 또한 오늘의 감사가 한 때의 감사가 아니라, 영원히 감사하며 살기를 원한다는 결단을 함께 담고 있는 것입니다. 감사는 마땅한 성도의 의무입니다. 지난 날 하나님께서 베풀어 주신 하나님의 사랑에 감사합시다. 그리고 오늘도 계속되는 하나님의 사랑에 감사하시기 바랍니다. 그리고 내일도 함께 해 주실 하나님께 감사하시기 바랍니다. 하나님께 감사하며 사는 개인과 민족은 망하지 않습니다. 지속적으로 하나님의 사랑을 받게 됩니다. 하나님께 항상 감사와 찬양과 영광을 돌려 드리는 여러분이 되시기 바랍니다.

소망 중에 감사하는 삶

(사 43:14-19)

『[14] 너희의 구속자요 이스라엘의 거룩한 이 여호와가 말하노라 너희를 위하여 내가 바벨론에 사람을 보내어 모든 갈대아 사람에게 자기들이 연락하던 배를 타고 도망하여 내려가게 하리라 [15] 나는 여호와 너희의 거룩한 이요 이스라엘의 창조자요 너희의 왕이니라 [16] 나 여호와가 이같이 말하노라 바다 가운데에 길을, 큰 물 가운데에 지름길을 내고 [17] 병거와 말과 군대의 용사를 이끌어 내어 그들이 일시에 엎드러져 일어나지 못하고 소멸하기를 꺼져가는 등불 같게 하였느니라 [18] 너희는 이전 일을 기억하지 말며 옛날 일을 생각하지 말라 [19] 보라 내가 새 일을 행하리니 이제 나타낼 것이라 너희가 그것을 알지 못하겠느냐 반드시 내가 광야에 길을 사막에 강을 내리니』

소망 중에 감사하는 삶

사람들이 감사를 표현하는 방법은 참으로 다양합니다. 아프리카의 맛지족은 감사를 표할 때 '내 머리가 흙속에 있다' 라고 말합니다. 이 부족은 감사를 표현할 때, 머리를 거의 땅에 닿기까지 숙이므로 최고의 예의를 표시한다고 합니다. 이와 반대로 감사할 줄 모르는 사람에게는 '주둥아리를 닦는 사람' 이라고 말하므로 병아리들이 모이를 먹고도 먹지 않은 것처럼 주둥이를 닦아 내는 것을 비유해서 하는 말이라고 합니다.

감사하지 않는 사람의 대부분은 자기중심적인 사람이거나 욕심이 많은 사람입니다. 받은 은혜에 대해 반응할 때 가정과 우리가 속한 직장, 그리고 교회가 화평이 넘치는 것을 보게 됩니다. 이는 감사가 상대방의 마음을 흡족하게 해 주기 때문입니다. 이 뿐 아니라 자신에게도 좋은 영향을 끼치기 때문입니다.

하나님께서는 성도들에게 긍정적인 삶을 살라고 하셨습니다. 긍정적인 삶의 바탕에는 항상 감사가 자리잡고 있습니다.

하나님께서 사도바울을 통해 우리에게 주신 메시지가 있습니다. 우리가 너무 잘 아는 말씀입니다.『항상 기뻐하라 쉬지 말고 기도하라 범사에 감사하라 이것이 그리스도 예수 안에서 너희를 향하신 하나님의 뜻이니라』(살전 5:16-18)

항상 기뻐하고 쉬지 않고 기도하고 모든 일에 감사하고 살 수 있는 이유는 소망이 있기 때문입니다.

소망이라는 기둥

밝고 건강한 삶을 살 수 있는 근거는 바로 소망입니다. 항상 기뻐하고 쉬지 않고 기도하고 범사에 감사하는 삶을 떠받치는 기둥이 있습니다. 바로 소망입니다.

소망을 가진 자는 기쁨이 있습니다. 쉬지 않고 기도할 수 있습니다. 그리고 감사하는 삶을 살 수 있습니다. 소망은 기다린다는 뜻입니다. 시코의 쿠이카텍족의 언어는 '소망'을 '기다리며 바란다'는 뜻으로 나타내고 있습니다. 소망은 기다리며 동시에 바라는 것입니다. 마야 족속은 '소망'이란 '무엇에 걸려 있다'라는 뜻으로 나타냅니다. '하나님 안에 우리 소망'을 '우리가 하나님께 걸려있다'고 번역하고 있습니다. 감사하는 자들은 소망이신 하나님을 기대하며 삽니다.

『나의 영혼아 잠잠히 하나님만 바라라 무릇 나의 소망이 그로부터

나오는도다』(시 62:5)

『주 여호와여 주는 나의 소망이시요 내가 어릴 때부터 신뢰한 이시라』(시 71:5)

소망의 근원

모든 소망은 하나님으로부터 시작됩니다. 소망의 하나님께서 우리에게 언제나 소망을 주시기 때문입니다. 이스라엘 백성이 죄로 인해 바벨론에 포로로 잡혀가서 고통을 당하므로 도무지 소망이 없어 보였습니다. 그런데 하나님께서 이스라엘 백성들에게 위로의 말씀을 주셨습니다. 너희들에게 보장된 미래가 있으니 기대하며 살라고 말씀하신 것입니다.

하나님 말씀과 보장된 미래

하나님께서 성전을 봉헌한 솔로몬의 꿈에 나타나서 네 아버지 다윗처럼 마음을 온전히 하고 바르게 하고 하나님의 명령한 대로 지키면 이스라엘 왕위가 영원히 견고하게 될 것이라고 하십니다. 그러나 하나님께로 돌이키지 않으면 이스라엘을 그 땅에서 끊어버리고 거룩하게 구별한 성전도 던져버릴 것이라고 말씀하십니다.(왕상9장1-9절)

하나님 말씀대로 사는 자는 하나님께서 약속하신 미래를 미리 보며 살 수 있습니다. 기대하며 삽니다. 기대를 가진 자는 항상 감사하며 즐거워하며 살 수 있습니다.

『소망 중에 즐거워하며 환난 중에 참으며 기도에 항상 힘쓰며』(롬 12:12)

소망을 가진 자는 즐거워 할 뿐 아니라 환란 중에도 참고 열심히 기도합니다. 소망을 가진 자는 어려움이 와도 기대감을 가집니다. 그 문제 자체만 보지 않고 이면에 있는 하나님의 좋으신 뜻에 대한 신뢰를 보냅니다. 그래서 예수 믿는 자들은 언제나 소망과 기대감 속에 살 수 있습니다.

과거에 우리에게 행하신 은혜 때문

하나님의 말씀은 어디를 보아도 소망의 메시지입니다. 언제나 소망을 가지고 살라는 것입니다. 말씀을 보며 하나님께서 이루어 주실 일에 대해 크게 기대며 즐거워해야 함을 느낍니다. 하나님께서는 말씀을 통해 약속하셨고 약속을 이루시는 하나님이시기 때문입니다.

우리가 소망의 사람이 될 수밖에 없는 이유는 과거에 베풀어 주신 하나님의 은혜를 기억하기 때문입니다.

지나간 시간 하나님께서 베풀어 주셨던 은혜를 생각해 보세요. 하

하나님을 만난 후 하나님께서 여러분에게 베풀어 주신 은혜와 변화된 삶을 생각해보세요.

존 뉴톤이라는 사람을 아십니까?

존 뉴톤은 1725년 경건한 그리스도인 어머니의 아들로 태어났습니다. 뉴톤의 어머니는 많은 기도와 눈물로 아들을 돌보며, 아들에게 신앙 교육을 잘 시켜 목사로 기르고자 했습니다. 그러나 뉴톤이 여섯 살 때 그녀는 하나님의 부르심을 받아 이 세상을 떠났습니다. 뱃사람이었던 뉴톤의 아버지는 아내가 죽자 그 다음해에 곧 바로 재혼을 했습니다. 이 때부터 뉴톤의 행실은 삐뚤어지기 시작했습니다.

그는 열한 살 때부터 아버지를 따라 항해를 하게 되었고 하나님에 대해 관심이 없었으며 쉽게 죄악을 받아들였습니다. 그는 밤새도록 술을 마시며 창기들과 어울렸습니다. 항해 중 못된 선원들과 어울리며 악한 행실을 일삼았습니다. 전쟁이 일어나자 뉴톤은 군인이 되어 군함에 승선하게 되었고, 악한 짓을 서슴없이 행했습니다. 그는 탈영했다가 붙잡혀 중범죄자가 되기도 했습니다.

이후 그는 포로생활 동안 노예무역의 일꾼으로 일하게 되었습니다. 많은 시간 하나님을 저버린 타락한 삶을 살던 그는 끔찍한 욕설을 입에 담고 저주와 맹세의 말들을 사람들에게 퍼부었습니다. 더

우기 노예선에서 노예와 같이 일했던 그가, 이제는 노예선의 선장이 되어 노예를 사고 팔게 되었습니다. 그러던 중 노예무역을 끝내고 고향으로 돌아오는 길에 큰 폭풍우를 만나 배가 파선되었습니다. 그는 이러한 상황에서 '주여 우리에게 자비를' 이라고 다급하게 말하였습니다. 그는 임박한 죽음 앞에 성경말씀을 떠올리며 자신의 영혼의 종말에 대해 두려워하며 기도했습니다. 그러나 그는 믿음의 기도를 할 수 없었습니다. 하나님을 아버지라고 부를 수 없었습니다. 그러나 주님은 그의 기도를 멸시하지 않으시고 그의 기도를 응답해 주셔서 배가 파선된 지 4주 만에 뉴톤과 선원들은 모두 구조되었습니다.

 이 일을 통해 뉴톤은 기도를 들으시고 응답하시는 하나님의 존재에 대해 알게 되고, 어떠한 죄인이라도 용납해 주시는 은혜가 풍성하신 하나님을 알게 되고 예수님을 구주로 영접하게 되었습니다. 마침내 그는 노예사업을 포기하고 1750년 2월 어머니의 옛 친구의 딸인 메리 케틀렛과 결혼을 합니다. 이후 뉴톤은 자신에게 주어진 시간을 어떻게 하면 잘 이용할 수 있을까를 생각했고 예수 그리스도와 그의 십자가에 못 박히신 것 외에는 아무 것도 알지 아니하기를 작정하고 이후 목사가 되어 15년간 목회사역을 감당하였습니다.

 그는 자신의 마지막 사역에 대한 큰 감회를 이렇게 말했습니다. "가장 무지하고 가장 비천하고 가장 무참히 버려진 노예 중의 하나인 내가, 아프리카 연안의 참혹한 생활로부터 건지어져서 마침내

세계의 도시 중에서도 으뜸가는 교구 목사로 지명된 것은 오직 예수 그리스도의 은혜를 증거할 뿐 아니라 그 은혜를 세계에 널리 알리기 위함이다. "

그는 친구들, 특히 젊은 목사들과 목사 지망생들에게 격려와 조언을 해 주었습니다. 1780년 그는 런던의 성 메리울노쓰 교회로 옮겨서 생을 마칠 때까지 28년간 성도들의 신앙성장을 위해 온 힘을 기울였습니다.

뉴톤이 팔십 세가 넘자 그의 친구들 중에서는 사역을 너무 오래 계속하는 것이 아닐까 하여 "그만 두는 것이 좋지 않겠느냐"라고 물었을 때, 그는 목소리를 높이며 단호하게 이렇게 말했습니다.

"나는 멈출 수 없습니다. 아니! 어떻게 말을 할 수 있는데도 입을 다물 수 있다는 말입니까?"

1807년 12월 21일 죽기 한 달 전에 그는 이렇게 말했습니다. "죽는다는 것은 위대한 일입니다. 그리고 육체와 마음이 쇠할 때 우리 마음의 힘이요, 우리의 기업으로써 영원히 하나님을 모시고 있다는 것은 위대한 일입니다. 나는 내가 의뢰한 분을 알며 그 분이 내가 그에게 의탁한 것을 그 날까지 지켜 주실 수 있다는 것을 압니다. 이후로 나를 위하여 의의 면류관이 예비되었으니 그것은 의로우신 재판장이신 주께서 그 날에 내게 주실 것입니다. "

그는 추악하고 더러운 범죄 가운데서 자신을 구원하신 예수 그리스도의 은혜를 평생 간직하였고 그 놀라운 은혜에 기초하여, 찬송가 405장 "나같은 죄인 살리신"(amazing grace) 등의 찬송가를 썼습니다.

"나 같은 죄인 살리신 주 은혜 놀라와 잃었던 생명 찾았고 광명을 얻었네. 큰 죄악에서 건지신 주 은혜 고마워 나 처음 믿은 그 시간 귀하고 귀하다."

죄악되고 보잘 것 없는 우리에게 죄 사함의 은혜를 베푸셨습니다. 하나님께서 도무지 용서 받을 수 없고 구원받을 수 없는 우리를 구원해 주셨기에 감사해야 합니다.

나의 아버지 되신 하나님

오늘날 많은 사람들이 신을 찾아 헤매고 있습니다. 거짓된 신을 찾고 참된 신이라고 생각합니다. 하나님께서 우리 하나님이 되신다는 사실이 얼마나 감사한지 모릅니다.

『나는 여호와 너희의 거룩한 이요 이스라엘의 창조자요 너희의 왕이니라』(사 43:15)

하나님은 우리의 거룩한 자이십니다. 거룩하신 하나님은 우리에게 거룩함을 요구하십니다. 이는 죄로 인간을 유혹하여 파멸 시키려는 사단과 달리, 거룩함을 추구하여 인간답게 살게 하시는 하나님의 성품을 드러낸 것입니다.

또한 하나님은 우리의 창조자이십니다. 사람을 만드시고 이 땅의 모든 것을 만드신 하나님이십니다. 하나님께서 만드셨고, 주관하십니다. 창조의 신비와 오묘함은 감히 말로 다 표현할 수 없습니다. 이 세상을 창조하신 하나님께서 이 땅의 모든 것을 주관하십니다.

그 하나님께서 바로 우리의 왕이신 것입니다. 그 왕이신 하나님께서 예수님을 통해 우리의 아버지가 되셨습니다.

『영접하는 자 곧 그 이름을 믿는 자들에게는 하나님의 자녀가 되는 권세를 주셨으니』(요1:12)

얼마나 감사한 일입니까? 이제 창조자 하나님께서 우리의 아버지가 되셨으니 무엇이 두렵겠습니까?

상식을 초월해서 일하시는 하나님

하나님은 이스라엘을 애굽으로부터 구원하실 때 참으로 놀라운 기적을 행하셨습니다. 홍해를 건너게 하셨고, 이스라엘 백상을 쫓아오는 애굽 군대를 바닷물 속에 수장하셨습니다.

『나 여호와가 이같이 말하노라 바다 가운데에 길을, 큰 물 가운데에 지름길을 내고 병거와 말과 군대의 용사를 이끌어 내어 그들이 일시에 엎드러져 일어나지 못하고 소멸하기를 꺼져가는 등불 같게 하였느니라』(사 43:16-17)

하나님께서는 이스라엘 백성을 구원하시기 위해 하나님께서 창조하시고 만드신 자연의 이치까지 잠깐 조정하기도 하셨습니다. 아모리 족속과의 싸움에서 달과 태양을 머무르게도 하신 것입니다.

『여호와께서 아모리 사람을 이스라엘 자손에게 넘겨 주시던 날에 여호수아가 여호와께 아뢰어 이스라엘의 목전에서 이르되 태양아 너는 기브온 위에 머무르라 달아 너도 아얄론 골짜기에서 그리할지어다 하매』(수 10:12)

하나님은 인간을 구원하시기 위해 인간의 상식을 뛰어넘는 일을 하셨습니다. 하나님은 이스라엘 백성의 구원을 위해 상식을 초월해서 일하신 것입니다.

상식을 초월하여 일하시므로 모든 인류를 감동케 하신 또 하나의 놀라운 사건이 있습니다. 우리를 구원하시기 위해 독생자 예수님을 십자가에 못 박기까지 하신 사건입니다. 얼마나 우리를 사랑하시면 이런 일까지 행하셨을까요? 하나님은 사랑이십니다. 너무나 사랑하셔서 상식을 초월하는 일을 하신 것입니다.

하나님의 놀라우신 사랑 때문에 우리는 매일 새로운 하루에 대해 기대하고 살아갑니다. 사랑받고 사는 사람은 매일 하루가 새롭고 기대가 됩니다. 사랑하는 사람을 만난 사람은 삶이 새로워집니다. 마찬가지입니다. 우리는 지극하신 하나님의 사랑 때문에 매일 기대하며 새로운 살 수 밖에 없는 것입니다.

더 크고 영광스러운 일을 하실 하나님

'이전 일을 기억하지 말고 옛적 일을 기억하지 말라' 고 하십니다.
『너희는 이전 일을 기억하지 말며 옛날 일을 생각하지 말라』(사 43:18)

여기서 이전 일은 홍해에서 구원하신 일을 가리킵니다. 홍해에서 구원받은 사건은 두고 두고 기억되어야 할 일입니다. 그런데 기억하지 말라고 하십니다. 이는 앞으로 행하실 일은 홍해 사건보다 더 놀랍고 영광스러운 일이 될 것이라는 것입니다. 지나간 일 보다 더 놀랍고 영광스런 일이라면 얼마나 놀라운 일이 기다리고 있다는 말입니까?

그러므로 모든 그리스도인들은 미래 지향적인 삶을 살아야 합니다. 하나님께서 우리에게 채워주실 그 놀라운 일 때문에 오늘보다 내일에 대한 기대를 하며 감사하며 살아야 하는 것입니다.

새 일을 행하시는 하나님

앞으로 하나님께서 행하실 새 일에 대한 기대감을 가지고 사는 것이 성도들의 당연한 자세입니다.

'이전 일, 옛적 일' 과 대조 되는 '새 일' 을 행하실 것이라고 말씀하십니다.

『보라 내가 새 일을 행하리니 이제 나타낼 것이라 너희가 그것을

알지 못하겠느냐 반드시 내가 광야에 길을 사막에 강을 내리니』(사 43:19)

새 일은 예수 그리스도께서 오셔서 죄와 사망에서 죽을 수밖에 없는 우리를 구원하실 것에 대해 말씀하신 것입니다.

독생자 예수님까지 아낌없이 주신 하나님께서 더 이상 우리를 위해 놀라운 새 일을 행하지 못하실 것은 없습니다. 하나님께서 예수님을 십자가에 못박으신 것은 모든 것을 다 주신 것입니다. 아들까지 주시고 우리를 자녀 삼아 주셨는데 더 이상 무엇을 아끼시겠습니까? 아낌없이 주심을 믿으십시오.

감사하며 기대하며

기대하는 자세로 구하고 찾고 두드려야 합니다. 기대하고 구할 때 기쁨으로 응답해 주실 것입니다. 확신을 가지고 구하는 것입니다.
『내게 구하라 내가 이방 나라를 네 유업으로 주리니 네 소유가 땅 끝까지 이르리로다』(시2:8)
『봄비가 올 때에 여호와 곧 구름을 일게 하시는 여호와께 비를 구하라 무리에게 소나비를 내려서 밭의 채소를 각 사람에게 주시리라』(슥 10:1)
『구하라 그리하면 너희에게 주실 것이요 찾으라 그리하면 찾아낼 것이요 문을 두드리라 그리하면 너희에게 열릴 것이니』(마 7:7)

구할 때 반드시 기대하세요. 그러면 하나님께서 기쁨으로 응답해 주실 것입니다. 염려하고 구하는 것을 하나님께서 좋아하시지 않습니다. 아니 조금도 의심하지 말라고 하셨습니다.

『아무 것도 염려하지 말고 다만 모든 일에 기도와 간구로, 너희 구할 것을 감사함으로 하나님께 아뢰라 그리하면 모든 지각에 뛰어난 하나님의 평강이 그리스도 예수 안에서 너희 마음과 생각을 지키시리라』(빌 4:6-7)

『오직 믿음으로 구하고 조금도 의심하지 말라 의심하는 자는 마치 바람에 밀려 요동하는 바다 물결 같으니』(약 1:6)

하나님은 우리에게 사랑을 물 붓듯이 부어 주시는 분이시기에, 하나님은 우리의 기대를 결코 부끄럽게 하지 않으십니다.

우리 자신을 다시 한번 반성하고, 의심하거나 염려하지 말고, 오히려 기대하므로 감사하며 구하는 자가 되시기 바랍니다.

다윗의 감사와 그 결과
(대상 17:1-15)

[1] 다윗이 그의 궁전에 거주할 때에 다윗이 선지자 나단에게 이르되 나는 백향목 궁에 거주하거늘 여호와의 언약궤는 휘장 아래에 있도다 [2] 나단이 다윗에게 아뢰되 하나님이 왕과 함께 계시니 마음에 있는 바를 모두 행하소서 [3] 그 밤에 하나님의 말씀이 나단에게 임하여 이르시되 [4] 가서 내 종 다윗에게 말하기를 여호와의 말씀이 너는 내가 거할 집을 건축하지 말라 [5] 내가 이스라엘을 애굽에서 올라오게 한 날부터 오늘까지 집에 있지 아니하고 오직 이 장막과 저 장막에 있으며 이 성막과 저 성막에 있었나니 [6] 이스라엘 무리와 더불어 가는 모든 곳에서 내가 내 백성을 먹이라고 명령한 이스라엘 어느 사사에게 내가 말하기를 너희가 어찌하여 내 백향목 집을 건축하지 아니하였느냐고 말하였느냐 하고 [7] 또한 내 종 다윗에게 이처럼 말하라 만군의 여호와께서 이처럼 말씀하시기를 내가 너를 목장 곧 양 떼를 따라다니던 데에서 데려다가 내 백성 이스라엘의 주권자로 삼고 [8] 네가 어디로 가든지 내가 너와 함께 있어 네 모든 대적을 네 앞에서 멸하였은즉 세상에서 존귀한 자들의 이름 같은 이름을 네게 만들어 주리라 [9] 내가 또 내 백성 이스라엘을 위하여 한 곳을 정하여 그들을 심고 그들이 그 곳에 거주하면서 다시는 옮겨가지 아니하게 하며 악한 사람들에게 전과 같이 그들을 해치지 못하게 하여 [10] 전에 내가 사사에게 명령하여 내 백성 이스라엘을 다스리던 때와 같지 아니하게 하고 또 네 모든 대적으로 네게 복종하게 하리라 또 네게 이르노니 여호와가 너를 위하여 한 왕조를 세울지라 [11] 네 생명의 연한이 차서 네가 조상들에게로 돌아가면 내가 네 뒤에 네 씨 곧 네 아들 중 하나를 세우고 그 나라를 견고하게 하리니 [12] 그는 나를 위하여 집을 건축할 것이요 나는 그의 왕위를 영원히 견고하게 하리라 [13] 나는 그의 아버지가 되고 그는 나의 아들이 되리니 나의 인자를 그에게서 빼앗지 아니하기를 내가 네 전에 있던 자에게서 빼앗음과 같이 하지 아니할 것이며 [14] 내가 영원히 그를 내 집과 내 나라에 세우리니 그의 왕위가 영원히 견고하리라 하셨다 하라 [15] 나단이 이 모든 말씀과 이 모든 계시대로 다윗에게 전하니라

다윗의 감사와 그 결과

 이스라엘 백성들이 광야 생활 40년 동안 하나님께서 주신 만나와 메추라기로 살다가, 가나안에 정착하여 처음으로 농사를 지어 보리와 밀을 수확한 후 감격합니다. 자신들의 손으로 거둔 것을 보니 신기하고 감사가 절로 나왔습니다. 첫 수확에 대한 감격을 마음에 품고 하나님께 감사 드렸습니다.
 "하나님 우리는 지금까지 받기만 했습니다. 하나님께서 먹이시고 입혀 주셨습니다. 지금까지 살 수 있었던 것은 하나님의 은혜입니다. 이제 우리 손으로 농사해서 수확한 것을 받으시옵소서!"
 감사의 마음과 함께 첫 열매인 보리를 빻아서 기름과 유향을 얹어서 불로 태워 하나님께 드렸습니다. 이것이 이스라엘 백성이 드린 맥추절입니다. 하나님은 이스라엘 백성들에게 맥추절을 지키라고 하셨습니다. 『맥추절을 지키라 이는 네가 수고하여 밭에 뿌린 것의 첫 열매를 거둠이니라 수장절을 지키라 이는 네가 수고하여 이룬 것을 연말에 밭에서부터 거두어 저장함이니라』(출 23:16)

맥추절의 정신

성도들은 사업이나 직장에서 얻은 수확과 이익에 대해 맥추절의 정신을 가지고 하나님께 감사해야 합니다. 맥추절을 드릴 때는 세 가지 자세를 가져야 합니다.

1) 생명의 근원이신 하나님께 감사해야 합니다.

소출을 통해 생명을 유지시켜 주심에 감사해야 합니다. 그러므로 우리는 일용할 양식을 대할 때 마다 감사해야 합니다. 먹는 것이 해결된 오늘을 살지만 일용할 양식에 대한 감사를 소홀히 해서는 안 되는 것입니다.

예수님께서 가르쳐 주신 주기도문에서도 '일용할 양식을 주시옵고' 라고 기도하고 있습니다.

매일 매일 우리의 생명을 유지시켜 주시기 위해 공급하시고 돌보시는 하나님께 감사하며 사는 것이 맥추절의 정신이라고 할 수 있습니다.

2) 지난날에 베풀어 주신 은혜에 감사해야 합니다.

가나안 땅에서 힘들게 노력해서 얻은 수확물을 보며, 광야 40년 동안 공짜로 베풀어 주신 하나님의 사랑에 더 크게 감사했습니다. '우리가 땀 흘려 수확한 것을 보며 지난 날 하나님께서 베풀어 주신 사랑이 얼마나 큰 지 이제 알겠습니다.' 라는 마음으로 감사해야 합니다.

3) 헌신을 결단하며 감사해야 합니다.

지금까지는 하나님으로부터 공짜로 받기만 했지만 "이제부터는 저희들이 땀 흘려 얻은 수확물을 하나님께 정성껏 드립니다. 정말 감사합니다. 이제는 헌신의 모습을 보여 드리겠습니다"라는 의미로 드려야 합니다.

감사는 성숙한 자의 모습

어릴 때는 헌신이 없습니다. 받으면서도 투정만 부립니다. 세월이 지나 철이 들면 감사합니다. 결혼 후에도 철이 안든 딸은 친정에 가면 이번에는 무엇을 챙겨 갈까 하는 생각으로 가재 눈을 해서 집안을 살핍니다 (가재는 앞뒤,좌우,위아래를 동시에 볼 수 있는 넓은 시야를 가지고 있다). 그리고 가져가면서도 감사가 없습니다. 그러나 철이 든 딸은 무엇을 해 드릴까를 생각합니다.

기쁨을 주는 감사

다른 사람에게 감사의 인사를 받으면 기분이 좋습니다. 옆 사람에게 '제 옆에 앉아 주셔서 감사합니다' 라고 말해 봅시다. 말만 들어도 기분이 좋습니다.

감사를 표현할 때 다른 사람을 기쁘게 합니다.

감사하며 사는 자와 함께 살면 덩달아 감사와 기쁨이 넘칩니다.

감사하는 그 자체만으로도 다른 사람에게 기쁨을 줍니다.

반대로 감사에 대한 표현이 없고 원망하며 사는 자가 곁에 있으면 마음이 불편해집니다. 감사하는 삶을 살기를 바랍니다.

구체적으로 표현할 감사

감사는 표현해야 합니다. 아무리 마음이 있어도 표현하지 않으면 힘이 없습니다. 눈빛만 보아도 마음을 알 수 있는 부부라도 감사는 표현해야 합니다. 말로서 하고 때를 따라 선물도 하고 자주 표현해야 합니다. 그럴 때 감사가 넘쳐나게 되는 것입니다. 감사의 말과 행동을 자주하면 감사하는 것이 어색하지 않고 자연스럽게 됩니다.

하나님은 성도들의 삶이 항상 감사로 가득 차기를 원하십니다.

『범사에 감사하라 이것이 그리스도 예수 안에서 너희를 향하신 하나님의 뜻이니라』(살전 5:18) 모든 일에 감사하라는 것은 삶 전체를 감사로 채우라는 것입니다.

샘이란 퍼내면 퍼낼수록 계속해서 쏟아져 나옵니다. 그러나 퍼내지 않으면 말라버리고 맙니다. 하나님께서는 모든 사람에게 감사의 샘을 주셨고, 감사를 퍼내면 퍼낼수록 더 많은 감사제목을 주시는 것입니다.

하나님은 감사하는 자를 사랑하십니다. 하나님은 감사의 제사를 받으시고 감사의 삶을 받으십니다. 감사하는 자는 모든 것 하나까지도 버릴 것 없이 귀하기 때문입니다.

『감사로 제사를 드리는 자가 나를 영화롭게 하나니 그의 행위를 옳게 하는 자에게 내가 하나님의 구원을 보이리라』(시 50:23)

이 말씀은 감사의 제사를 드리는 사람이 하나님을 높이는 사람임을 말씀하는 것입니다. 하나님의 사랑을 받고 싶으면 감사하십시오. 그러면 생각하지 못한 감사의 제목까지 더해 주심을 경험하게 될 것입니다.

다윗의 감사 표현과 결과

다윗이 왕이 되어 왕궁에서 편안한 삶을 살게 되자 하나님께 대한 죄송스러운 마음과 감사의 마음이 생겼습니다. 그래서 나단 선지자에게 자신은 백향목 궁전에 거하는데 하나님의 궤는 천막에 있으니 성전을 짓겠다고 말합니다. 이는 다윗이 감사의 마음을 구체적으로 표현한 것이라고 할 수 있습니다. 이에 대해 나단 선지자는 『하나님께서는 왕과 함께 계시니 무엇이든지 왕의 뜻대로 하십시오』(대상 17:2)라고 말합니다.

그날 밤 하나님께서 나단에게 나타나셔서 성전은 다윗이 지을 것이 아니고 그 아들이 지을 것이라고 하십니다. 그리고는 다윗의 하나님을 향한 감사의 마음을 보시고 넘치는 감사의 제목을 주십니다. 하나님은 다윗의 감사에 감동하신 것입니다.

다윗이 받은 축복

감사의 마음으로 성전을 짓겠다고 한 다윗에게 감동하신 하나님은 다윗에게 엄청난 선물을 주십니다.

첫 번째 '위대한 사람이 되도록 해 주겠다.'고 하셨습니다.

8절에서 말씀하셨습니다.

『네가 어디로 가든지 내가 너와 함께 있어 네 모든 대적을 네 앞에서 멸하였은즉 세상에서 존귀한 자들의 이름 같은 이름을 네게 만들어 주리라』

앞으로 나는 네 이름을 이 땅의 위대한 사람들의 이름처럼 위대하게 해 줄 것이라고 하셨습니다.

하나님께서 만들어 주시는 위대한 사람은 모든 사람의 존경을 받습니다. 이 땅에서 존귀한 이름을 얻는 것은 하나님께서 인도해 주실 때만 가능한 것입니다.

두 번째 '네 백성을 보호해 주겠다.'고 하셨습니다.

『내가 또 내 백성 이스라엘을 위하여 한 곳을 정하여 그들을 심고 그들이 그 곳에 거주하면서 다시는 옮겨가지 아니하게 하며 악한 사람들에게 전과 같이 그들을 해치지 못하게 하여』(9절)

하나님께서 다윗이 통치하는 백성을 보호해 주겠다고 약속하신 것입니다. 하나님께서는 이스라엘 백성들이 다시는 떠돌아다니지 않고 머물러 살도록 해 주신 것입니다. 그들은 이제 더 이상 괴로움을 당하지 않을 것이며 악한 백성들로부터 괴롭힘을 당하지 않도록 해 주실 것임을 약속하셨습니다. 사사시대 이후 계속해서 괴롭히던 악한 나라들과 모든 원수들을 물리쳐 주겠다고 약속하신 것입니다.

왕의 소원은 백성이 잘 되는 것입니다. 하나님께서 백성을 직접 보호해 주신다고 하니 이보다 더 감사한 일은 없을 것입니다. 하나님의 보호를 받는 백성처럼 안전한 백성은 없습니다.

세 번째 다윗 왕조에 대한 보호를 약속하셨습니다.

『네 생명의 연한이 차서 네가 조상들에게로 돌아가면 내가 네 뒤에 네 씨 곧 네 아들 중 하나를 세우고 그 나라를 견고하게 하리니 그는 나를 위하여 집을 건축할 것이요 나는 그의 왕위를 영원히 견고하게 하리라』(11-12절)

다윗의 자손들이 이스라엘 왕이 될 것이고, 다윗이 죽어도 아들 중 하나를 새 왕으로 삼아서 성전을 지을 것이며, 다윗의 집안이 이 나라를 영원히 다스릴 수 있도록 하겠다고 약속하셨습니다. 하나님은 미리 다윗의 후손과 그 왕조에 대해 보호해 주실 것을 약속하신 것입니다.

네 번째 "아들에 대해 영원한 보호"를 약속하셨습니다.

『나는 그의 아버지가 되고 그는 나의 아들이 되리니 나의 인자를 그에게서 빼앗지 아니하기를 내가 네 전에 있던 자에게서 빼앗음과 같이 하지 아니할 것이며 내가 영원히 그를 내 집과 내 나라에 세우리니 그의 왕위가 영원히 견고하리라 하셨다 하라』(13-14절)

하나님께서 직접 아버지가 되시고 다윗의 아들을 하나님 자신의 아들처럼 여기실 것을 말씀하셨습니다. 사울에게 베푼 사랑을 거두어 들이셨지만, 다윗의 아들은 영원히 사랑해 주실 것을 약속하신 것입니다.

이보다 더 큰 기쁨이 어디 있겠습니까? 자녀에게까지 하나님의 보호하심과 은혜가 임한 것입니다. 하나님으로부터 이런 보호의 약속을 받은 다윗의 기쁨은 얼마나 컸을까요?

다윗의 감사기도

이제 다윗은 또 다시 감격하며 하나님께 감사기도를 올려드리고 있습니다. 16-27절까지 감사기도를 올려 드리고 있습니다. 먼저 하나님의 은혜에 감격하며 감사하고 있습니다.

『다윗 왕이 여호와 앞에 들어가 앉아서 이르되 여호와 하나님이여 나는 누구이오며 내 집은 무엇이기에 나에게 이에 이르게 하셨나이까 하나님이여 주께서 이것을 오히려 작게 여기시고 또 종의 집에 대하여 먼 장래까지 말씀하셨사오니 여호와 하나님이여 나를 존귀한 자들 같이 여기셨나이다』(16-17절)

다윗은 하나님께서 베풀어 주시는 사랑에 대해 어찌할 바를 모르고 있습니다. 너무나 감격해서 " 제가 누구이기에 저를 이토록 위해 주십니까? 제 집안이 무엇이기에 이토록 위해 주십니까? 하나님께서는 제 집안에 일어날 일들에 대해서까지 친절하게 말씀해 주셨습니다. 저는 주의 종입니다. 여호와 하나님께서는 저를 존귀한 사람과 같이 높이셨습니다." 라고 말씀 드리고 있습니다. 감사의 표현에 대해 이렇게 큰 은혜를 베풀어 주실 것을 자신도 몰랐던 것입니다.
다윗은 하나님의 약속을 감사하게 받고 있습니다.
『나의 하나님이여 주께서 종을 위하여 왕조를 세우실 것을 이미 듣게 하셨으므로 주의 종이 주 앞에서 이 기도로 간구할 마음이 생겼나이다 여호와여 오직 주는 하나님이시라 주께서 이 좋은 것으로 주의 종에게 허락하시고 이제 주께서 종의 왕조에 복을 주사 주 앞에 영원히 두시기를 기뻐하시나이다 여호와여 주께서 복을 주셨사오니 이 복을 영원히 누리리이다 하니라』(25-27절)
다윗은 하나님께서 베풀어 주신 축복을 영원히 누릴 것이라고 감사의 기도를 드리고 있습니다.
우리도 하나님께서 하신 말씀을 들으며 감사하게 받고 확신해야 합니다. 감사로 인해 누리는 복은 세상의 그 어떤 것으로도 얻을 수 없는 것입니다. 그러므로 하나님을 향해 진실되게 감사를 표현하는 것은 지혜로운 삶이라고 할 수 있습니다. 하나님은 감사를 기쁘게 받으십니다. 감사하는 자에게 다윗이 생각하지 못한 것까지 아낌없이 주신 하나님은 지금도 감사하는 자를 찾고 계실 것입니다.
작은 감사 하나라도 그냥 지나치지 말고 구체적으로 표현하고 감사의 기도를 올려 드려 남은 여러분의 생애에 감사의 축복이 넘쳐나기를 바랍니다.
다윗 같은 감사의 주인공이 되기를 소원하시기 바랍니다.

끝까지 쓰임 받는 자

(민 14:1-12)

『[1] 온 회중이 소리를 높여 부르짖으며 백성이 밤새도록 통곡하였더라 [2] 이스라엘 자손이 다 모세와 아론을 원망하며 온 회중이 그들에게 이르되 우리가 애굽 땅에서 죽었거나 이 광야에서 죽었으면 좋았을 것을 [3] 어찌하여 여호와가 우리를 그 땅으로 인도하여 칼에 쓰러지게 하려 하는가 우리 처자가 사로잡히리니 애굽으로 돌아가는 것이 낫지 아니하랴 [4] 이에 서로 말하되 우리가 한 지휘관을 세우고 애굽으로 돌아가자 하매 [5] 모세와 아론이 이스라엘 자손의 온 회중 앞에서 엎드린지라 [6] 그 땅을 정탐한 자 중 눈의 아들 여호수아와 여분네의 아들 갈렙이 자기들의 옷을 찢고 [7] 이스라엘 자손의 온 회중에게 말하여 이르되 우리가 두루 다니며 정탐한 땅은 심히 아름다운 땅이라 [8] 여호와께서 우리를 기뻐하시면 우리를 그 땅으로 인도하여 들이시고 그 땅을 우리에게 주시리라 이는 과연 젖과 꿀이 흐르는 땅이니라 [9] 다만 여호와를 거역하지는 말라 또 그 땅 백성을 두려워하지 말라 그들은 우리의 먹이라 그들의 보호자는 그들에게서 떠났고 여호와는 우리와 함께 하시느니라 그들을 두려워하지 말라 하나 [10] 온 회중이 그들을 돌로 치려 하는데 그 때에 여호와의 영광이 회막에서 이스라엘 모든 자손에게 나타나시니라 [11] 여호와께서 모세에게 이르시되 이 백성이 어느 때까지 나를 멸시하겠느냐 내가 그들 중에 많은 이적을 행하였으나 어느 때까지 나를 믿지 않겠느냐 [12] 내가 전염병으로 그들을 쳐서 멸하고 네게 그들보다 크고 강한 나라를 이루게 하리라』

끝까지 쓰임 받는 자

하나님께서 젖과 꿀이 흐르는 땅 가나안을 주시기 위해 정탐꾼을 각 지파에서 한 명씩 뽑아서 가나안을 정탐하도록 했습니다. 그런데 그들의 보고 내용이 두 갈래로 나누어졌습니다.

먼저 다수의 의견인 열두 지파 가운데 열 지파를 대표하는 정탐꾼들은 '우리는 도무지 가나안을 칠 수 없다'고 말하고 있습니다. 그들의 보고는 절망적이었습니다.

다수의 의견이 도무지 가나안에는 들어 갈 수 없다고 하자 가나안에 들어갈 것이라는 기대감에 젖어 있던 이스라엘 백성들은 한 순간 믿음과 기대감이 무너지고 온 백성이 통곡하는 어두운 분위기로 바뀌었습니다. 밤새도록 통곡하는 이스라엘 백성들의 모습은 절망과 죽음만을 바라보는 그야말로 지옥이었고, 초상집 분위기가 된 것입니다. 이제 모든 것이 끝났다는 생각에 사로잡히게 된 것입니다.

『온 회중이 소리를 높여 부르짖으며 백성이 밤새도록 통곡하였더라』(민 14:1)

마음속에 싹트는 원망

열 명의 정탐꾼들의 부정적인 보고는 이스라엘 백성들의 마음이 원망으로 가득 차게 했고, 원망은 미래를 볼 수 없게 만들어 버렸습니다. 원망으로 가득 찬 백성들은 죽음을 입에 담게 되었습니다. 하나 되었던 백성들의 마음이 나누어져서 좌절하게 되고, 하나님의 말씀을 잊고 지금까지 인도하신 하나님의 존재까지 잊어버린 것입니다.

사단이 잘 사용하는 방법이 바로 마음에 원망을 심는 것입니다. 원망을 심기 위해 사단은 여러 가지 방법을 사용합니다.

그 첫 번째 방법은 사람의 습성 중에 하나인, 비교하도록 만드는 것입니다. 자신들의 힘과 가나안 사람들과 비교하며 도무지 가나안을 정복할 수 없다는 생각을 통해 원망의 씨앗을 품게 되자 연쇄적으로 원망하게 됩니다.

지금까지 이스라엘 백성들은 가나안을 향해 진군을 잘 해왔습니다. 그리고 목전에 있는 가나안을 바라보게 되었지만 비교하게 되면서 원망하기 시작한 것입니다. 원망은 또 다시 과거 애굽에서의 삶과 광야에서의 삶을 비교하도록 했습니다.

『이스라엘 자손이 다 모세와 아론을 원망하며 온 회중이 그들에게 이르되 우리가 애굽 땅에서 죽었거나 이 광야에서 죽었으면 좋았을 것을』(민 14:2)

한 자매가 직장생활을 만족하게 잘 하고 있었습니다. 학교 다닐 때부터 장애인을 위해 봉사하겠다고 생각했기에 장애인들이 있는 사회복지기관에 근무하고 있었습니다. 그런데 대학 때 같은 과 친구를 만나서 우연히 봉급 이야기를 하다가 자신보다 봉급을 많이 받는다는 사실을 알고는 그때부터 마음에 직장에 대해 원망하는 마음이 생기게 되었습니다. 기쁨으로 일하던 일들이 힘들고 짜증으로 가득 차게 된 것입니다. 지금까지 생각한 일에 대한 만족이 봉급의 비교로 사라지고 만 것입니다. 이 자매는 직장을 그만두고 보수가 더 나은 직장을 선택했지만 얼마가지 않아서 적성에 맞지 않음을 알고 다시 그만두고 여러 직장을 전전하는 것을 보았습니다.

하나님은 비교하지 말고 항상 현재에 만족하라고 말씀하십니다. '항상 기뻐하고 범사에 감사하라' 고 말씀하십니다. 과거와 비교하고 다른 사람들과 비교할 때 자신도 모르게 교만하게 되거나 위축되어 원망하게 되기 때문입니다.

사람들은 상대평가로 인해 기뻐하고 원망하지만 하나님의 평가 방법은 상대평가가 아닙니다. 절대평가입니다. 누구와도 비교하지 않으십니다. 현재의 그 모습에서 최선을 다하는 것을 원하십니다.

그런데 가인으로부터 시작된 비교의식은 무수한 사람을 파멸로 몰아갔습니다. 이스라엘 백성들은 자신들의 모습과 가나안 사람들의 모습을 비교하고 있습니다. 이제 그들은 과거의 삶을 그리워하고 있습니다. 비교해보니 모든 것이 불만족이었습니다.

그런데 하나님은 어떤 상황에서도 만족하라고 강조하셨습니다. 행복은 만족하는 자에게 주어집니다. 하나님은 사도 바울을 통해 우리에게 말씀하십니다.

『내가 궁핍하므로 말하는 것이 아니니라 어떠한 형편에든지 나는 자족하기를 배웠노니』(빌 4:11)

원망의 결국은 하나님으로부터 책망 받게 됩니다

마태복음 20장에 나오는 포도원 품꾼의 비유에 보면, 아침 6시부터 일한 사람은 너무나 감사하게 하루를 시작했습니다. 그날 하루 품삯을 받을 수 있는 일자리를 구했기 때문입니다. 그런데 저녁 3시, 5시에 온 사람들이 자신과 똑 같은 품삯을 받는 것을 보고 원망이 쏟아졌습니다. 여기서부터 문제가 발생한 것입니다. 감사가 한 순간에 불평과 원망으로 바뀐 것입니다. 끝까지 감사하지 못하고 만족하지 못한 사람에게 결론으로 주신 말씀은 이 말씀입니다.

『이와 같이 나중 된 자로서 먼저 되고 먼저 된 자로서 나중 되리라』 (마 20:16)

어떤 경우에도 만족하며 감사하며 살아야 합니다. 그것이 하나님이 주시는 가나안의 복을 누리며 사는 길이기 때문입니다.

원망에서 벗어나야 삽니다

원망의 올무에서 벗어나지 않는다면 결코 정상적인 신앙의 자리로 돌아올 수 없습니다. 원망하는 자는 자유함이나 기쁨이 없기 때문입니다. 원망의 노예가 되면 앞으로 나갈 수도 없습니다. 원망을 가지고 있는 동안은 하나님과의 관계가 정상적으로 회복되지 않습니다. 모든 관계가 헝컬어지고 맙니다. 그리고 모든 화살을 다른 사람에게 당기므로 화평도 깨어지게 됩니다. 원망의 올무를 벗어 던지지 않고는 하나님의 은혜를 경험할 수 없기에 신앙의 성장 역시 경험할 수 없습니다.

이 무서운 원망의 올무에서 벗어나야 합니다. 이스라엘 백성들이 애굽에서 나왔을 때 감사의 노래를 불렀고 하나님을 찬양했습니다. 그들에게 주어진 자유가 너무나 좋았기 때문입니다. 그러나 광야에서 물이 없음을 알고 원망했습니다. 하나님께서 물을 주시자 떡과 고기가 없음을 원망했습니다. 하나님은 떡과 고기를 주셨습니다. 이제 그들은 애굽에서 구원해 주신 것을 원망했습니다. 그들의 원망은 끝이 없었습니다. 원망의 사슬은 이스라엘 백성 스스로를 찌르는 가시였던 것입니다. 원망에서 벗어나야 삽니다. 반드시 벗어나야 합니다.

전능하신 하나님이 함께 하심을 믿어야 합니다

　이스라엘 백성들은 도무지 불가능한 가운데서 애굽을 나와 광야로 갈 수 있었습니다. 그들은 전능하신 하나님께서 그들과 함께 하심을 보았습니다. 그러나 지금 그들 곁에는 하나님은 계시지 않았습니다. 살아계신 하나님께서 그들과 함께 하심에도 불구하고 하나님께서 함께 하시지 않는 것처럼 원망하고 있는 것입니다. 살아계신 하나님께서 아브라함에게 나타나 하신 말씀이 바로 전능한 하나님이라는 말씀이었습니다.

　『아브람이 구십구 세 때에 여호와께서 아브람에게 나타나서 그에게 이르시되 나는 전능한 하나님이라 너는 내 앞에서 행하여 완전하라』(창 17:1)

　원망은 하나님께서 살아계신 분임을 잊어버릴 때에 나타납니다. 하나님께서는 어떤 상황에서도 우리와 함께 하십니다. 이 사실을 확신한 사람은 바로 다윗입니다. 특히 다윗은 소년 때부터 하나님께서 함께 하심을 확신했고, 골리앗이라는 블레셋 장수 앞에서 전혀 위축되지 않았습니다. 2미터가 넘는 거인 골리앗, 블레셋의 명장인 블레셋도 전혀 두려움의 대상이 되지 못했습니다. 칼과 단창으로 무장한 블레셋을 보며 '나는 만군의 여호와 이스라엘 군대 하나님의 이름으로 간다' 고 큰 소리를 쳤습니다.

　『다윗이 블레셋 사람에게 이르되 너는 칼과 창과 단창으로 내게 나아 오거니와 나는 만군의 여호와의 이름 곧 네가 모욕하는 이스라엘 군대의 하나님의 이름으로 네게 나아가노라』(삼상 17:45)

언제나 전능하신 하나님과 함께 사물을 보면 긍정적인 자가 될 것입니다.

두려움을 극복해야 합니다

두려움은 사람을 원망하게 하고 비판적으로 몰고 갑니다. 열 명의 정탐꾼은 가나안 땅을 보며 두려워하기 시작했습니다. 가나안 사람들은 기골이 장대했습니다. 자신들은 보잘것없이 보였습니다. 자신들 스스로 메뚜기 같은 존재라고 말하고 있습니다.

『거기서 네피림 후손인 아낙 자손의 거인들을 보았나니 우리는 스스로 보기에도 메뚜기 같으니 그들이 보기에도 그와 같았을 것이니라』(민 13:33)

두려움은 모든 의욕을 상실하도록 만듭니다. 과거에 행한 열심과 지금까지의 모든 노력을 물거품으로 만듭니다. 하나님께서 계획하시고 인도하신 모든 것을 물거품으로 만들고 있습니다. 가나안에 대한 기대와 희망을 한 순간에 물거품으로 만들어 버린 것입니다.

하나님은 두려움에 사로잡혀 원망하고 있는 이스라엘 백성을 전염병으로 멸하고 새로운 나라를 만드시겠다고 말씀하셨습니다. 하나님은 이스라엘 백성들에게 더 이상 아무것도 기대하지 않고 계신 것입니다.

『여호와께서 모세에게 이르시되 이 백성이 어느 때까지 나를 멸시하겠느냐 내가 그들 중에 많은 이적을 행하였으나 어느 때까지 나를 믿지 않겠느냐 내가 전염병으로 그들을 쳐서 멸하고 네게 그들보다 크고 강한 나라를 이루게 하리라』(민 14:11-12)

두려움에 빠진 자에게는 아무 것도 기대할 수 없습니다. 그래서 하나님께서 믿음의 사람들 (모세, 여호수아…)에게 특별히 당부하신 말씀이 두려워하지 말라는 말씀입니다.

『이 후에 여호와의 말씀이 환상 중에 아브람에게 임하여 이르시되 아브람아 두려워하지 말라 나는 네 방패요 너의 지극히 큰 상급이니라』(창 15:1)

『여호와께서 모세에게 이르시되 그를 두려워하지 말라 내가 그와 그의 백성과 그의 땅을 네 손에 넘겼나니 너는 헤스본에 거주하던 아모리인의 왕 시혼에게 행한 것 같이 그에게도 행할지니라』(민 21:34)

하나님께서는 오늘도 우리에게 두려워 말라고 말씀하십니다.

『두려워하지 말라 내가 너와 함께 함이라 놀라지 말라 나는 네 하나님이 됨이라 내가 너를 굳세게 하리라 참으로 너를 도와 주리라 참으로 나의 의로운 오른손으로 너를 붙들리라』(사 41:10)

긍정적인 자가 되어야 삽니다

세상에는 긍정적인 사람보다 부정적인 사람이 많습니다. 열두 명의 정탐꾼 중에서 열 명은 부정적인 사고를 가지고 있었고, 두 사람 여호수아와 갈렙만이 긍정적인 사람이었습니다.

긍정적인 사람이 소수인 이 세상에서 우리는 긍정적인 삶을 살아가야 합니다. 여호수아와 갈렙이 긍정적일 수 있었던 이유는 무엇이었을까요? 여호수아와 갈렙은 하나님의 계획은 반드시 이루어짐을 믿었습니다. 좌절과 절망 가운데서도 하나님은 계획대로 일하시는 분임을 확신하고 있었습니다. 하나님은 언제나 불가능을 가능케 하시는 전능하신 하나님임을 믿었습니다.

『그 땅을 정탐한 자 중 눈의 아들 여호수아와 여분네의 아들 갈렙이 자기들의 옷을 찢고 이스라엘 자손의 온 회중에게 말하여 이르되 우리가 두루 다니며 정탐한 땅은 심히 아름다운 땅이라 여호와께서 우리를 기뻐하시면 우리를 그 땅으로 인도하여 들이시고 그 땅을 우리에게 주시리라 이는 과연 젖과 꿀이 흐르는 땅이니라』(민 14:6-8)

여호수아와 갈렙의 보고를 보면 가나안은 '심히 아름답다' '하나님께서 그 땅을 우리에게 주시리라'고 말합니다. 그리고 하나님께서는 여전히 가나안으로 인도하시고 자신들에게 주실 것이라고 확신 있게 말하고 있습니다. 하나님의 계획은 반드시 이루어짐을 믿고 있었습니다. 이는 하나님 앞에는 불가능이 없음을 믿었기 때문입니다.

　하나님께서는 계획하시고 반드시 그대로 이루십니다. 그러므로 우리가 하나님의 뜻대로 행할 때의 자세는 언제나 긍정적인 자세여야 합니다. 하나님의 뜻을 행하면서 불가능하다고 말하는 것은 하나님을 우습게 여기는 것입니다.

　열 명의 정탐꾼들은 하나님의 계획이나 뜻을 절망적인 상황을 보며 한 순간에 불가능한 일이라고 말하고 있습니다. 더 이상의 희생이나 가나안 정복은 무모한 일이라고 생각한 것입니다.

　긍정과 부정은 하나님에 대한 확신과 불신의 차이입니다. 살아계신 하나님에 대한 확신과 불신은 사람을 긍정과 부정으로 나누어 놓습니다. 하나님은 언제나 모든 것을 하실 수 있습니다. 그러므로 믿음의 사람들은 언제나 긍정의 사람이어야 합니다.

　그러기 위해서는 먼저 생각을 바꾸고 말을 바꾸어야 합니다. '할 수 없다' '안된다' 는 말을 '할 수 있다' '된다' '이렇게 하면 더 좋겠다' 라는 말로 바꾸어야 합니다.

　하나님은 어떤 경우도 우리의 보호자시며 인도자이십니다. 그러므로 언제나 긍정적인 자세를 가져야 합니다.

『다만 여호와를 거역하지는 말라 또 그 땅 백성을 두려워하지 말라 그들은 우리의 먹이라 그들의 보호자는 그들에게서 떠났고 여호와는 우리와 함께 하시느니라 그들을 두려워하지 말라 하나』(민 14:9)

기도의 통로가 열려 있음을 기억해야 합니다

하나님은 단 한 번이라도 근심하고 염려하라고 하지 않으셨습니다. 언제나 염려하지 말고 자신에게 맡겨 달라고 하셨습니다. 그리스도인은 언제나 하나님과 기도할 수 있는 기도의 통로가 열려 있기에 염려하고 원망할 이유가 없는 것입니다.

『아무 것도 염려하지 말고 다만 모든 일에 기도와 간구로, 너희 구할 것을 감사함으로 하나님께 아뢰라』(빌 4:6)

어떤 걱정과 근심거리도 하나님께 맡겨 드리면 문제가 되지 않습니다. 하나님은 우리가 염려하는 것조차도 용납하시지 않습니다. 근심하고 부정적인 자세를 가지는 것조차도 용납하시지 않는 이유는 바로 기도의 통로가 열려 있기 때문입니다. 어떤 경우에도 하나님께서 기도하지 말라고 하신 적이 없습니다. 그러므로 기도의 사람은 긍정적인 사람입니다.

복음 자체가 긍정입니다

죄로 인해 죄의 댓가를 받을 수밖에 없는 우리를 위해 하나님은 예수님을 이 땅에 보내 주시고 십자가에 못 박으시므로 우리를 죄로부터 용서해 주시고 회복시켜 주셨습니다. 우리는 하나님께서 인간에게 보내 주신 최고의 기쁜 소식을 받은 자들입니다. 하나님을 만난 자에게 절망이란 있을 수 없습니다. 그래서 죽음 앞에서도 절망하지 않습니다. 죽음을 보면서 복이 있다고 말할 수 있는 자들이 그리스도인입니다.

『또 내가 들으니 하늘에서 음성이 나서 이르되 기록하라 지금 이후로 주 안에서 죽는 자들은 복이 있도다 하시매 성령이 이르시되 그러하다 그들이 수고를 그치고 쉬리니 이는 그들의 행한 일이 따름이라 하시더라』(계 14:13)

죽음도 우리에게 소망과 희망을 빼앗아 갈 수 없습니다. 예수님의 부활로 우리에게 부활의 기쁨과 감격을 주셨기 때문입니다. 주님이 주시는 긍정의 생각은 그 어떤 불가능도 이깁니다.

여호수아와 갈렙의 긍정적인 믿음은 가나안의 장애물을 격파하고 가나안을 정복하여 입성하게 됩니다. 그러나 부정적인 태도를 보인 자들은 단 한 명도 가나안에 들어 갈 수 없었습니다. 긍정적인 자가 장애물을 극복하고 세상을 이길 수 있습니다.

사실 가나안에 들어가고 들어가지 못한 것은 그들의 마음에서부터 결정된 것입니다. 이스라엘 백성들의 눈에 보이는 장애물은 아무 것도 아니었습니다. 마음이 문제였습니다. 그들의 마음이 모든 축복을 삼키고 만 것입니다. 마음속에 있는 부정적인 생각을 버리지 않는다면 하나님께서 주시는 놀라운 축복을 받을 수 없습니다. 부정적인 사고를 버리고 말을 바꾸시기 바랍니다. '할 수 있다' 라는 말로 바꾸시기 바랍니다.

먼저 가정에서 부부들끼리 사용하는 단어부터 바꾸세요. 그래야 자녀들이 바뀝니다. 자녀들은 부모에게 영향을 받습니다. 부모와 같은 성향을 가지고 살게 됩니다. 부정적인 사고를 가진 부모에게서 부정적인 자녀가 나옵니다. 비판적인 사고를 가진 자에게서는 비판적인 자녀가 나옵니다. 원망의 말을 쉽게 내뱉는 부모를 보고 자란 자녀의 말은 원망의 말이 됩니다. 말하고 행하고 믿는 대로 됩니다.

끝까지 쓰임 받는 자

하나님은 언제나 긍정적인 자를 사용하십니다. 긍정적인 자세를 가진 여호수아와 갈렙은 죽을 때까지 하나님으로부터 쓰임 받았습니다. 하나님은 감사하고 사는 자를 사용하십니다. 쉽게 원망하는 자를 결코 사용하시지 않습니다. 가룟유다도 부정적이고 비판적인 자였습니다. 비싼 향유를 가지고 와서 예수님의 발에 붓고 머리로 씻는 여인을 보며 부정적인 말을 하였습니다.

『이 향유를 어찌하여 삼백 데나리온에 팔아 가난한 자들에게 주지 아니하였느냐 하니』(요12:5)

하나님 나라는 믿음을 가진 긍정적인 자들에 의해 확장되어집니다. 하늘나라의 축복도 긍정적인 자들이 결국 차지하게 됩니다.

여러분 모두 긍정의 사람이 되기를 바랍니다.

원망과 시비가 복음에 끼치는 영향

(빌 2:14-16)

『[14] 모든 일을 원망과 시비가 없이 하라 [15] 이는 너희가 흠이 없고 순전하여 어그러지고 거스르는 세대 가운데서 하나님의 흠 없는 자녀로 세상에서 그들 가운데 빛들로 나타내며 [16] 생명의 말씀을 밝혀 나의 달음질이 헛되지 아니하고 수고도 헛되지 아니함으로 그리스도의 날에 내가 자랑할 것이 있게 하려 함이라』

원망과 시비가 복음에 끼치는 영향

　살아가면서 얼마나 많이 원망하고 시비하는지 생각해 볼 필요가 있습니다. 이는 원망하고 시비하는 습관이 자신의 삶의 발목을 잡기 때문입니다. 생각 없이 내뱉는 말 자체가 자신에게 돌아와 큰 상처를 입히게 됩니다.
　원망에 대한 원어인 '데오스투게이스'는 '하나님을 미워하는 자' '하나님의 미움을 받는 자'라고 번역할 수 있습니다. '고데'라는 사람은 '하나님을 미워하는 자는 최대로 오만한 자로 하나님 위에 자기를 두는 자'라고 해석했습니다. 원망은 이만큼 심각한 것입니다.
　시이저가 하루는 귀족들과 친구들을 위해 큰 잔치를 준비했습니다. 그런데 날씨가 좋지 않아서 계획한 모임의 결과를 얻지 못하게 되자 크게 분노해서 활을 가진 자는 모두 그들의 신인 주피터를 향해 쏘도록 명령했습니다. 하늘을 향해 올라가던 화살은 얼마가지 못해 곧바로 자신들의 머리 위에 떨어져 많은 사람들이 상처를 입게 되었습니다. 이처럼 원망은 결국 자신에게 화살로 돌아와 큰 상처가 될 수밖에 없습니다.

본문에는 "모든 일을 원망과 시비가 없이 하라'고 말씀하고 있습니다. 원망할 수밖에 없는 일까지도 원망하지 말라고 말씀하신 것입니다. 원망이 얼마나 사람을 망가뜨리면 그렇게 말씀하셨을까를 짐작해 볼 수 있습니다.

너무 쉽게 생각하는 원망

살아계신 하나님의 능력을 믿고, 하나님의 섭리를 믿는 자는 원망하지 않습니다. 그러나 모든 것을 자기 중심으로 생각하고 인간적인 관점에서 바라보면 별 것 아닌 것까지 원망하게 됩니다. 특히 쉽게 원망하는 습관이 몸에 베이게 되면 결국 하나님을 향해 원망하는 결과를 가져오게 됩니다.

쉽게 원망하는 사람들 중에 믿음 좋은 사람을 찾아보기가 어렵습니다. 원망이 결국은 하나님의 뜻을 거스르는 결과를 가져오는 경우가 많음을 기억해야 합니다.

실제로 광야에서 모세에게 원망한 자들이 하나님께도 반역을 꾀한 경우를 우리는 너무나 잘 알고 있습니다. 원망을 쉽게 생각해서는 안 됩니다. 원망은 좋은 리듬과 조화를 모두 깨뜨리기 때문입니다. 부부가 원망을 너무 쉽게 한다면 그 부부는 얼마가지 않아서 갈라서고 말 것입니다. 별 것 아닌 것처럼 생각하고 원망한 것들이 마음에 쌓여서 신뢰와 믿음을 무너뜨리게 될 것이기 때문입니다. 원망을 가볍게 여기지 마십시오. 하나님께서도 원망을 결코 가볍게 여기시지 않습니다.

『그들 가운데 어떤 사람들이 원망하다가 멸망시키는 자에게 멸망하였나니 너희는 그들과 같이 원망하지 말라』(고전 10:10)

원망은 자신을 파괴합니다

원망은 자신을 파멸로 몰고 갑니다. 원망은 영혼의 상태와 직결되어 있습니다. 원망할 때 영혼이 고통을 당합니다.

욥기 7장 11절에서 이렇게 말씀하고 있습니다.

『그런즉 내가 내 입을 금하지 아니하고 내 영혼의 아픔 때문에 말하며 내 마음의 괴로움 때문에 불평하리이다』

원망으로 인해 개인이 파멸하고 공동체가 아픔을 당하는 것을 자주 보게 됩니다. 이스라엘 백성들이 에돔땅을 직접 통과하지 못하고 힘들게 먼 길을 돌아가게 되자 모세를 원망하며 불평했습니다. "왜 우리를 애굽에서 데리고 와서 이 광야에서 죽게 하는 거요? 여기에는 빵도 없고, 물도 없소. 이 형편없는 음식은 이제 질렸소"

그러자 하나님께서 백성에게 독사를 보내서서 많은 사람이 독사에 물려 죽게 됩니다. 백성은 모세에게 와서 뱀들을 없애 달라고 애걸합니다. 모세가 백성을 위해 중보기도를 드리자 하나님께서 구리뱀을 만들어서 장대에 매달고, 뱀에 물린 사람마다 쳐다보면 살 것이라고 하셨습니다. 모세는 구리뱀을 만들어 장대에 매달았고, 뱀에 물린 사람은 누구든지 그것을 쳐다보면 살아났습니다.(민21:4-9) 원망은 참으로 무서운 암덩어리와 같습니다. 자신 뿐 아니라 주변의 모든 지체까지 죽음에 이르게 하기 때문입니다.

이스라엘 백성들의 고통은 환경이나 조건이 아니었습니다. 바로 원망이 자신들을 파멸로 몰고 간 것이었습니다. 원망하는 감정을 가질 때 신체에도 이상이 옵니다. 원망하면 음식 맛조차 잃게 됩니다. 그러나 감사하면 몸이 회복되어 모든 것을 바로 느낄 수 있게 됩니다.

원망은 영향력을 상실합니다

원망하고 시비하는 사람은 세상에서 빛의 역할을 감당하지 못합니다. 세상 사람들로부터 인정받지 못하기 때문입니다. 원망하는 사람을 착한 행실의 사람이라고 할 수 없습니다. 원망의 결과가 그것을 나타내고 있기 때문입니다.

원망하는 사람은 세상에서 빛의 역할을 감당하지 못하게 되어 결국에는 하나님의 영광을 가리게 됩니다. 원망은 빛을 등지고 서 있는 것입니다. 감사하는 자가 빛의 역할을 감당할 수 있는 것입니다.

감사하며 사는 자는 모든 사람들이 좋아합니다. 원망은 미움과 두려움, 불안을 안겨 주지만, 감사는 화평과 용기와 평안을 안겨 주기 때문입니다. 그리고 감사가 하나님께 영광을 돌리기 때문입니다.

주님은 말씀하셨습니다.

『이같이 너희 빛이 사람 앞에 비치게 하여 그들로 너희 착한 행실을 보고 하늘에 계신 너희 아버지께 영광을 돌리게 하라』(마 5:16)

원망은 거룩한 영향력을 상실합니다. 성경 어디를 보아도 원망하고 시비하는 자가 쓰임 받았다는 내용은 없습니다. 그러므로 원망하는 자는 거룩한 영향력을 상실한 자인 것입니다.

원망은 거룩함을 빼앗아갑니다

사람들이 만든 이 땅의 아름다움과 천국의 아름다움과의 차이는 바로 거룩함입니다. 이 땅에서 한 분야에 학문을 통달하여 그 분야에 최고의 권위자가 될지라도 거룩함이 없다면 그 가치는 잠깐 동안만 사람들을 매료시킬 뿐 영원할 수는 없습니다.

황우석 박사의 업적을 보고 사람들은 박수를 보내며 환호했지만, 그에게 거짓이 있고 도덕적인 문제가 있다는 사실을 안 사람들은 그에게 실망했습니다.

요즘 사람들이 얼마나 외모를 가꿉니까? 성형외과가 성업 중이라고 합니다. 그러나 그 외적인 아름다움까지도 거룩함이 없다면 진정한 아름다움이라고 할 수 없습니다.

어느 대학에서 예쁘게 생긴 여대생이 전화를 걸고 있는 모습을 보게 되었습니다. 그런데 그의 입에서 욕설이 쉽게 튀어 나오는 것을 들으며 그 아름다움이 오히려 더욱 추하게 느껴졌습니다.

거룩함이 없다면 아름다움은 결코 아름다움일 수 없습니다. 거룩함이 없다면 천국은 존재할 수 없습니다. 거룩함은 하나님의 속성입니다. 주님을 닮아가고 영혼구원에 온 힘을 다하는 제자들은 거룩함을 추구합니다. 거룩함을 추구하지 않고 이룰 수 있는 하나님의 일은 아무 것도 없기 때문입니다. 결국 거룩함을 추구하는 자들이 하나님의 뜻을 이루어 드리게 되고 아름다움을 만들어냅니다. 거룩함을 추구하는 성도들과 교회가 이 땅에 하나님의 뜻을 이루어 드리는 것입니다. 그리고 가장 큰 기쁨 또한 거룩함 속에서부터 얻게 됩니다.

자녀가 잘못된 길로 간다면 부모에게는 가장 큰 아픔이 될 것입니다. 그러나 건강하게 자라는 자녀는 부모의 기쁨이 됩니다. 이처럼 거룩함은 신앙생활의 열매로 나타납니다. 이 거룩함을 빼앗아 가는 것이 바로 원망입니다. 원망은 모든 것을 엉망으로 만들어 버립니다.

원망은 마음의 평안함을 빼앗아 무질서하게 만들어 버립니다. 미움과 아픔, 두려움을 심어 모든 관계를 파괴시키기 때문입니다.

원망하고 사는 자들의 주변 사람들을 보십시오. 그들의 마음에는 분노가 심겨져 있습니다. 그리고 미움의 화살을 쏠 준비를 하고 있음을 보게 됩니다. 원망하는 마음을 가지면 하나님께 대한 감사가 없어지고 하나님을 향한 순종과 사랑의 마음이 없어집니다.

그 뿐이 아닙니다. 원망의 온도가 올라가면 갈수록 미움과 적개심으로 가득 차서 저주와 거짓을 말하게 됩니다. 원망하는 마음은 결국 분별력을 잃게 되어 심각한 범죄에 이르게 합니다.

원망은 복음을 방해합니다

가정에서 배우자에게 쉽게 원망과 시비를 하는 경우 그를 전도하기가 아주 힘이 듭니다. 배우자에게 감동을 주지 못하면 전도하기가 훨씬 힘들기 때문입니다. 직장 동료, 친구, 친척 모두 마찬가지입니다. 좋은 전도자가 되려면 먼저 원망과 시비하지 않는 사람이 되어야 합니다. 원망과 시비는 결국 하나님의 영광을 가리게 되기 때문입니다.

빌립보서 2장 14-15절의 내용을 쉬운 성경에서는 이렇게 표현하고 있습니다.

『무슨 일을 하든지 불평하거나 다투지 마십시오. 그렇게 하면 어느 누구도 여러분을 잘못했다고 비난할 수 없을 것이며, 여러분 역시 깨끗한 마음을 가질 수 있을 것입니다. 하지만 이 세상에는 비뚤어지고 악한 성향을 가진 사람들이 많이 살고 있습니다. 여러분은 어두운 세상에서 밝은 빛을 발하는 흠 없는 하나님의 자녀들이 되십시오.』

위의 내용에서 몇 가지의 요점을 정리해 볼 수 있습니다.

첫 번째, 원망하지 않으면 비난받지 않게 된다는 것입니다. 원망하는 자는 다툼과 시비를 일으키지만 원망하지 않는 자는 그럴 소지가 없기 때문입니다.

두 번째로, 깨끗한 마음을 가질 수 있게 될 것이라고 말씀하고 있습니다. 이는 원망과 시비가 자신의 영적인 상태를 오염시킬 수 있음을 말씀하고 있는 것입니다.

마지막으로 세상에서 빛을 발하게 될 것이라고 말씀하고 있습니다. 악한 성향이 많은 세상에서 빛의 역할을 감당할 때 비로소 전도자가 될 수 있을 것입니다. 원망과 시비하지 않고 살게 되면 하나님 나라의 뜻인 복음을 전하는 역할을 하게 됨을 알아야 합니다.

사도 바울은 원망과 시비를 경계하고 있습니다. 원망과 시비가 온 힘을 다하는 바울의 복음전파를 헛되이 할 수 있기 때문임을 말하고 있습니다.

빌립보서 2장 16절에 보면,
『생명의 말씀을 밝혀 나의 달음질이 헛되지 아니하고 수고도 헛되지 아니함으로 그리스도의 날에 내가 자랑할 것이 있게 하려 함이라』라고 말씀합니다.

열심히 전도해서 교회에 나오게 해도 원망과 시비를 쉽게 하는 사람 때문에 실족하거나 신앙이 바르게 성장하지 못하고 병드는 경우는 비일비재합니다.

씨앗은 작지만 크면 열매를 맺어 엄청난 영향력을 끼치게 됩니다. 사람들은 원망하고 시비하는 것이 복음을 방해하는 것이라고 생각하지 않습니다. 그러나 원망과 시비가 영혼들을 병들게 하여 하나님 나라의 사역을 가로막는 엄청난 결과를 가져오게 됨을 마음깊이 새겨야 할 것입니다.

원망은 건강한 교회가 되는 것을 방해합니다

나 한 사람의 원망이 어떻게 교회를 세우는 것을 방해하느냐고 반문할 것입니다. 그러나 원망과 시비를 하는 사람들은 교회를 병들게 하고 사역을 제대로 하지 못하게 하는데 앞장서고 있음을 알아야 합니다.

구약교회라고 할 수 있는 이스라엘 백성들이 원망하는 사람들 때문에 큰 영향을 받은 것을 기억할 것입니다.

모세의 사촌인 고라가 모세에 대한 원망으로 르우벤 자손인 다단, 아비람, 온과 무리를 지어 족장 250 명과 함께 모세의 지도권에 도전했습니다. 그러다가 땅이 갈라져 죽임을 당하고 하나님의 불에 의해 250 명은 죽임을 당하게 됩니다. 유다서 1장 11절에서는 원망에 대한 경각심을 일깨워 주고 있습니다.

『화 있을진저 이 사람들이여, 가인의 길에 행하였으며 삯을 위하여 발람의 어그러진 길로 몰려 갔으며 고라의 패역을 따라 멸망을 받았도다』

 교회를 그리스도의 몸이라고 합니다. 이는 교회가 얼마나 존귀한지를 말하고 있습니다. 그리스도의 몸인 교회는 여러 지체인 성도들을 통해 주님께서 명령하신 사역을 계승합니다. 그러나 원망이라는 병에 든 지체들은 다른 지체에게까지 그 영향을 주어 그리스도의 몸인 교회가 제 역할을 하지 못하게 하거나 무기력하게 만들어 버립니다.

 교회가 교회되지 못하도록 하는 원망은 모든 성도가 경계해야 합니다. 피로 값 주고 사신 교회가 제 역할을 하지 못하도록 하면 그 대가는 참으로 처참할 수밖에 없을 것입니다.

 바리새인들과 서기관들은 예수님이 하시는 일에 쉽게 원망했습니다. 예수님의 사역을 향해 끊임없이 원망과 시비를 계속한 바리새인과 서기관들을 향해 예수님은 단호하게 책망하셨습니다.

『뱀들아 독사의 새끼들아 너희가 어떻게 지옥의 판결을 피하겠느냐』(마 23:33)

 본문에서 사도바울은 원망과 시비로 인해 자신의 전도로 세워진 빌립보 교회가 제 역할을 하지 못할 것에 대해 우려하고 있는 것입니다. 이는 원망과 시비가 생명의 말씀이 제 역할을 하지 못하도록 하기 때문입니다. 원망과 시비로 인해 자신이 하나님의 교회 사역을 방해한 적이 없는지 살펴보시기 바랍니다.

사랑하는 형제자매 여러분

모든 일에 감사하고 긍정적으로 보고 이해해야 합니다. 그리고 주님의 사랑으로 바라보아야 합니다. 다른 사람이 나로 인해 원망하지 않도록 하고, 원망과 시비꺼리가 있어도 원망과 시비하지 말아야 합니다.

원망하지 말고 감사하는 자가 되기로 결단하는 여러분이 되시기를 바랍니다.

먼저 예배자가 되라

(창 4:1-8)

『[1] 아담이 그의 아내 하와와 동침하매 하와가 임신하여 가인을 낳고 이르되 내가 여호와로 말미암아 득남하였다 하니라 [2] 그가 또 가인의 아우 아벨을 낳았는데 아벨은 양 치는 자였고 가인은 농사하는 자였더라 [3] 세월이 지난 후에 가인은 땅의 소산으로 제물을 삼아 여호와께 드렸고 [4] 아벨은 자기도 양의 첫 새끼와 그 기름으로 드렸더니 여호와께서 아벨과 그의 제물은 받으셨으나 [5] 가인과 그의 제물은 받지 아니하신지라 가인이 몹시 분하여 안색이 변하니 [6] 여호와께서 가인에게 이르시되 네가 분하여 함은 어찌 됨이며 안색이 변함은 어찌 됨이냐 [7] 네가 선을 행하면 어찌 낯을 들지 못하겠느냐 선을 행하지 아니하면 죄가 문에 엎드려 있느니라 죄가 너를 원하나 너는 죄를 다스릴지니라 [8] 가인이 그의 아우 아벨에게 말하고 그들이 들에 있을 때에 가인이 그의 아우 아벨을 쳐죽이니라』

먼저 예배자가 되라

대부분의 부모들의 바램은 무엇일까요? 그 첫 번째는 자녀가 잘 되는 것일 것입니다.

하나님께서 이 세상에 주신 최초의 자녀는 아들이었습니다. 그것도 두 명의 아들을 주셨습니다.

아담과 하와도 자녀를 잘 키워야 되겠다고 생각했을 것입니다.

자녀를 잘 키우기 위해 생각해야 할 것은 자녀가 하나님께서 주신 선물이라는 사실입니다. 창세기4장 1절에 보면 아담과 하와가 동침함으로 자녀가 생긴 것이 아니라 하나님께서 주셨기 때문이라고 말씀하고 있습니다. 아담은 이 사실을 알고 있었습니다. '내가 여호와로 말미암아 득남했다' 고 고백하고 있습니다.

자녀는 모두 하나님의 선물입니다. 자녀가 하나님께서 주신 선물인 것을 안다면 하나님과의 관계를 가장 중요시해야 합니다. 하나님과의 바른 관계 보다 더 중요한 일은 없기 때문입니다.

하나님과의 관계는 예배를 통해 이루어집니다.

 사람은 태어날 때부터 하나님과 관계를 맺습니다. 하나님은 창조주이십니다. 어머니 뱃속에서부터 탄생과 성장과정에 관계하십니다. 사람은 태어나서 죽을 때까지 하나님과 관계를 맺고 삽니다.

 시편기자는 시편 22편 9-10절에서 말씀하고 있습니다.

 『오직 주께서 나를 모태에서 나오게 하시고 내 어머니의 젖을 먹을 때에 의지하게 하셨나이다 내가 날 때부터 주께 맡긴 바 되었고 모태에서 나올 때부터 주는 나의 하나님이 되셨나이다』

 사람이 하나님께 예배드리는 것은 너무나 당연합니다. 예배와 관계된 원어인 헬라어의 '라트뤼오'는 '하나님께 봉사하다' 즉 '경의를 표하다' '섬기다' 이런 뜻입니다. 하나님과의 관계는 아담 이후 끊임없이 예배를 통해 지속되고 있습니다.

 그런데 아담의 가정에 살인 사건이 일어났습니다. 형인 가인이 아벨을 죽인 엄청난 사건이 일어난 것입니다. 이런 상황에서 아담은 엄청난 좌절감을 맛보았습니다. 한꺼번에 두 자녀를 다 잃고 만 것입니다. 평소 아담이 하나님께 드리는 예배의 바른 모델을 가르쳤다면 상황은 달라졌을 것입니다.

 아담의 두 아들 가인은 농사하는 자였고 아벨은 양치는 자였습니다. 최초의 직업은 농업과 목축업이었던 것입니다. 요즘에는 직업이 다양하지만 그 때는 단 두 가지 직업 밖에 없었습니다. 농사짓는 일과 양치는 일이었습니다.

그런데 이 두 가지 직업 모두 하나님의 도움 없이는 성공할 수 없습니다. 농부가 아무리 열심히 해도 하나님께서 햇빛과 비를 때를 따라 주시지 않으면 수확할 수 없습니다. 땅을 열심히 갈고 김을 열심히 메도 하나님께서 외면하시면 소용이 없습니다. 하나님께서 모든 타이밍을 맞추어 주셔야 합니다.

목축업도 마찬가지입니다. 양들에게 마실 물과 싱싱한 꼴을 어디서부터 얻을 수 있습니까? 바로 하나님으로부터 얻게 되는 것입니다. 최초의 직업은 100% 하나님이 주신 것으로 단지 관리하고 거기에 노력을 필요로 했던 것입니다.

『또 너희 마음으로 우리에게 이른 비와 늦은 비를 때를 따라 주시며 우리를 위하여 추수 기한을 정하시는 우리 하나님 여호와를 경외하자 말하지도 아니하니』(렘 5:24)

『내가 그들에게 복을 내리고 내 산 사방에 복을 내리며 때를 따라 소낙비를 내리되 복된 소낙비를 내리리라』(겔 34:26)

이처럼 하나님의 은혜가 아니면 살 수 없었던 자들이 가인과 아벨이었습니다. 직업에 대한 수입은 인간의 노력 이전에 하나님의 은혜임을 알아야 합니다.

가인과 아벨은 직업을 통해서 하나님의 존재를 더욱 분명히 알아야 했습니다. 그들에게 가장 중요한 것은 하나님과의 관계였습니다. 하나님과 바른 관계를 맺는 것이 그들의 생애를 결정하는 열쇠가 되었습니다.

소산물에 대한 감사 예배

하나님의 존재를 알았던 그들은 소산물을 얻고 난 후에 하나님께 제물을 드립니다. 하나님께 예배를 드린 것입니다.

『세월이 지난 후에 가인은 땅의 소산으로 제물을 삼아 여호와께 드렸고 아벨은 자기도 양의 첫 새끼와 그 기름으로 드렸더니 여호와께서 아벨과 그의 제물은 받으셨으나』(창 4:3-4)

성도와 불신자의 차이는 예배에 있습니다. 불신자는 자기 힘으로 수입을 얻었다고 생각하지만 그리스도인은 하나님의 은혜임을 알기에 예배를 드립니다. 수확을 하나님께서 주셨다는 사실 때문에 감사의 예배를 드리는 것입니다. 그러므로 예배 속에는 반드시 감사의 마음이 담겨 있어야 합니다.

가인은 땅의 소산물로 드리고 아벨은 양의 첫 새끼로 예물을 드렸습니다.

그런데 문제는 하나님께서 예배를 받으시기도 하고 받지 않기도 하신다는 사실입니다. 아벨의 예배는 받으셨지만 가인의 예배는 받지 않으신 것입니다.

하나님께서 받으시는 예배

하나님께서 아벨의 예배를 받으셨습니다.

『아벨은 자기도 양의 첫 새끼와 그 기름으로 드렸더니 여호와께서

아벨과 그의 제물은 받으셨으나』(창 4:4)

여기서 첫 새끼는 아벨이 거둔 첫 소산이란 점에서 가장 귀한 것을 구별하여 하나님께 바쳤다는 것을 의미합니다. 그리고 첫 새끼를 희생 제물로 드린 것은 인간을 구속하시기 위하여 산 제물이 되신 예수 그리스도를 의미하기도 합니다. 우리는 지금 예수 그리스도의 십자가를 믿고 죄 용서 받은 자로 하나님께 예배를 드리고 있습니다. 아벨은 양의 첫 새끼와 또 다른 양들 가운데 가장 살지고 기름진 것을 골라 하나님께 믿음으로 드렸다는 것입니다.

『믿음으로 아벨은 가인보다 더 나은 제사를 하나님께 드림으로 의로운 자라 하시는 증거를 얻었으니 하나님이 그 예물에 대하여 증언하심이라 그가 죽었으나 그 믿음으로써 지금도 말하느니라』(히 11:4)

우리는 아벨의 예배를 받으시는 하나님을 보면서 고민해야 합니다. 지금까지 우리가 드린 예배를 받으셨을까? 이런 문제로 고민해 본적 있습니까?

가을에 산에 가서 보면 여러 가지 종류의 나무의 잎이 거의 다 떨어져 가고 있습니다. 잠시 달려 있는 것도 언젠가는 떨어집니다. 단지 의무감 때문에 붙어 있는 것처럼 보입니다. 이런 잎은 생기도 없고 말랐습니다. 우리의 일상적인 예배가 이와 같지 않은지 생각해 보아야 합니다.

하나님은 참되게 예배하는 자를 찾으십니다. 요한복음 4장 23절에서 말씀하고 있습니다.

『아버지께 참되게 예배하는 자들은 영과 진리로 예배할 때가 오나니 곧 이 때라 아버지께서는 자기에게 이렇게 예배하는 자들을 찾으시느니라』

하나님은 어떤 예배를 기뻐하실까요?

시편 50편 23절에서 이렇게 말씀하고 있습니다.

『감사로 제사를 드리는 자가 나를 영화롭게 하나니 그의 행위를 옳게 하는 자에게 내가 하나님의 구원을 보이리라』

여기서 두 가지 내용을 발견할 수 있습니다. 감사의 제사를 드리는 것과 삶의 중요성입니다. 예배 드릴 때 감사의 마음이 없으면 안 됩니다. 하나님은 감사하는 자의 예배를 기쁘게 받으십니다. 감사야말로 하나님의 마음을 사로잡는 힘인 것입니다.

또한 생활 속에서도 하나님을 인정해야 합니다. 성도들은 자신의 삶을 살펴야 합니다. 교회 안에서는 할렐루야, 아멘을 외치지만 교회 밖에서는 온갖 죄를 짓는다면 하나님께서 그 예배를 결코 기쁘시게 받지 않으실 것입니다. 생활 현장에서 살아계신 하나님의 눈을 의식해야 합니다. 삶의 현장 속에서도, 예배를 드릴 때도 하나님 앞에서 행동해야 하는 것입니다.

하나님은 삶 자체를 예배로 받으시기를 원하십니다. 그리고 감사로 드리는 예배를 좋아하십니다. 우리의 예배가 이 두 가지를 모두 만족시켜 드리는 예배가 되도록 합시다.

받지 않으시는 예배

하나님은 가인의 예배를 받지 않으셨습니다.

『가인과 그의 제물은 받지 아니하신지라 가인이 몹시 분하여 안색이 변하니』(창 4:5)

가인의 예배는 주목할 가치가 없었기에 기쁘게 받지 않으셨습니다. 하나님은 가인의 예배를 쳐다보지도 아니하셨던 것입니다.

왜 받지 않으셨을까요? 가인은 자신을 살피지 못하는 사람이었습니다. 하나님께서 그의 예배를 받지 않으시자 가인은 즉시 안색이 변했습니다.

『여호와께서 가인에게 이르시되 네가 분하여 함은 어찌 됨이며 안색이 변함은 어찌 됨이냐』(창 4:6)

안색이 변했다는 것은 "얼굴을 강퍅하다"는 말로 극심한 분노나 불만에 의해 안면 근육이 경직된 것을 의미합니다. 이는 죄인의 일반적인 태도입니다. 자신의 제물이 열납되지 못했을 때 가인은 진심으로 잘못을 뉘우치고 회개했어야 합니다. 그러나 그는 하나님 앞에서 방자히 불만을 토로하였습니다.

가인은 자신을 살피는 회개가 없었습니다. 하나님께서 자신의 예배를 받지 않으시자, 자신의 부족함을 살피기보다는 분해하고 안색이 변했습니다. 자신을 살필 줄 아는 사람이 아니었습니다.

하나님 앞에서 내가 어떤 사람으로 비추어지고 있는가를 살펴야 합니다. 가인은 자신의 생각만을 주장했지 하나님의 생각은 별로 중요하지 않았습니다.

우리가 어린아이들을 보면 그렇습니다. 자기 생각만 중요하지 부모의 뜻은 별로 중요하지 않게 여깁니다.

가인이 그랬습니다. 성도들은 하나님의 말씀에 대해 민감하게 반응해야 합니다. 하나님의 뜻을 알았다면 빨리 자신을 살피고 회개하는 모습을 보여야 합니다.

그런데 가인은 오히려 분노하고 있습니다.

하나님은 자신을 살피고 말씀에 민감하게 반응하는 자의 예배를 받으십니다. 하나님의 뜻이 무엇인지 살피고 민감하게 반응하기를 바랍니다.

회개하지 않을 때

우리는 여기서 가인의 또 다른 문제점을 발견할 수 있습니다. 하나님께서 가인의 예배를 받지 않으셨다는 것은 가인의 문제를 지적하신 것입니다. 하나님의 지적에 대한 가인의 자세는 너무나 오만했습니다.

『네가 선을 행하면 어찌 낯을 들지 못하겠느냐 선을 행하지 아니하면 죄가 문에 엎드려 있느니라 죄가 너를 원하나 너는 죄를 다스릴지니라』(창 4:7)

창조주 하나님의 지적을 가인은 전혀 받아들이지 않고 있습니다. 그는 하나님의 말씀을 무시하고 있는 것입니다. 자신의 문제점을 인정하기보다 오히려 화가 나서 씩씩거리고 있습니다. 그 모습을 본 하나님은 가인에게 말씀으로 다시 지적하고 있습니다.

"네가 죄를 짓지 않았으면 양심에 거리낌 없이 떳떳하게 행동할 수 있었을 것이다."라고 하신 것입니다.

그리고 계속해서 하시는 말씀은 죄에 민감하지 못한 우리가 들어야 할 말씀입니다.

"선을 행치 아니하면 죄가 문에 엎드리느니라"

죄로부터 돌아서서 회개하지 않을 때, 잠복해 있다가 먹이를 단숨에 낚아채려고 웅크리고 있는 짐승처럼 사단이 마음(심령)에 침입하여 악으로 굴복시키기 위해 호시탐탐 기회를 노리고 있다는 뜻입니다. 마치 우는 사자와 같이 삼킬 것만 있으면 즉시 달려든다는 뜻입니다.

비록 가인의 예배가 받아들여지지 않았지만 그에게는 기회가 있었습니다. 하나님께서 말씀으로 기회를 주셨기 때문입니다. 하나님 말씀은 우리에게 언제나 새로운 기회가 됩니다. 우리가 말씀을 거부하지만 않는다면 우리에게는 가장 확실한 기회가 되는 것입니다.

하나님은 가인에게 선을 행하고 죄를 다스리라고 하셨습니다. 이는 잘못된 삶에서 돌이키라는 강력한 메시지였습니다. 그러나 가인은 오히려 하나님의 말씀을 듣지 않았습니다.

『근신하라 깨어라 너희 대적 마귀가 우는 사자 같이 두루 다니며 삼킬 자를 찾나니』(벧전 5:8)

자신의 부족을 인정하고 회개하지 않은 가인은 돌아올 수 없는 길을 가고 만 것입니다. 가인이 하나님의 말씀에 귀를 기울였다면 결과는 달랐을 것입니다.

'하나님, 그렇다면 지금부터 제 삶을 바꾸겠습니다. 그리고 예배를 드리겠습니다.'

예배의 성패가 인생을 바꿉니다

가인은 왜 예배의 실패자 정도가 아니라 살인자가 되었을까요?

먼저 하나님께서 가인에게 하신 말씀을 기억합시다. "너는 죄를 다스릴지니라"고 하셨습니다.

가인은 마음에 죄를 품고 있었습니다. 죄악을 품고 있으면 하나님께서 듣지 않으십니다.

시편 66편 18절에서는 이렇게 말씀하고 있습니다.

『내가 나의 마음에 죄악을 품었더라면 주께서 듣지 아니하시리라』

이는 가인의 평소 삶이나 그의 마음을 하나님께서 아셨다는 것입니다. 하나님은 가인의 죄악 된 마음을 받지 않으신 것입니다. 평소의 삶은 마음에서부터 나옵니다. 하나님은 가인의 제물보다는 마음을 보고 계셨습니다. 그의 삶을 보고 계신 것입니다.

여기서 우리가 알아야 하는 것은 하나님은 우리의 마음에서 우러나오는 예배를 받으시기 원하신다는 것입니다. 예배 드릴 때 우리는 지금 내 삶이 하나님 앞에서 올바른가를 생각해야 합니다. 그렇지 못하다면 회개하고 바꾸어야 합니다. 하나님께서 가인의 예배를 받지 않으신 것이 바로 싸인이었습니다.

'너의 삶을 바꾸라. 그리고 나서 신령과 진정으로 예배를 드려라.'

그러나 가인은 자신을 살피지 않았습니다. 문제를 자신에게서 찾아야 하지만 가인은 문제를 자신에게서 찾지 않았습니다. 아벨에게서 찾았습니다. 아벨만 없었다면 하나님께서 자신의 예배를 받으셨을 것이라고 생각한 것입니다.

문제를 자신에게서 찾지 않을 때 죄를 범하게 됩니다.

『가인이 그의 아우 아벨에게 말하고 그들이 들에 있을 때에 가인이 그의 아우 아벨을 쳐 죽이니라』(창 4:8)

잘못된 예배를 드린 가인은 급기야 자기 동생을 살인하고 맙니다.

예배의 실패자, 하나님의 눈을 속일 수 있다고 생각한 사람이 바로 가인이었습니다. 가인은 생각을 바꾸지 않았고 삶을 바꾸지 않았습니다. 삶으로 드리는 예배에 실패한 가인은 장남으로서의 권한을 상실했습니다. 그리고 후손들 모두 육적인 자들로 전락하고 말았습니다.

하나님께서 만든 일부일처제를 깨뜨린 사람도 가인의 후손인 라멕이었습니다. 라멕은 하나님께 대해 거만한 반항과 자신의 힘을 과신하고 일부다처제의 시조가 됩니다.

오늘날 하나님 없이도 살 수 있다고 하나님을 우습게 여기고 하나님 없이도 살 수 있다고 떠벌리고 다니는 자신 만만한 현대인의 모델이 된 사람이 바로 라멕입니다.(창 4:23)

예배의 실패는 곧 바로 후손들까지 실패자로 만든 것입니다.

예수 믿고 하나님의 자녀가 되었으면 먼저 예배자가 되어야 합니다. 예배 시간에 참석했다고 다 예배자가 아닙니다.

매시간 드리는 예배의 귀중함을 알고 진정한 예배를 드려야 합니다. 제물의 자세로 예배를 드려야 합니다. 구경꾼이나 심시위원으로 있는 것이 아닙니다. 하나님은 제물의 자세로 드리는 자의 예배를 받으십니다.

마음이 없이 하나님께 드린 제물은 제물이 아니라 뇌물이었습니다. 하나님은 결코 뇌물을 받지 않으십니다. 마음과 삶이 담긴 제물을 기뻐하십니다.

오늘도 하나님은 진정으로 예배드리는 자를 찾고 계십니다.

요한복음 4장 23절에서 말씀하고 있습니다.

『아버지께 참되게 예배하는 자들은 영과 진리로 예배할 때가 오나니 곧 이 때라 아버지께서는 자기에게 이렇게 예배하는 자들을 찾으시느니라』

매일 드리는 예배라고 가볍게 생각하지 마십시오. 오늘도 우리의 예배를 통해 우리에게 말씀하시고 복 주신다는 사실을 알아야 합니다. 예배에 성공하면 인생도 성공할 수 있다는 사실을 믿으십시오. 매시간 진정한 예배자가 되기를 바랍니다.

예배자의 축복
(왕상 3:1-15)

『[1] 솔로몬이 애굽의 왕 바로와 더불어 혼인 관계를 맺어 그의 딸을 맞이하고 다윗 성에 데려다가 두고 자기의 왕궁과 여호와의 성전과 예루살렘 주위의 성의 공사가 끝나기를 기다리니라 [2] 그 때까지 여호와의 이름을 위하여 성전을 아직 건축하지 아니하였으므로 백성들이 산당에서 제사하며 [3] 솔로몬이 여호와를 사랑하고 그의 아버지 다윗의 법도를 행하였으나 산당에서 제사하며 분향하더라 [4] 이에 왕이 제사하러 기브온으로 가니 거기는 산당이 큼이라 솔로몬이 그 제단에 일천 번제를 드렸더니 [5] 기브온에서 밤에 여호와께서 솔로몬의 꿈에 나타나시니라 하나님이 이르시되 내가 네게 무엇을 줄꼬 너는 구하라 [6] 솔로몬이 이르되 주의 종 내 아버지 다윗이 성실과 공의와 정직한 마음으로 주와 함께 주 앞에서 행하므로 주께서 그에게 큰 은혜를 베푸셨고 주께서 또 그를 위하여 이 큰 은혜를 항상 주사 오늘과 같이 그의 자리에 앉을 아들을 그에게 주셨나이다 [7] 나의 하나님 여호와여 주께서 종으로 종의 아버지 다윗을 대신하여 왕이 되게 하셨사오나 종은 작은 아이라 출입할 줄을 알지 못하고 [8] 주께서 택하신 백성 가운데 있나이다 그들은 큰 백성이라 수효가 많아서 셀 수도 없고 기록할 수도 없사오니 [9] 누가 주의 이 많은 백성을 재판할 수 있사오리이까 듣는 마음을 종에게 주사 주의 백성을 재판하여 선악을 분별하게 하옵소서 [10] 솔로몬이 이것을 구하매 그 말씀이 주의 마음에 든지라 [11] 이에 하나님이 그에게 이르시되 네가 이것을 구하도다 자기를 위하여 장수하기를 구하지 아니하며 부도 구하지 아니하며 자기 원수의 생명을 멸하기도 구하지 아니하고 오직 송사를 듣고 분별하는 지혜를 구하였으니 [12] 내가 네 말대로 하여 네게 지혜롭고 총명한 마음을 주노니 네 앞에도 너와 같은 자가 없었거니와 네 뒤에도 너와 같은 자가 일어남이 없으리라 [13] 내가 또 네가 구하지 아니한 부귀와 영광도 네게 주노니 네 평생에 왕들 중에 너와 같은 자가 없을 것이라 [14] 네가 만일 네 아버지 다윗이 행함 같이 내 길로 행하며 내 법도와 명령을 지키면 내가 또 네 날을 길게 하리라 [15] 솔로몬이 깨어 보니 꿈이더라 이에 예루살렘에 이르러 여호와의 언약궤 앞에 서서 번제와 감사의 제물을 드리고 모든 신하들을 위하여 잔치하였더라』

예배자의 축복

솔로몬은 왕으로서 임기를 시작하면서 먼저 제사를 드렸습니다. 예배를 드리므로 사역을 시작한 것입니다.

예배로 삶을 시작하는 자를 하나님께서 기뻐하시고 하나님의 사랑과 축복이 임했습니다.

아브라함은 가는 곳마다 예배를 드렸습니다. 아브라함은 예배의 사람이었습니다. 예배드리는 일에는 철저했습니다.

오늘날 미국을 이룬 청교도들 역시 아메리카 정착과 동시에 예배를 드렸습니다.

솔로몬의 예배는 삶을 하나님 중심으로 살겠다는 결단이었습니다. 하나님 중심의 삶을 살겠다는 솔로몬의 삶을 하나님은 간섭하시고 인도해 주셨습니다.

창조주 하나님께서 내 삶 속에 개입하시기를 원하면 하나님께 예배드리는 삶을 살아야 합니다.

성도와 불신자의 차이는 예배에 있습니다. 좋은 믿음을 가진 자를 보면 철저하게 예배 중심의 사람들로 예배를 통해 하나님께 감사와 찬양을 구체적으로 표현하는 것을 볼 수 있습니다.

정성을 다한 예배

솔로몬은 왕이 되고 나서 일천 번제를 드렸습니다. 일천 번제는 천 번 드린 것이 아니라 한 번의 번제를 드릴 때 천 마리의 제물을 드린 것입니다. 참으로 엄청난 규모의 제사를 드린 것으로 솔로몬의 정성을 짐작해 볼 수 있습니다. 단지 한 번 드리는 행사가 아니라 온 마음을 다해 최선을 다한 것입니다.

구약 시대의 제사는 다섯 가지가 있습니다. 번제, 소제, 화목제, 속죄제, 속건제가 있습니다. 그 중에 가장 중요한 제사가 번제입니다.

솔로몬이 드린 번제는 제물을 통째로 태워서 드리는 제사입니다. 번제로 제사를 드린다는 것은 내 몸을 전부 태워서 내 몸이 연기가 되어 주님 앞에 온전히 드려지는 것을 뜻합니다.

솔로몬은 자신의 삶을 온전히 하나님께 헌신하기로 결단한 것입니다. 그것도 천 마리나 되는 제물을 하나님께 드리므로 정성을 다해 자신의 마음을 표현했습니다. 그리고 솔로몬은 번제를 드리면서 가장 좋은 것들만 골라서 드렸습니다. 솔로몬의 마음속에 1순위는 언제나 하나님이었습니다.

하나님은 언제나 인생에게 1순위이셔야 합니다. 하나님께서 2순위, 3순위로 밀려나는 것은 인생의 위기를 자초하는 것입니다. 예배는 어떤 일보다 중요합니다. 언제나 1순위여야 합니다.

　오래전에 어떤 형제가 입사 시험을 보면서 면접관에게 자신은 주일에는 예배를 드려야 하고 수요일 밤에도 예배에 참석해야 된다고 자신 있게 말했고, 면접관은 이상한 눈으로 바라보았지만 결국 그 회사에 입사해서 신앙생활을 잘 하는 것을 보았습니다. 이 면접관은 이런 소신 있는 믿음을 가졌다면 직장에서도 성실하게 일을 잘 할 것이라고 보고 합격 시킨 것입니다.

　성도들은 정성을 다해서 예배를 드려야 합니다. 하나님은 정성을 다해 예배드리는 자를 찾고 계시기 때문입니다.
『아버지께 참되게 예배하는 자들은 영과 진리로 예배할 때가 오나니 곧 이 때라 아버지께서는 자기에게 이렇게 예배하는 자들을 찾으시느니라 하나님은 영이시니 예배하는 자가 영과 진리로 예배할지니라』(요 4:23-24)

예배의 모델

　구약 시대에 믿음의 사람들이 드린 예배는 거의 가정예배였습니다. 노아, 아브라함, 이삭, 욥 등이 가정 예배를 드렸습니다. 신약 시대에도 믿음의 사람들은 가정 예배를 드렸습니다. 고넬료와 아굴라 등이 그 대표적인 예라고 할 수 있습니다.

예배를 통해 먼저 흠없고 온전한 삶을 살기로 결단해야 합니다. 번제를 드리기에 앞서 번제물에 손을 얹고 안수해야 합니다. '사실은 제가 제물이 되어야 하는데 이 양이 대신 제물로 드려집니다. 저를 용서해 주십시오. 이제부터는 더 나은 삶을 살겠습니다.'

번제는 제물을 드리는 사람의 죄를 대속한다는 것을 의미합니다. 신약에서는 예수님께서 이 땅에 오셔서 우리의 대속물이 되셨습니다. 그 높고 귀하신 예수님께서 우리 죄를 대신하여 제물이 되신 것입니다.

그러므로 하나님 앞에 나아가는 자는 언제나 자신을 살펴야 합니다. 그리고 자신의 죄를 인정하며 부족함을 고백하고 제물 되신 주님의 헌신과 사랑이 헛되지 않는 삶을 살도록 결단해야 합니다. 예배를 드리며 더욱 수준 높은 삶을 살겠다고 결단해야 합니다. 매일매일 더 나은 삶을 살기로 결단해야 합니다. 제물 된 주님께서 나를 위해 죽으심을 깊이 생각하며 새로운 각오와 결단의 시간이 되어야 합니다. 날마다 하나님께서 인정하시는 나의 가치를 높이려고 노력해야 합니다. 흠 없고 거룩한 제물이 되어 주님 앞에 서기를 원해야 합니다.

『평강의 하나님이 친히 너희를 온전히 거룩하게 하시고 또 너희의 온 영과 혼과 몸이 우리 주 예수 그리스도께서 강림하실 때에 흠 없게 보전되기를 원하노라』(살전 5:23)

하나님 앞에 드려질 거룩한 제물로서 세상에서 빛과 소금으로 살아야 합니다. 세상에서 그리스도의 향기를 드러내야 합니다. 예수 믿는 자들은 예수님의 향기를 풍기며 살아야 합니다.

『우리는 구원 받는 자들에게나 망하는 자들에게나 하나님 앞에서 그리스도의 향기니』(고후 2:15) 우리는 예배를 드릴 때마다 그리스도의 향기로 살겠다는 고백을 해야 하는 것입니다.

오늘 드리는 예배와 삶은 일직선상에 있는 것입니다. 예배와 삶은 단절된 것이 아니라 삶이 예배가 되어야 하고 예배는 하나님께 삶을 드리는 것이 되어야 하는 것입니다.

예배를 통해 받은 선물

평생 예배 중심의 삶을 살고 예배를 모든 삶의 1순위로 두는 자는 하나님의 축복을 받게 되어 있습니다.

그러나 예수님을 믿노라고 하면서도 예배를 취미처럼 생각하고 예배를 중요하게 여기지 않고 있다면 솔로몬에게서 배워야 합니다. 솔로몬이 정성껏 일천 번제를 드렸을 때 하나님께서 솔로몬에게 나타나셨습니다.

『기브온에서 밤에 여호와께서 솔로몬의 꿈에 나타나시니라 하나님이 이르시되 내가 네게 무엇을 줄꼬 너는 구하라』(왕상 3:5)

하나님께서 솔로몬의 예배를 보고 감동하신 것입니다. 그리고 '네게 무엇을 줄꼬' 라고 물으십니다.

이 때 솔로몬은 자신의 욕심을 따라 구하지 않았습니다. 예배를 드린 의도가 자신의 욕심과 자신의 목적을 채우기 위한 것이 아니라 하나님께 영광을 돌려 드리고 원하시는 삶을 살기를 원하는 것이었음을 고백하고 있습니다. 이런 솔로몬에게 하나님께서는 감동하십니다.

『누가 주의 이 많은 백성을 재판할 수 있사오리이까 듣는 마음을 종에게 주사 주의 백성을 재판하여 선악을 분별하게 하옵소서 솔로몬이 이것을 구하매 그 말씀이 주의 마음에 든지라』(왕상 3:9-10)

솔로몬이 구한 것이 하나님의 마음에 들었다고 했습니다. 하나님께서 솔로몬이 구하는 것을 들으시고 감동하셨다는 것입니다. 하나님께서 솔로몬을 왕위에 앉히실 때는 백성을 잘 다스리기를 원하셨을 것입니다. 바로 솔로몬은 이런 하나님의 마음을 알고 있었습니다. 하나님의 마음에 맞는 왕이 되고 싶었습니다.

솔로몬의 소원이 하나님의 마음에 꼭 들었습니다. 솔로몬의 예배에 감동하신 하나님은 솔로몬의 소원에도 다시 한번 감동하신 것입니다.

교회에서 직분자가 된 후 하나님의 마음에 맞게 섬기기 위해 기도하고 있습니까?

결혼을 해서 가장이 되었을 때 하나님의 마음에 맞는 아버지가 되고 남편이 되고 싶다고 구해본 적이 있습니까?

아니면 여러분의 야망을 이루기 위해 구했습니까?

인간의 보편적인 욕심보다 하나님의 마음에 맞는 것을 먼저 구해야 합니다. 그럴 때 하나님은 생각하지 못한 것까지 더해 주십니다.

『그런즉 너희는 먼저 그의 나라와 그의 의를 구하라 그리하면 이 모든 것을 너희에게 더하시리라』(마 6:33)

하나님 마음에 맞는 기도는 세상을 변화시키는 영향력이 있습니다. 하나님 마음에 맞는 기도를 하는 자가 하나님의 이름을 높여 드릴 수 있기 때문입니다.

하나님은 솔로몬에게 지혜를 주셨습니다. 하나님께서 주신 지혜는 모든 분야에서 빛을 발했고 이 일을 통해 모든 백성과 이웃 국가까지 놀랐습니다.

이 세상에서 가장 지혜로운 사람 솔로몬은 바로 하나님을 기쁘시게 해 드린 예배자였음을 기억해야 합니다.

예배를 통해 받은 보너스

하나님의 마음을 흡족하게 해 드린 참된 예배자 솔로몬에게 생각지도 않은 특별 보너스까지 주셨습니다.

『이에 하나님이 그에게 이르시되 네가 이것을 구하도다 자기를 위하여 장수하기를 구하지 아니하며 부도 구하지 아니하며 자기 원수의 생명을 멸하기도 구하지 아니하고 오직 송사를 듣고 분별하는 지혜를 구하였으니 내가 네 말대로 하여 네게 지혜롭고 총명한 마음을 주노니 네 앞에도 너와 같은 자가 없었거니와 네 뒤에도 너와 같은 자가 일어남이 없으리라 내가 또 네가 구하지 아니한 부귀와 영광도 네게 주노니 네 평생에 왕들 중에 너와 같은 자가 없을 것이라』(왕상 3:11-13)

이 땅에 다시는 솔로몬 같은 지혜자는 없을 것이라는 말씀과 함께 구하지 않은 부귀와 영광까지 보너스로 주시겠다고 약속하신 것입니다.

어느 권사님이 이런 간증을 하는 것을 들었습니다.

IMF로 남편 사업이 부도가 나서 살던 아파트를 팔아 빚을 갚으려고 25평의 작은 빌라로 가기 위해 전세 계약을 했습니다. 그러나 살고 있던 아파트가 오랫동안 팔리지 않아 애를 태우고 있었습니다. 이제 며칠 안에 팔리지 않으면 전셋집에 입주하기 어려운 상황이 되었습니다. 그때 아들이 좋은 회사에 입사하게 되었다는 소식을 듣고 감사하는 마음이 생겨서 감사 예배를 드리기 위해 교회로 가는 중에 교회 근처 복덕방 주인을 만나 자기 집을 팔아 달라고 부탁을 했습니다. 그리고 교회에 가서 혼자 하나님께 감사의 예배를 드렸습니다. 그런데 예배를 드린 바로 그 날 복덕방에서 전화가 와서 당장 아파트 계약이 성사 되었다는 것입니다. 하나님은 자신이 감사의 마음으로 드린 예배를 기뻐하신 것 같다고 했습니다.

솔로몬이 드린 예배는 자신의 가장 고귀한 것을 드린 것입니다.

그것이 바로 일천 번제였습니다. 진정으로 예배를 드렸더니 하나님께서 솔로몬을 인정해 주셨습니다. 솔로몬은 마음을 다하고 뜻을 다하고 정성을 다해 예배를 드렸습니다. 예베를 드린 솔로몬은 자신의 연약함을 알고 있었습니다. 인생이 아무리 높은 자리와 부와 명예를 가져도 하나님 앞에서는 솔로몬처럼 고백해야 합니다.

『나의 하나님 여호와여 주께서 종으로 종의 아버지 다윗을 대신하여 왕이 되게 하셨사오나 종은 작은 아이라 출입할 줄을 알지 못하고』(왕상 3:7)

피조물인 우리가 하나님께 예배드릴 수 있는 것은 특권이요 축복입니다. 우리 모두 예배를 사모하는 자가 됩시다. 예배를 사모하는 자는 지혜자요, 진정한 부자요, 영광과 명예를 얻게 되기 때문입니다. 죄인인 우리에게 예배의 특권을 주신 것에 감사하고 솔로몬이 누린 축복을 우리도 소유하기를 소망하시기 바랍니다.

예배의 흔적

(출 20:24)

『내게 토단을 쌓고 그 위에 네 양과 소로 네 번제와 화목제를 드리라 내가 내 이름을 기념하게 하는 모든 곳에서 네게 임하여 복을 주리라』

예배의 흔적

하나님은 우리가 마음과 정성을 다해 드리는 예배를 기뻐 받으십니다. 예배는 하나님을 향한 사랑의 표현이 되어야 합니다.

우리가 하나님을 얼마나 사랑해야 할지를 신명기 6장 5절에서 말씀하고 있습니다.

『너는 마음을 다하고 뜻을 다하고 힘을 다하여 네 하나님 여호와를 사랑하라』

마음과 성품과 힘을 다해 하나님을 사랑하는 자의 예배를 기뻐 받으실 것입니다. 오늘도 예배를 통해 마음과 성품과 힘을 다해 하나님께 사랑의 마음을 표현하십시오. 예배 시간에 하나님은 우리와 함께 하십니다. 오늘 이 자리에 하나님께서 오셨음을 알아야 합니다. 하나님은 예배를 통해 우리를 만나 주시는 것입니다.

하나님과 친밀하게 되는 예배

어떤 사람들은 하나님을 잘 안다고 말합니다. 교회에 20년을 다녔기에 성경의 내용을 잘 알고 있다고 말합니다. 그러나 하나님은 우리가 하나님을 지식적으로 아는 것을 원하지 않으십니다. 하나님과 친밀한 관계가 되기를 원하십니다.

성경 퀴즈 대회 때에 좋은 성적을 내도 하나님과 전혀 친밀한 관계가 아닌 사람도 많습니다. 교회에서 직분자로 자신은 하나님에 대해 잘 안다고 말해도 하나님과 전혀 친밀하지 않은 사람도 많습니다.

진정으로 드리는 예배를 통해 하나님과의 친밀함을 누려야 합니다. 우리가 매일 예배에 참석하는 것 자체로 하나님과 친밀하다고 볼 수는 없습니다. 중요한 것은 우리가 어떤 자세로 예배를 드리느냐 하는 것입니다.

예배는 죄인인 우리가 감히 살아계신 하나님을 만나는 것입니다. 만남에는 흔적이 있습니다.

사랑하는 사람과 만나면 흔적이 남습니다. 대화를 통해 내 마음에 흔적이 남습니다. 함께 식사를 했다면 내 몸에 흔적이 남아 있는 것입니다.

존경하는 분과 만나면 그 분을 닮고 싶어 합니다. 그분과의 대화

가운데 받은 감동이 마음에 흔적으로 남아 있고 마음에 있는 것을 입으로 말하고 행동하게 됩니다.

하나님께서는 예배에 참여하는 자에게 흔적을 남겨 주기를 원하십니다. 우리의 기도를 통해 흔적을 남겨 주시고 설교자를 통한 메시지를 통해 흔적을 남겨 주십니다. 예배드리는 행위가 하나님 앞에서 이루어질 때만 가능한 것입니다. 여러분이 예배에 대해 사모하는 자세를 가진다면 하나님께서 우리의 삶에 굉장한 흔적을 남겨 주실 것입니다.

예배 가운데 주시는 흔적

예배를 통해 우리의 문제가 해결되는 역사가 매 시간 나타나야 합니다. 진정으로 예배 드릴 때 하나님께서 개개인에 찾아 오셔서 흔적을 남겨 주십니다.

하나님은 진정으로 예배드리는 자를 위해 일하십니다. 하나님께서는 예배의 현장에 오셔서 축복하기를 원하십니다.

『내게 토단을 쌓고 그 위에 네 양과 소로 네 번제와 화목제를 드리라 내가 내 이름을 기념하게 하는 모든 곳에서 네게 임하여 복을 주리라』(출 20:24)

참된 예배자에게 흔적을 남겨 주십니다.

신대륙에 첫발을 내디딘 청교도들은 예배를 통해 축복이라는 흔적을 얻었습니다. 예배는 하나님께 나아가는 것입니다. 예수님을 만난 수많은 사람은 예수님께서 남겨주신 흔적을 받고 좋아했습니다. 삭개오가 예수님을 만나고 새 사람이 되었습니다.
『예수께서 이르시되 오늘 구원이 이 집에 이르렀으니 이 사람도 아브라함의 자손임이로다』(눅 19:9)

친구로부터 도움을 받아 지붕의 기와를 뜯고 예수님 앞에 나온 중풍병자는 예수님의 치료를 통해 들것을 들고 걸어 나갔습니다.
『무리 때문에 메고 들어갈 길을 얻지 못한지라 지붕에 올라가 기와를 벗기고 병자를 침상째 무리 가운데로 예수 앞에 달아 내리니 예수께서 그들의 믿음을 보시고 이르시되 이 사람아 네 죄 사함을 받았느니라 하시니 서기관과 바리새인들이 생각하여 이르되 이 신성 모독 하는 자가 누구냐 오직 하나님 외에 누가 능히 죄를 사하겠느냐 예수께서 그 생각을 아시고 대답하여 이르시되 너희 마음에 무슨 생각을 하느냐 네 죄 사함을 받았느니라 하는 말과 일어나 걸어가라 하는 말이 어느 것이 쉽겠느냐 그러나 인자가 땅에서 죄를 사하는 권세가 있는 줄을 너희로 알게 하리라 하시고 중풍병자에게 말씀하시되 내가 네게 이르노니 일어나 네 침상을 가지고 집으로 가라 하시매 그 사람이 그들 앞에서 곧 일어나 그 누웠던 것을 가지고 하나님께 영광을 돌리며 자기 집으로 돌아가니』(눅 5:19-25)

38년 된 병자는 예수님을 만나서 치료를 받았습니다.

『거기 서른여덟 해 된 병자가 있더라 예수께서 그 누운 것을 보시고 병이 벌써 오래된 줄 아시고 이르시되 네가 낫고자 하느냐 병자가 대답하되 주여 물이 움직일 때에 나를 못에 넣어 주는 사람이 없어 내가 가는 동안에 다른 사람이 먼저 내려가나이다 예수께서 이르시되 일어나 네 자리를 들고 걸어가라 하시니 그 사람이 곧 나아서 자리를 들고 걸어가니라 이 날은 안식일이니』(요 5:5-9)

많은 문둥병자가 치료를 받았습니다.

『한 나병환자가 나아와 절하며 이르되 주여 원하시면 저를 깨끗하게 하실 수 있나이다 하거늘 예수께서 손을 내밀어 그에게 대시며 이르시되 내가 원하노니 깨끗함을 받으라 하시니 즉시 그의 나병이 깨끗하여진지라』(마 8:2-3)

예배를 통해 하나님께 나아갈 때 깨닫지 못한 것을 깨닫고 내면의 상처를 치료 받습니다. 예배를 통해 가정이 회복됩니다. 예배를 통해 치유의 역사가 나타납니다.

믿음의 사람들의 공통점

참된 예배자에 필요한 것은 간절함입니다. 예수님께 나아온 자들은 출신과 배경은 모두 다릅니다. 그러나 한 가지 공통점이 바로 사모하는 마음입니다. 간절함이 있었습니다. 적극적인 자세가 필요한 것입니다. 이 땅에 오신 예수님은 자신을 찾아 온 자들에게 간절한 마음으로 다가가셨습니다. 예수님은 모든 일에 간절함을 가지고 사역하신 것입니다.

『예수께서 힘쓰고 애써 더욱 간절히 기도하시니 땀이 땅에 떨어지는 핏방울 같이 되더라』(눅 22:44)

그렇다면 주님을 찾는 자들에게 필요한 것은 당연하게 간절함이 있어야 합니다. 불치의 병인 혈루증을 앓던 한 여인은 필사적인 갈망을 가지고 예수님께로 나왔습니다. 군중들 사이를 밀치고 앞으로 나왔습니다. 그리고 무례하게 예수님의 옷자락을 잡았습니다. 절망적이던 이 여인의 상처나고 냄새나던 몸이 깨끗하게 되었습니다.

『열두 해 동안이나 혈루증으로 앓는 여자가 예수의 뒤로 와서 그 겉옷 가를 만지니 이는 제 마음에 그 겉옷만 만져도 구원을 받겠다 함이라 예수께서 돌이켜 그를 보시며 이르시되 딸아 안심하라 네 믿음이 너를 구원하였다 하시니 여자가 그 즉시 구원을 받으니라』(마 9:20-22)

베뢰아 성도들은 간절한 마음으로 말씀을 받았습니다. 그 결과 말씀의 은혜를 풍성하게 받았고 많은 사람이 믿게 되었습니다.

말씀을 잘 받는 성도들에게 열매가 있습니다. 기도의 열매, 전도의 열매가 있습니다.

『베뢰아에 있는 사람들은 데살로니가에 있는 사람들보다 더 너그러워서 간절한 마음으로 말씀을 받고 이것이 그러한가 하여 날마다 성경을 상고하므로 그 중에 믿는 사람이 많고 또 헬라의 귀부인과 남자가 적지 아니하나』(행 17:11-12)

　복음의 능력도 간절함이 있는 성도들에게서 나타납니다. 예배의 능력도 간절함이 있어야 합니다. 이스라엘 백성들이 애굽을 나왔습니다. 하나님께서는 젖과 꿀이 흐르는 땅 가나안에 대한 축복을 말씀하셨습니다. 그러나 이스라엘 백성들은 실제로 실감하지 않고 지식적으로 받았습니다. 가나안으로 들어가기를 원하는 간절함이 부족했습니다. 그래서 약간의 어려움과 부족함이 있으면 불평과 원망을 쏟아 냈습니다.

　결국 이런 자세를 가졌던 1세대들은 가나안에 들어가지 못했습니다. 하나님의 원래 계획은 1세대들이 가나안으로 들어가는 것이었습니다. 그러나 그들은 간절함이 부족했습니다.

　그리스도인들이 천국에 대한 간절함이 없다면 이 세상에서 원망과 불평으로 살 수밖에 없습니다. 천국에 대한 간절함으로 살아가는 자는 강같이 흐르는 평강의 축복을 누리게 됩니다.

　예배도 그렇습니다. 간절함으로 예배를 드린다면 예배시간마다 부어 주시는 예수님의 흔적으로 가득할 것입니다.

　간절한 마음, 사모하는 마음을 가지고 하나님께 나가십시오. 그러면 하나님을 분명히 만날 수 있습니다. 하나님께서 만나 주십니다. 하나님의 영광을 보게 될 것입니다.

『나를 사랑하는 자들이 나의 사랑을 입으며 나를 간절히 찾는 자가 나를 만날 것이니라』(잠 8:17)

예배의 현장에 임재하시는 하나님

우리가 예배를 드릴 때 하나님께서 예배의 자리에 오심을 믿어야 합니다. 하나님께서는 오셔서 흔적을 남기기를 원하십니다. 치료와 회복의 역사를 일으키시기를 원하십니다. 그리고 깨닫기를 원하십니다.

우리는 예배드릴 때 하나님의 임재하심을 믿어야 합니다. 우리가 마음과 정성을 다해 하나님을 쫓을 때 하나님께서 우리를 만나러 오십니다. 하나님은 지금 이 시간 하늘 렌지를 통해 따끈따끈한 빵을 구워 주십니다. 우리가 예배의 은혜 받기를 사모하지 않는다면 보잘 것 없는 빵 부스러기로 만족하는 것입니다.

하나님께서는 임재의 식탁을 준비하시고 와서 먹으라고 하십니다. 많은 그리스도인들이 곰팡이 냄새 나는 딱딱한 빵으로 만족하고 하나님께서 임재하시는 예배에 대해 반가운 표정을 짓지 않습니다. 시무룩하게 반응해서는 안 됩니다. 예배를 통해 하나님께 진정으로 구하고 인생의 문제가 해결되기를 사모해야 합니다. 하나님께서 이 자리에 오심을 인정하고 믿을 때에 비로소 영적인 체험을 할 수 있습니다.

예배는 의식이 아닙니다. 단지 모임이 아닙니다. 하나님의 은혜가 나타나는 시간입니다. 주의 영광이 이곳에 가득하여 하나님의 임재를 체험하기를 사모해야 합니다. 예배의 자세에 따라 예배의 축복이 달라짐을 알아야 합니다.

하나님을 기쁘시게 해 드리는 예배

예배를 드릴 때 하나님께서 받으시는 예배, 하나님의 마음을 흡족하게 해 드리는 예배를 드려야 합니다. 먼저 예배자의 마음속에 감사가 넘쳐야 합니다. 아무리 좋은 형식을 갖추어도 감사하는 마음이 없으면 좋은 예배자가 아닙니다.

『감사로 제사를 드리는 자가 나를 영화롭게 하나니 그의 행위를 옳게 하는 자에게 내가 하나님의 구원을 보이리라』(시 50:23)

예배자는 지나간 시간 동안 베풀어 주신 은혜에 감사해야 합니다. 오늘 당하고 있는 고통까지도 감사하며 예배를 드려야 합니다. 고통 가운데 주시는 하나님의 뜻이 계시기 때문입니다. 마라의 물이 쓰다는 것만 보고 불평하던 이스라엘 백성을 향해 하나님은 진노하셨습니다. 그들은 그 많은 감사의 제목을 주신 하나님의 사랑을 잊어버리고 오직 마라의 물만을 바라보았기 때문입니다.

감사의 마음을 품고 살면 어떤 문제도 문제일 수 없습니다. 예수 그리스도께서 나를 향해 베풀어 주신 은혜를 생각하며 감사로 예배를 드리는 것이 하나님께서 원하시는 예배인 것입니다.

그리고 하나님의 뜻을 헤아리는 마음을 가져야 합니다. 어린아이들은 오직 자신의 요구만을 하지만 성숙해지면 부모의 마음을 헤아리게 됩니다. 이처럼 하나님의 뜻을 이루어 드리기 위한 마음으로 예배 드릴 때 하나님께서 흡족해 하십니다.

솔로몬은 예배를 통해 하나님을 기쁘시게 해 드렸습니다. 솔로몬은 일반적인 사람들과 차원이 달랐습니다. 부와 명예를 구한 것이 아니라 하나님께서 맡기신 나라를 잘 통치할 수 있는 지혜를 구했습니다. 어떻게 하면 하나님께서 맡기신 일을 잘 수행할 것인가를 놓고 기도했습니다. 하나님은 이 마음을 귀하게 보셨습니다. 대부분의 사람은 자신의 목적을 이루기 위해 구하지만 솔로몬은 하나님의 목적을 이루어 드리기 위한 마음을 가졌던 것입니다. (왕상 3:9-13)

우리가 하나님의 뜻을 구하고 산다면 하나님은 필요할 때 능력도 주시고 부와 명예도 주십니다. 하나님께서 말씀하신 것을 붙잡고 충성하다보면 나머지는 덤으로 딸려 오는 것입니다.

내가 원하는 열매가 아니라 하나님께서 원하시는 열매를 맺기 위해 집중해야 합니다. 머릿속에 잡다한 생각들을 제거해야 합니다. 크고 좋은 열매를 맺기 위해서는 필요 없는 가지는 잘라 주어야 하기 때문입니다. 교회가 영혼 구원에 집중하면 나머지는 하나님께서 더해 주십니다. 주님께서 하신 것처럼 제자 삼는 사역에 집중하면 나머지는 하나님께서 더해 주십니다.

또한 하나님 말씀을 듣기 위해 마음을 활짝 열어야 합니다. 그 때 하나님께서 사랑의 터치를 하십니다. 마음을 열어야 깨달음이 있고 감동이 있습니다. 성령께서 예배 시간마다 우리의 마음을 열어 주시도록 간절히 구해야 합니다. 그럴 때 예배의 감격을 맛보게 될 것입니다.

예수님의 흔적을 자랑하는 자

성도들은 주님께서 주신 흔적이 있어야 합니다. 그 흔적이 고통이 될 수도 있습니다. 그러나 그 흔적은 결국 영광의 흔적이요 그 흔적이야말로 주님께서 원하시는 흔적입니다. 사도바울은 자신에게는 예수님 만난 흔적이 있다고 말했습니다.

『이 후로는 누구든지 나를 괴롭게 하지 말라 내가 내 몸에 예수의 흔적을 지니고 있노라』(갈 6:17)

하나님께서는 우리가 두 손을 쭉 뻗어서 하나님께서 우리에게 주시고자 하시는 것들을 모두 받기를 원하십니다.

우리는 두 가지 중에 하나를 선택하게 될 것입니다.

어떤 대가를 치루더라도 하나님과의 관계 속에서 성장할 것인가? 아니면 프로그램과 회의에 초점을 맞추고 전통과 관습에 얽매인 단지 교회 다니는 사람으로 남을 것인가?

예배의 흔적과 삶의 흔적

성도들에게는 매일 흔적이 있어야 합니다. 예배의 흔적, 기도의 흔적, 말씀을 경험한 흔적이 있어야 삶의 흔적도 함께 나타납니다.

우리 모두 예배의 흔적을 사모하십시다. 하나님께서 예배 시간마다 흔적을 남겨 주시기를 기도하십시오.

하나님, 저는 예배 시간마다 하나님께서 저를 향해 일해 주신 흔적이 있습니다.

사랑의 흔적이 있습니다. 저는 그 흔적을 보며 살았습니다.

하나님은 말씀으로 위로해 주셨고 치료해 주셨습니다. 제 마음이 아플 때 제 기도를 통해 저의 아 픈 부위를 치료해 주셨습니다. 하나님 이것이 바로 흔적입니다.

우리는 자랑스럽게 말할 수 있어야 합니다. 그리스도인들의 모임 속에는 주님이 함께 하십니다. 그런데 어찌 흔적이 없어서야 되겠습니까? 주님께서 오셔서 흔적을 남겨 주시기를 원하십시오. 우리가 마음을 닫으면 아무런 흔적도 없습니다. 예수님은 분명히 말씀하셨습니다.

『두세 사람이 내 이름으로 모인 곳에는 나도 그들 중에 있느니라』(마 18:20)

주님께서 오시는 곳마다 반드시 기적이 일어났습니다. 문제가 해결되었습니다. 은혜가 넘쳤습니다.

예배 시간마다 예배의 흔적을 남기기를 원하시는 하나님의 마음을 외면하지 마십시오.

오늘도 예배의 흔적을 가지고 돌아가기를 바랍니다.

평생 드리는 예배마다 우리의 모임마다 예수님께서 오셔서 흔적을 남겨 주시기를 간절하게 소원하시기 바랍니다.

하나님의 임재를 사모하는 예배자

(눅 15:11-24)

『[11] 또 이르시되 어떤 사람에게 두 아들이 있는데 [12] 그 둘째가 아버지에게 말하되 아버지여 재산 중에서 내게 돌아올 분깃을 내게 주소서 하는지라 아버지가 그 살림을 각각 나눠 주었더니 [13] 그 후 며칠이 안 되어 둘째 아들이 재물을 다 모아 가지고 먼 나라에 가 거기서 허랑방탕하여 그 재산을 낭비하더니 [14] 다 없앤 후 그 나라에 크게 흉년이 들어 그가 비로소 궁핍한지라 [15] 가서 그 나라 백성 중 한 사람에게 붙여 사니 그가 그를 들로 보내어 돼지를 치게 하였는데 [16] 그가 돼지 먹는 쥐엄 열매로 배를 채우고자 하되 주는 자가 없는지라 [17] 이에 스스로 돌이켜 이르되 내 아버지에게는 양식이 풍족한 품꾼이 얼마나 많은가 나는 여기서 주려 죽는구나 [18] 내가 일어나 아버지께 가서 이르기를 아버지 내가 하늘과 아버지께 죄를 지었사오니 [19] 지금부터는 아버지의 아들이라 일컬음을 감당하지 못하겠나이다 나를 품꾼의 하나로 보소서 하리라 하고 [20] 이에 일어나서 아버지께로 돌아가니라 아직도 거리가 먼데 아버지가 그를 보고 측은히 여겨 달려가 목을 안고 입을 맞추니 [21] 아들이 이르되 아버지 내가 하늘과 아버지께 죄를 지었사오니 지금부터는 아버지의 아들이라 일컬음을 감당하지 못하겠나이다 하나 [22] 아버지는 종들에게 이르되 제일 좋은 옷을 내어다가 입히고 손에 가락지를 끼우고 발에 신을 신기라 [23] 그리고 살진 송아지를 끌어다가 잡으라 우리가 먹고 즐기자 [24] 이 내 아들은 죽었다가 다시 살아났으며 내가 잃었다가 다시 얻었노라 하니 그들이 즐거워하더라』

하나님의 임재를 사모하는 예배자

사람들이 많은 예배를 드리지만 하나님께서 받지 않으시는 예배도 있습니다. 수백만의 크리스챤들이 전통이나 관습 또는 습관에 의해 예배에 참석할 뿐 예배가 하나님께 상달되지 못한다는 사실은 참으로 안타까운 일입니다. 하나님은 오늘도 진정으로 예배드리는 자를 찾고 계십니다.

예배자는 통회하는 마음을 가집니다

구약 시대 하나님께 드려진 제물은 주로 수송아지와 숫양, 그리고 어린양이었습니다. 그런데 드려진 제물은 흠 없는 것이었습니다.
『안식일에 군주가 여호와께 드릴 번제는 흠 없는 어린 양 여섯 마리와 흠 없는 숫양 한 마리라』(겔 46:4)

하나님 앞에 나아가는 예배자는 정결한 마음으로 나아가야 합니다. 예수 믿은 자는 이미 하나님의 자녀가 되었습니다. 그렇다고 아무렇게나 아버지 하나님께 나아갈 수 없는 것입니다. 탕자가 먼 나라로 가서 방탕한 생활을 하다가 아버지 집으로 돌아갈 때에 가지고 간 것은 통회하는 마음이었습니다. 자신의 죄악을 회개한 것입니다.

『여호와는 마음이 상한 자를 가까이 하시고 충심으로 통회하는 자를 구원하시는도다』(시 34:18) 『하나님께서 구하시는 제사는 상한 심령이라 하나님이여 상하고 통회하는 마음을 주께서 멸시하지 아니하시리이다』(시 51:17)

  통회하는 마음을 가지고 나아간 둘째 아들은 아버지의 반응에 놀랐습니다. 단지 집 안에서 살게 해 주는 것만 해도 감사한 일인데 얼마나 기쁘게 맞이해 주시는지 너무나 놀랐습니다. 통회하는 마음은 어떤 경우에도 하나님께로 돌아가겠다는 적극적인 마음입니다. 자신은 감히 아버지 앞에 나설 수 없음을 깊이 인정한 것입니다. 다시 말해 죄인임을 인정한 것입니다. 죄인임을 인정하고 죄로부터 돌이키기를 원하는 자는 누구나 주님을 만날 수 있습니다.

  사람들에게 죄인이라고 손가락질을 받고 살았던 삭개오, 세리와 창기들을 주님께서 만나 주신 것은 바로 그들에게는 통회하는 마음이 있었던 것입니다.

  하나님은 의인을 만나 주십니다. 의인이란 죄를 짓지 않는 완전한 자가 아닙니다. 비록 죄를 범했을지라도 하나님께 나아가 회개함으로 하나님과 정상적인 관계를 유지하는 자를 말합니다.

예배자는 아버지만을 구합니다

탕자가 집으로 돌아올 때 오직 아버지가 소망이었습니다. 아버지만을 구했습니다. 사람들은 하나님께서 주시는 선물에 관심이 많습니다. 그러나 하나님은 그 어떤 선물보다 더 크신 분입니다.

탕자는 아버지로부터 받은 유산 때문에 아버지가 귀한 존재라고 생각했습니다. 그러나 지금 아들은 더 이상의 유산이 필요하지 않습니다. 오직 아버지 앞에 나아가는 것이 중요했습니다. 탕자는 오직 아버지를 만나고 싶었습니다.

예배는 하나님을 만나고자 하는 소망입니다. 그것을 표현해야 합니다. 마음으로 표현하고 어떤 때는 행동으로 표현해야 합니다. 다윗은 시편을 통해 그의 마음을 이렇게 표현하고 있습니다.

『보라 밤에 여호와의 성전에 서 있는 여호와의 모든 종들아 여호와를 송축하라 성소를 향하여 너희 손을 들고 여호와를 송축하라』(시 134:1-2)

하나님이 계신 처소를 향한 간절함을 잘 표현하고 있습니다. 이것이 예배자의 마음입니다.

시편 42편 1-2절에서도 예배자의 마음을 잘 표현하고 있습니다.
『하나님이여 사슴이 시냇물을 찾기에 갈급함 같이 내 영혼이 주를 찾기에 갈급하니이다 내 영혼이 하나님 곧 살아 계시는 하나님을 갈망하나니 내가 어느 때에 나아가서 하나님의 얼굴을 뵈올까』

탕자는 오직 아버지를 만나고 싶은 간절함이 있었습니다. 예배자는 오직 아버지만을 구해야 합니다. 이것이 예배자의 자세입니다.

예배자는 하나님께 집중합니다

예배를 드리면서 마음을 하나님께 집중하지 못하는 예배를 드리지는 않았습니까?

예배시간에 마음을 다른 곳에 두지 마십시오. 지난번 만난 남자친구가 브레드 피트 닮았는데, 내 아들 담임선생님이 니콜 키드먼 닮았던데, 나도 어떻게 하면 미모 관리를 할까? 올해는 회사에서 보너스가 얼마나 나올까? 며칠 전에 맛있게 먹었던 음식 생각, 며칠 전에 내게 상처 준 남편 생각, 모두 지워 버리고 오직 하나님께 마음을 집중하십시오.

탕자의 모든 마음은 아버지께 집중되어 있었습니다. 어떤 희생과 불이익도 감수하겠다는 자세로 아버지께 나아갔습니다. 아버지 집에 함께 살 수 있다면 종이라는 소리를 들어도 좋다고 고백하고 있습니다. 옛날에 누렸던 특권을 포기하겠다는 것입니다.

아버지의 책망과 형의 비난, 집안에 있는 종들의 멸시까지도 받겠다는 자세를 가지고 나아간 것입니다. 탕자는 자신이 높임을 받거나 과거처럼 인정받으려는 마음이 없었습니다. 오직 마음을 아버지께 집중하고 있었습니다.

진정한 예배자는 마음을 살아계신 하나님께 집중합니다. 자신의 상태나 체면, 위치 같은 것은 잊어 버립니다. 예수님께 나아와 구한 자들의 자세를 살펴보십시오. 주님께 나아갔던 자 중에 주님께 집중한 자들만이 기적의 기쁨을 맛보았습니다.

소경 바디매오는 오직 예수님께 집중했습니다.

『그들이 여리고에 이르렀더니 예수께서 제자들과 허다한 무리와 함께 여리고에서 나가실 때에 디매오의 아들인 맹인 거지 바디매오가 길 가에 앉았다가 나사렛 예수시란 말을 듣고 소리 질러 이르되 다윗의 자손 예수여 나를 불쌍히 여기소서 하거늘 많은 사람이 꾸짖어 잠잠하라 하되 그가 더욱 크게 소리 질러 이르되 다윗의 자손이여 나를 불쌍히 여기소서 하는지라 예수께서 머물러 서서 그를 부르라 하시니 그들이 그 맹인을 부르며 이르되 안심하고 일어나라 그가 너를 부르신다 하매 맹인이 겉옷을 내버리고 뛰어 일어나 예수께 나아오거늘 예수께서 말씀하여 이르시되 네게 무엇을 하여 주기를 원하느냐 맹인이 이르되 선생님이여 보기를 원하나이다 예수께서 이르시되 가라 네 믿음이 너를 구원하였느니라 하시니 그가 곧 보게 되어 예수를 길에서 따르니라』(막 10:46-52)

다윗은 법궤가 다윗성으로 들어 올 때 기뻐서 춤을 추고 있습니다. 자신의 겉옷이 흘러 내리는 것도 몰랐습니다. 자신이 왕이라는 것을 잊어버린 것입니다. 왕이 춤추며 뛰노는 것을 본 미갈은 다윗을 업신여겼고 그 결과는 평생 자녀를 낳을 수 없었습니다.

하나님께 집중하는 마음을 하나님은 너무나 귀하게 보십니다. 다윗의 마음을 업신여긴 미갈은 하나님의 진노를 샀습니다.
『여호와의 언약궤가 다윗 성으로 들어올 때에 사울의 딸 미갈이 창으로 내다보다가 다윗 왕이 춤추며 뛰노는 것을 보고 그 마음에 업신여겼더라』(대상 15:29)
『그러므로 사울의 딸 미갈이 죽는 날까지 그에게 자식이 없으니라』(삼하 6:23)
하나님께 집중하는 것이 진정한 예배입니다. 진정한 예배자는 오직 하나님께만 집중합니다. 이는 예배의 대상은 오직 하나님이시기 때문입니다. 자신이 높임을 받고 자신이 인정받기 위함이 아닙니다. 예배는 자기 자신의 기분을 좋게 하거나 욕망을 충족시키기 위함이 아닙니다. 예배는 하나님을 위한 것입니다.
탕자가 자신의 잘못을 깨닫는 순간 아버지의 마음을 생각했습니다. 자신이 돌아가는 것이 아버지를 가장 기쁘게 해 드리는 것이라고 생각했을 것입니다. 하나님의 자녀들이 하나님 앞에 나아와 예배드리는 것을 하나님은 가장 기뻐하십니다.

예배를 통한 치료와 회복

아버지께로 나아간 자에게는 회복과 치료가 있습니다. 탕자는 이제 회복되었습니다.

우리가 하나님을 간절히 사모하는 마음으로 나아갈 때 치료와 회복이 있습니다. 탕자는 지치고 병든 상태였습니다. 몸과 마음이 병들었습니다. 그 누구도 회복시켜 주지 못했습니다. 그러나 하나님을 만나므로 회복되었습니다.

아버지는 이미 탕자를 받아들일 준비가 되어 있었습니다. 탕자가 돌아오자 아버지는 달려 나갔고 힘껏 아들을 껴안았습니다. 그리고 얼굴을 부비며 기뻐하고 있습니다.

『이에 일어나서 아버지께로 돌아가니라 아직도 거리가 먼데 아버지가 그를 보고 측은히 여겨 달려가 목을 안고 입을 맞추니』(눅 15:20)

하나님은 이렇게 우리가 예배를 통해 회복되기를 원하십니다.

예배는 사람들과의 교제만을 위한 모임이 아닙니다. 단지 설교만을 듣는 시간도 아닙니다. 하나님을 만나는 시간입니다. 하나님의 회복과 치료하심을 맛보는 시간입니다. 그리고 예배를 통해 하나님의 사랑을 더욱 실감나게 확인합니다.

탕자가 아버지를 만나므로 누린 축복을 생각해 보십시오. 얼마나 큰 축복을 받았습니까? 단지 회복정도만 된 것이 아닙니다. 아버지의 사랑을 확인한 시간입니다. 아버지의 유산으로 허랑방탕한 죄인을 용서해 주시고 무조건적으로 받아주신 아버지의 사랑은 참으로 큰 사랑이었습니다.

우리가 아버지 하나님 앞에 마음을 열고 나아가면 하나님의 사랑을 매순간 확인하게 됩니다. 그리고 하나님께서 새롭게 더해 주시는 놀라운 복을 받을 수 있습니다.

다윗이 하나님을 향해 진정으로 찬양할 때 주어진 축복이 있었습니다. 시편 134편 1-3절을 보십시오.

『보라 밤에 여호와의 성전에 서 있는 여호와의 모든 종들아 여호와를 송축하라 성소를 향하여 너희 손을 들고 여호와를 송축하라 천지를 지으신 여호와께서 시온에서 네게 복을 주실지어다』

아들은 단지 용서 받는 것으로 만족했습니다. 그러나 아버지는 그 정도로 끝날 수 없었습니다. 진정한 예배자에게 하나님은 더 큰 은혜를 부어주십니다. 예배자에게 하나님은 더 좋은 것을 주십니다. 솔로몬에게 구하지도 않은 부와 명예까지 주시지 않았습니까?

하나님을 기쁘시게 해 드리는 예배는 하나님의 은혜가 임합니다. 도무지 상상할 수 없는 하나님의 은혜가 임하는 것입니다. 통회하는 마음으로 마음의 문을 열고 회개하고 아버지께 나아갔을 때, 아버지가 아들을 단지 기뻐하며 받아들인 정도가 아닙니다.

『아버지는 종들에게 이르되 제일 좋은 옷을 내어다가 입히고 손에 가락지를 끼우고 발에 신을 신기라 그리고 살진 송아지를 끌어다가 잡으라 우리가 먹고 즐기자』(눅 15:22-23)

아버지는 아들을 이전 상태로 회복시켜 주었습니다. 그 뿐입니까? 아들에게 해줄 수 있는 최고의 것들을 안겨 주기 시작했습니다. 상상 못할 아버지의 표현에 둘째 아들은 감격했습니다. 아들은 아버지가 이렇게 사랑이 많은 아버지인 것을 예전에는 깨닫지 못했습니다.

예배는 하나님을 기쁘시게 해 드리며 예배자는 새로운 은혜로 감격하는 것입니다. 하나님께서 이런 사랑의 아버지임을 깨닫고 감사하고 감격하게 되는 것입니다.

하나님의 기쁨인 참된 예배

하나님께 통회하는 마음, 간절히 사모하는 마음으로 나아온 아들을 보며 아버지는 기뻐하며 즐거워하고 있습니다.
『이 내 아들은 죽었다가 다시 살아났으며 내가 잃었다가 다시 얻었노라 하니 그들이 즐거워하더라』(눅 15:24)

여기서 표현하고 있지는 않지만 아버지는 춤을 추며 즐거워하였을 것입니다. 둘째 아들이 예전에 집에 있을 때는 아버지의 이런 모습을 느끼지 못했습니다. 마음을 열지 않고 습관적으로 아버지 앞에 나아갔기 때문입니다.

우리의 예배도 이럴 수 있습니다. 예배에 참석했으나 아무런 일이 일어나지 않습니다. 매일 예배 시간에 설교를 듣고 기도하고 찬송하는 것 외에는 어떤 변화도 일어나지 않습니다. 그저 내가 참석한 것으로 끝난 것입니다.

하나님의 임재하심을 느끼는 예배자

 하나님은 진정으로 예배드리는 자에게 자신을 드러내십니다. 구약 시대에도 그랬습니다. 예배의 현장마다 임재하신 것입니다. 이스라엘 백성들이 하나님을 찬양할 때 하나님은 임재 하셨습니다. 역대하 5장 13-14절을 보십시오.
『나팔 부는 자와 노래하는 자들이 일제히 소리를 내어 여호와를 찬송하며 감사하는데 나팔 불고 제금 치고 모든 악기를 울리며 소리를 높여 여호와를 찬송하여 이르되 선하시도다 그의 자비하심이 영원히 있도다 하매 그 때에 여호와의 전에 구름이 가득한지라 제사장들이 그 구름으로 말미암아 능히 서서 섬기지 못하였으니 이는 여호와의 영광이 하나님의 전에 가득함이었더라』
 하나님은 하나님을 간절히 찾고 찬양하는 자에게 나타나십니다.
 아버지는 아들을 매일 기다렸습니다. 매일 동네 입구까지 가서 아들을 기다렸습니다. 하나님께서는 매일 예배의 현장에 계십니다.
 탕자가 아버지에게 나아갈 때 아버지는 이미 아들과 함께 있었습니다. 아들이 타향에 있는 동안에도 아버지의 마음은 아들에게 있었습니다. 아들이 마음을 열고 아버지에게 달려 왔을 때 비로소 아버지의 손길을 느낄 수 있었습니다.
 누구도 받아주지 않는 공허한 메아리처럼 혼자서 예배를 드리는 이유는 바로 하나님의 임재하심을 확신하지 못하고 사모하는 마음이 없기 때문입니다. 예배의 축복은 하나님의 임재하심을 확신하고 사모하는 자가 누리게 됩니다.

하나님은 항상 임재해 계십니다. 어디나 계십니다. 하나님은 그의 백성을 만나기를 즐겨 하십니다.

아버지는 아들이 마음을 열고 달려올 때까지 기다리신 것입니다.

주님을 만날 때 흥분과 긴장감을 가져야 합니다. 주님 만나기를 준비하며 사모하는 마음을 가져야 합니다. 사랑하는 사람을 만나기 위해 긴장하고 기대하는 마음이 바로 예배를 준비하는 마음이 되어야 합니다.

예배를 사모하는 사람, 주님 만나기를 기대하는 자가 될 때. 탕자가 아버지를 만난 감격을 누리게 될 것입니다.

오늘 이 자리에 오신 주님을 찬양하고 감사를 드리십시오.

우리의 평생에 예배를 소홀히 여기지 마십시오. 찬양할 때, 기도할 때, 말씀을 들을 때 매시간 소홀히 여기지 마십시오. 하나님의 임재를 사모하는 예배자가 되시기를 바랍니다.

변함없는 경배자 아브라함
(창 22:1-18)

『[1] 그 일 후에 하나님이 아브라함을 시험하시려고 그를 부르시되 아브라함아 하시니 그가 이르되 내가 여기 있나이다 [2] 여호와께서 이르시되 네 아들 네 사랑하는 독자 이삭을 데리고 모리아 땅으로 가서 내가 네게 일러 준 산 거기서 그를 번제로 드리라 [3] 아브라함이 아침에 일찍이 일어나 나귀에 안장을 지우고 두 종과 그의 아들 이삭을 데리고 번제에 쓸 나무를 쪼개어 가지고 떠나 하나님이 자기에게 일러 주신 곳으로 가더니 [4] 제삼일에 아브라함이 눈을 들어 그 곳을 멀리 바라본지라 [5] 이에 아브라함이 종들에게 이르되 너희는 나귀와 함께 여기서 기다리라 내가 아이와 함께 저기 가서 예배하고 우리가 너희에게로 돌아오리라 하고 [6] 아브라함이 이에 번제 나무를 가져다가 그의 아들 이삭에게 지우고 자기는 불과 칼을 손에 들고 두 사람이 동행하더니 [7] 이삭이 그 아버지 아브라함에게 말하여 이르되 내 아버지여 하니 그가 이르되 내 아들아 내가 여기 있노라 이삭이 이르되 불과 나무는 있거니와 번제할 어린 양은 어디 있나이까 [8] 아브라함이 이르되 내 아들아 번제할 어린 양은 하나님이 자기를 위하여 친히 준비하시리라 하고 두 사람이 함께 나아가서 [9] 하나님이 그에게 일러 주신 곳에 이른지라 이에 아브라함이 그 곳에 제단을 쌓고 나무를 벌여 놓고 그의 아들 이삭을 결박하여 제단 나무 위에 놓고 [10] 손을 내밀어 칼을 잡고 그 아들을 잡으려 하니 [11] 여호와의 사자가 하늘에서부터 그를 불러 이르시되 아브라함아 아브라함아 하시는지라 아브라함이 이르되 내가 여기 있나이다 하매 [12] 사자가 이르시되 그 아이에게 네 손을 대지 말라 그에게 아무 일도 하지 말라 네가 네 아들 네 독자까지도 내게 아끼지 아니하였으니 내가 이제야 네가 하나님을 경외하는 줄을 아노라 [13] 아브라함이 눈을 들어 살펴본즉 한 숫양이 뒤에 있는데 뿔이 수풀에 걸려 있는지라 아브라함이 가서 그 숫양을 가져다가 아들을 대신하여 번제로 드렸더라 [14] 아브라함이 그 땅 이름을 여호와 이레라 하였으므로 오늘날까지 사람들이 이르기를 여호와의 산에서 준비되리라 하더라 [15] 여호와의 사자가 하늘에서부터 두 번째 아브라함을 불러 [16] 이르시되 여호와께서 이르시기를 내가 나를 가리켜 맹세하노니 네가 이같이 행하여 네 아들 네 독자도 아끼지 아니하였은즉 [17] 내가 네게 큰 복을 주고 네 씨가 크게 번성하여 하늘의 별과 같고 바닷가의 모래와 같게 하리니 네 씨가 그 대적의 성문을 차지하리라 [18] 또 네 씨로 말미암아 천하 만민이 복을 받으리니 이는 네가 나의 말을 준행하였음이니라 하셨다 하니라』

변함없는 경배자 아브라함

하나님은 우리를 향해 대단한 기대감을 가지고 계십니다. 그 기대감 때문에 테스트 하십니다. 그리고 훈련을 시키십니다.

하나님은 아브라함을 시험하시기 위해 부르셨습니다. 하나님의 시험은 믿음을 굳건하게 하기 위한 연단의 성격을 가지고 있습니다. 굳건한 믿음을 가질 때 하나님은 우리를 신뢰하시고 칭찬하십니다.

아브라함이 아들 이삭과의 사랑에 흠뻑 빠져 있던 어느 날 하나님이 아브라함을 부르셨습니다. 하나님께서 백세에 주신 아들 이삭을 모리아산에서 제물로 드리라고 명령하신 것입니다.

이 명령을 받은 후에 얼마나 놀랐을까요? 이삭은 아브라함에게 생명보다 귀한 존재입니다. 아브라함의 분신입니다. 그런데 하나님께서 아브라함이 가장 사랑하는 것을 달라고 하신 것입니다. 다른 것은 다 줄 수 있어도 자식만큼은 내 놓을 수 없을 만큼 귀한 존재입니다. 하나님의 이런 명령에 보통 사람 같았으면 하나님께 달려들었을 것입니다. 도무지 이해할 수 없는 명령이기 때문입니다. 백 살에 아들을 주시고 빼앗아 가는 경우가 어디 있을까요?

하나님께서 우리가 가장 귀하게 여기는 것을 요구하실 때가 있습니다. 정말 가지고 싶고 놓치고 싶지 않은 것을 내 놓으라고 하십니다.

보통 사람에게 있는 우상

우리가 하나님께 드릴 수 없는 것, 그것은 바로 우상입니다. 하나님은 우리가 우상을 가지고 사는 것을 원하시지 않습니다.

예전이나 오늘날이나 사람들의 첫 번째 우상은 자녀입니다. 하나님은 자녀가 우상이 되는 것을 원하지 않으십니다. 자녀가 우상이 되면 하나님께서 주시고자 하는 은혜를 받을 수 없습니다. 이는 자신과 자녀 모두에게 비극이기 때문입니다. 자녀가 우상이 되면 하나님의 뜻을 자녀에게 바로 전달할 수 없습니다. 하나님 중심의 삶보다 자녀 중심의 삶을 살 수밖에 없을 것이기 때문입니다.

요즘 많은 부모들이 공부를 위해서는 영적인 생활을 게을리 해도 된다고 생각합니다. 고 3인 경우는 더 그렇습니다. 지금은 공부하고 나중에 신앙생활 열심히 하라고 가르칩니다.

자녀가 우상이 되면 판단력을 잃게 되어 자녀를 왕처럼 받들게 됩니다. 자녀가 요구하는 대로 모두다 해 주려고 하다보면 하나님의 뜻대로 교육할 수가 없습니다.

자녀를 우상으로 여기는 사람들에게는 특징이 있습니다. 자녀를 내 소유물로 생각합니다. 그리고 자녀를 통해 자신의 만족을 추구하려고 합니다. 자신이 이루지 못한 것을 자녀가 이루어주기를 바랍니다. 그래서 자녀에게 자신의 목적을 이루도록 끊임없이 요구하는 것입니다.

얼마 전에 만난 권사님께서 자신의 아들이 미국의 유수한 신학대학원을 나와 목사 안수를 받고 중국 선교사로 가기로 결정한 것을 보면서 그냥 미국에서 목회했으면 좋겠다고 생각했다고 합니다. 어렵게 공부해서 힘든 중국 선교사로 가는 것이 마음에 안됐기 때문이었습니다. 그런데 아들 목사는 단호하게, 주님께서 원하시는 대로 자신은 결정한 것이라고 말했다고 합니다.

오늘날 학교 교육을 실패했다고 말합니다. 청소년들이 자제력이 없다고 합니다. 충동적으로 많은 범죄를 저지릅니다. 자녀들의 윤리관과 도덕성이 급격하게 무너지고 있음을 통해 잘 알 수 있습니다. 청소년 범죄 상황은 참으로 심각한 지경에 이르고 있습니다. 자녀가 우상이 되면서 이 세상은 걷잡을 수 없는 혼란에 빠져 가고 있는 것입니다.

자녀에 대한 잘못된 기대감

오늘날 부모들의 자녀에 대한 잘못된 기대감은 여러 가지 부작용을 낳고 있습니다. 자녀들이 출세 지향주의를 추구하도록 합니다. 출세 지향주의는 결국 수단과 방법을 가리지 않고 출세하면 된다는 생각으로 윤리와 도덕이 무너지는 결과를 가져왔습니다.

또한 지식 지향주의의 사람으로 만듭니다. 인격보다는 지식 지향주의의 사람을 추구하다 보면 인격적인 성숙은 없고 기계적인 모습으로 변하게 됩니다.

뿐만 아니라 이기적이며 자기중심적인 사람으로 만듭니다. 자신에게 손해가 되면 다른 사람과 공동체에 피해를 주는 일을 조금도 잘못이라고 생각하지 않는 잘못된 생각이 팽배하게 됩니다.

말씀 앞에 지체하지 않는 아브라함

아브라함은 백세에 아들을 주신 하나님께서 그 아들을 제물로 바치라고 하시는 이해할 수 없는 명령 앞에 어떤 질문이나 항의도 하지 않았습니다. 하나님께서 말씀하시자마자. 그 다음날 아침 일찍 바로 시행한 것입니다.

『아브라함이 아침에 일찍이 일어나 나귀에 안장을 지우고 두 종과 그의 아들 이삭을 데리고 번제에 쓸 나무를 쪼개어 가지고 떠나 하나님이 자기에게 일러 주신 곳으로 가더니』(창 22:3)

자신이 손해를 보고 아픔을 당해도 자녀의 고통은 견디지 못하는 것이 부모의 마음입니다. 오늘날 부모들이 자녀의 불이익을 견디지 못합니다. 그러나 아브라함은 하나님의 뜻에 따르기로 한 것입니다. 만약 아브라함이 아들 이삭과의 이별의 정을 나누기 위해 며칠 동안 여행을 한 후에 행하거나 다른 사람들의 조언을 들었다면 결코 아들을 데리고 모리아산으로 갈 수 없었을 것입니다.

하나님의 명령은 아들을 제물로 바치라는 것입니다. 죽이라는 말씀이었습니다. 이 얼마나 끔찍한 일입니까? 아들 이삭을 자신의 손으로 죽여야 하는 고통스러움을 감수하는 결단을 한 것입니다.

아브라함은 하나님 말씀 앞에 지체하지 않았습니다. 지체하지 않고 행하는 것은 지혜입니다. 하나님은 순종을 요구하실 때 지체하지 않고 바로 행하는 것을 원하시고 바로 행하는 것을 통해 하나님의 뜻을 이루시기 때문입니다.

지체하지 않고 순종할 때, 순종한 자 역시 하나님께서 준비해 주신 열매를 얻습니다. 두 달란트, 다섯 달란트 받은 자가 지체하지 않고 행하므로 열매를 얻어 주인으로부터 칭찬과 함께 인정받은 것처럼 아브라함 역시 지체하지 않음으로 하나님으로부터 믿음을 인정 받은 것입니다.

하나님의 계획의 주인공

아브라함은 하나님의 뜻에 순종했습니다. 하나님의 뜻에 순종한다는 것은 가장 탁월한 판단력과 지혜를 가졌다는 것입니다. 왜냐하면 하나님께서 지혜자이시기 때문입니다.

하나님께 순종할 때 하나님의 크신 계획 속에 주인공이 됩니다. 하나님께서 계획하시는 작품의 주인공은 언제나 순종하는 사람들이었습니다. 작은 일에도 순종하고 큰 일에도 순종했습니다. 모세가 그랬고 요셉이 그랬습니다. 배우들은 영화 대작에 주인공으로 캐스팅되는 것을 가장 큰 영광으로 압니다. 그런데 하나님의 작품에 주인공이 될 수 있다는 것은 더 큰 영광이 아닐 수 없는 것입니다.

하나님의 뜻이 불합리하게 보일 때도 있지만 알고 보면 그 속에는 하나님의 위대한 계획과 뜻이 포함되어 있습니다. 하나님의 뜻을 따를 때 자신도 모르게 지혜자가 되는 것입니다.

하나님의 뜻보다 자신의 욕심에 더 초점을 맞추어 살 때가 얼마나 많습니까? 지독하게 근시안적인 생각입니다. 무조건 하나님의 뜻을 따르다 보면 자신도 모르게 하나님께서 만드신 훌륭한 걸작품의 주인공으로 쓰임 받게 될 것입니다.

순종의 사람은 질서의 사람

전쟁은 질서를 파괴하는 것입니다. 전쟁으로 질서가 무너지면 살인과 방화 그리고 약탈이 일어납니다. 사람으로는 도무지 행동할 수 없는 악한 모습이 나오게 됩니다. 그러나 질서 안에서는 평화가 유지되고 미래를 향해 발전할 수가 있습니다.

아브라함이 이삭을 잡아서 죽이려 할 때 이삭이 얼마든지 아버지에게 반항할 수 있었습니다. 그러나 이삭은 순종했습니다. 다시 말해 아버지가 요구하는 아버지의 권위 앞에 순종한 것입니다. 이는 곧 하나님께서 세우신 질서에 순종한 것입니다.

가정의 질서, 사회의 질서가 무너져가고 있는 세상을 우리가 살고 있습니다. 가정에서는 부모님께 순종하고, 학교에서는 선생님 앞에 순종하는 것을 배우도록 해야 합니다. 자신의 뜻과 다르면 반항하고 참지 못하는 자녀들은 결코 리더가 될 수 없습니다.

이삭은 아버지가 양을 준비하지 않고 자신만 데리고 가고 있는 것에 대해 눈치를 챌 수도 있었습니다. 따질 수도 있었습니다. 그러나 아무런 말없이 따라가고 있습니다.

『아브라함이 이에 번제 나무를 가져다가 그의 아들 이삭에게 지우고 자기는 불과 칼을 손에 들고 두 사람이 동행하더니 이삭이 그 아버지 아브라함에게 말하여 이르되 내 아버지여 하니 그가 이르되 내 아들아 내가 여기 있노라 이삭이 이르되 불과 나무는 있거니와 번제할 어린 양은 어디 있나이까 아브라함이 이르되 내 아들아 번제할 어린 양은 하나님이 자기를 위하여 친히 준비하시리라 하고 두 사람이 함께 나아가서』(창 22:6-8)

아버지 아브라함이 하나님의 말씀에 절대 순종하는 것을 보면서 이삭도 절대 순종하는 질서의 사람이 된 것입니다. 아무리 불공평

해도, 아무리 억울해도 하나님을 바라보고 움직였던 것입니다. 어떤 경우도 잠잠히 하나님만 바라보는 믿음의 사람이 된 것입니다.

이후 이삭은 억지로 무슨 일을 하려고 하지 않았습니다. 블레셋 사람들이 시기하여 자신이 판 우물을 빼앗을 때 분노하거나 무력을 사용하지 않았습니다. 양보하고 다른 곳에 우물을 팠습니다. 다시 그랄에서 양치던 사람들이 우물을 빼앗을 때 다른 곳에 우물을 팠습니다. 그런데 그 판 우물로 시비가 붙자 또 다른 곳에 우물을 팠습니다. 또 다른 사람들이 와서 시비하자 다른 곳에 다시 우물을 팠습니다. 부당한 그들의 행동에 대해 자신의 뜻을 내세우기 보다는 하나님께 모든 것을 맡기고 양보했습니다. 그 결과 자신에게는 더 좋은 미래가 기다리고 있었습니다.

이삭이 마지막으로 판 우물의 이름을 르호봇이라고 지었습니다. 르호봇은 '충분히 넓다' 는 뜻입니다. 우물의 이름을 르호봇이라고 짓고는 의미 있는 말을 합니다.

『이삭이 거기서 옮겨 다른 우물을 팠더니 그들이 다투지 아니하였으므로 그 이름을 르호봇이라 하여 이르되 이제는 여호와께서 우리를 위하여 넓게 하셨으니 이 땅에서 우리가 번성하리로다 하였더라』(창 26:22)

하나님의 인도하심으로 번성할 것을 믿었습니다. 이삭은 이 모든 것도 하나님의 질서 가운데 이루어지고 있음을 믿고 억지로 하지 않았던 것입니다.

좀 부당하면 참지 못하는 세대가 오늘날의 세대입니다. 조금이라도 부당하면 질서를 깨뜨려서라도 자신의 뜻을 관철 시키려는 모습은 곳곳에서 나타나고 있습니다. 질서 안에 하나님의 간섭하심이 있습니다. 질서 안에 조화가 있고 미래의 번성이 있기에 하나님은 질서를 지키는 자를 좋아하십니다.

변함없는 아브라함의 경배의 자세

아브라함은 하나님을 향해 변함없는 경배의 자세를 가지고 산 사람이었습니다. 아들을 달라고 요구하신 하나님께도 여전히 경배의 자세를 잃지 않고 있습니다.

아들을 제물로 바쳐서 죽이러 가는 아브라함의 입에서 원망의 말 대신에 하나님을 경배하고 돌아올 것이라고 말하고 있습니다. 이는 그의 마음과 삶의 자세를 보여줍니다. 어떤 상황에서도 하나님을 경배한 아브라함이었기에 믿음의 조상이 될 수 있었던 것입니다.

『제 삼일에 아브라함이 눈을 들어 그 곳을 멀리 바라본지라 이에 아브라함이 종들에게 이르되 너희는 나귀와 함께 여기서 기다리라 내가 아이와 함께 저기 가서 예배하고 우리가 너희에게로 돌아오리라 하고』(창 22:4-5)

변함없는 경배자 아브라함에게 하나님은 생각지도 못한 제물을 아들을 대신해서 준비해 두셨습니다. 하나님께서는 하나님을 경배하는 자에게 가장 합당하고 좋은 것을 준비해 주십니다. 여호와 이레의 축복은 참된 경배자의 몫이 되는 것입니다. 그리고 아브라함은 진정으로 하나님을 경외하는 자로 인정 받은 것입니다.

『하나님이 그에게 일러 주신 곳에 이른지라 이에 아브라함이 그 곳에 제단을 쌓고 나무를 벌여 놓고 그의 아들 이삭을 결박하여 제단 나무 위에 놓고 손을 내밀어 칼을 잡고 그 아들을 잡으려 하니 여호와의 사자가 하늘에서부터 그를 불러 이르시되 아브라함아 아브라함아 하시는지라 아브라함이 이르되 내가 여기 있나이다 하매 사자가 이르시되 그 아이에게 네 손을 대지 말라 그에게 아무 일도 하지 말라 네가 네 아들 네 독자까지도 내게 아끼지 아니하였으니 내가 이제야 네가 하나님을 경외하는 줄을 아노라』(창 22:9-12)

아브라함은 평생 모리아산에서 아들을 살려 주신 그 사랑과 감격을 안고 살게 되었을 것입니다. 이 감격은 아브라함 뿐 아니라 이삭까지 함께 가지고 평생을 살았을 것입니다. 그리고 그 날의 그 감격은 평생 하나님을 더욱 신뢰하고 찬양하며 산 계기가 되었을 것입니다.

하나님을 진정으로 경배하는 자에게 하나님은 '여호와 이레의 하나님' 이 되시는 것입니다.

『아브라함이 눈을 들어 살펴본즉 한 숫양이 뒤에 있는데 뿔이 수풀에 걸려 있는지라 아브라함이 가서 그 숫양을 가져다가 아들을 대신하여 번제로 드렸더라 아브라함이 그 땅 이름을 여호와 이레라

하였으므로 오늘날까지 사람들이 이르기를 여호와의 산에서 준비되리라 하더라』(창 22:13-14)

　변함없는 경배자 아브라함은 하나님으로부터 축복에 대한 약속을 받았습니다. 하나님은 후손에 대해 축복을 약속하셨습니다. 부모의 순종은 자녀에게까지 축복이 되는 것입니다.
　아브라함이 받은 축복은 그 뿐이 아니라 천하 만민에게까지 영향력을 끼치게 됩니다. 아브라함과 이삭은 복만 받은 것이 아니라 천하 만민에게까지 영향력을 끼치는 사람이 된 것입니다. 하나님의 약속은 그대로 이루어졌습니다.
　우리 모두 변함없이 하나님을 경배하는 믿음의 사람이 됩시다.

예배와 성결

(슥 14:12-21)

『[12] 예루살렘을 친 모든 백성에게 여호와께서 내리실 재앙은 이러하니 곧 섰을 때에 그들의 살이 썩으며 그들의 눈동자가 눈구멍 속에서 썩으며 그들의 혀가 입 속에서 썩을 것이요 [13] 그 날에 여호와께서 그들을 크게 요란하게 하시리니 피차 손으로 붙잡으며 피차 손을 들어 칠 것이며 [14] 유다도 예루살렘에서 싸우리니 이 때에 사방에 있는 이방 나라들의 보화 곧 금 은과 의복이 심히 많이 모여질 것이요 [15] 또 말과 노새와 낙타와 나귀와 그 진에 있는 모든 가축에게 미칠 재앙도 그 재앙과 같으리라 [16] 예루살렘을 치러 왔던 이방 나라들 중에 남은 자가 해마다 올라와서 그 왕 만군의 여호와께 경배하며 초막절을 지킬 것이라 [17] 땅에 있는 족속들 중에 그 왕 만군의 여호와께 경배하러 예루살렘에 올라오지 아니하는 자들에게는 비를 내리지 아니하실 것인즉 [18] 만일 애굽 족속이 올라오지 아니할 때에는 비 내림이 있지 아니하리니 여호와께서 초막절을 지키러 올라오지 아니하는 이방 나라들의 사람을 치시는 재앙을 그에게 내리실 것이라 [19] 애굽 사람이나 이방 나라 사람이나 초막절을 지키러 올라오지 아니하는 자가 받을 벌이 그러하니라 [20] 그 날에는 말 방울에까지 여호와께 성결이라 기록될 것이라 여호와의 전에 있는 모든 솥이 제단 앞 주발과 다름이 없을 것이니 [21] 예루살렘과 유다의 모든 솥이 만군의 여호와의 성물이 될 것인즉 제사 드리는 자가 와서 이 솥을 가져다가 그것으로 고기를 삶으리라 그 날에는 만군의 여호와의 전에 가나안 사람이 다시 있지 아니하리라』

예배와 성결

이 세상의 모든 문제는 하나님과 연관성이 있습니다. 그러므로 하나님의 존재를 어떻게 생각하느냐에 따라 그 결과가 달라집니다. 대부분의 경우 문제 가운데 하나님께서 간섭하지 않으실 것이라고 생각하지만 사실은 하나님께서 간섭하십니다. 사람을 미워했는데 알고 보니 하나님을 미워한 것이 되고, 사람을 대접했는데 알고 보니 하나님을 대접한 결과로 나옵니다. 하나님께서 인생의 모든 문제에 대해 간섭하시고 심판 하시기에 하나님과 연관성이 있다는 것입니다.

하나님을 대적하는 자를 향한 심판

단지 예루살렘을 공격했는데 하나님께서 진노하십니다.
우리는 자신도 모르게 하나님께 대적하는 일을 할 때가 많습니다. 하나님께서 세우신 가정을 깨뜨리고, 예수님께서 피로 값 주고 세우신 교회의 사역을 방해하는 것은 하나님을 대적하는 것입니다. 생각 없이 말하고 행동하며, 내 욕심대로 행하는 크고 작은 죄를 범하므로 하나님을 대적하는 일은 참으로 많을 것입니다.

　하나님의 뜻을 거부하고 대적한 자에게 주어질 재앙에 대해 말씀하고 있습니다.

『예루살렘을 친 모든 백성에게 여호와께서 내리실 재앙은 이러하니 곧 섰을 때에 그들의 살이 썩으며 그들의 눈동자가 눈구멍 속에서 썩으며 그들의 혀가 입 속에서 썩을 것이요』(슥 14:12)

　예루살렘을 친 나라들을 하나님께서 심판하실 것인데, 그들에게 내릴 무서운 재앙은 그들의 살이 썩고, 눈동자가 썩고, 혀가 입 안에서 썩을 것을 말씀하셨습니다. 이는 하나님을 대적하는 자에게 주어질 대가에 대해 말씀하신 것입니다.

　살아 있는 자의 살이 썩어 들어간다면 얼마나 무섭겠습니까? 우리는 몸에 조그만 상처가 나도 두려워합니다. 그런데 눈과 혀가 썩어 들어갈 것을 말씀하고 있습니다. 사람이 범하는 죄는 눈과 혀로 인해 범하는 죄가 대부분입니다.

　성경에는 교만한 눈과 남을 향해 함부로 말하는 난폭한 혀에는 죽이는 독이 가득하다고 말씀하고 있습니다.

『곧 교만한 눈과 거짓된 혀와 무죄한 자의 피를 흘리는 손과』(잠 6:17)

　하나님을 대적하는 자에게만 재앙을 내리시는 것이 아니라 그의 소유물에게까지 재앙을 내리신다고 하셨습니다.

『또 말과 노새와 낙타와 나귀와 그 진에 있는 모든 가축에게 미칠 재앙도 그 재앙과 같으리라』(슥 14:15)

하나님 편에 선 자에 대한 보상

우리의 삶을 자세히 살펴보면 대부분 하나님의 편에 서는 것과 하나님의 반대편에 서는 것으로 나누어집니다. 하나님의 뜻이 아니면 대적하는 자의 위치에 서는 것이 됩니다. 신앙의 중간지대는 없기 때문입니다.

하나님의 편에 선 자가 결국 승리합니다. 본문은 예루살렘을 공격하던 자들이 패하므로 그들의 모든 소유물을 버려두고 멸망당합니다. 유다의 소유가 된다는 뜻입니다. 실제로 유다왕 여호사밧 시절에 전리품이 너무 많아 가져갈 수가 없었다고 합니다.

『여호사밧과 그의 백성이 가서 적군의 물건을 탈취할 새 본즉 그 가운데에 재물과 의복과 보물이 많이 있으므로 각기 탈취하는데 그 물건이 너무 많아 능히 가져갈 수 없을 만큼 많으므로 사흘 동안에 거두어들이고』(대하 20:25)

하나님 편에 서면 잠시 어려움을 겪는 것 같지만 결국에는 완전한 승리를 얻게 됩니다. 하나님은 완벽한 승리자이십니다. 패배하지 않으십니다. 잠시 패배하시는 것처럼 보일 뿐입니다.

만국으로부터 경배 받으실 하나님

　언제나 완벽한 승리자이신 하나님은 만국으로부터 경배를 받으셔야 합니다. 구원받은 이방인들로부터도 경배 받으시길 원하십니다. 하나님은 모든 민족으로부터 영광을 받으셔야 합니다. 대적들도 하나님의 존재를 알고 나면 손을 높이 들고 하나님을 찬양하게 됩니다. 이스라엘의 대적이었던 애굽 사람들까지 하나님께 경배를 드렸습니다.

　하나님은 구원 받을 수 없는 애굽 사람들에게까지 구원의 은혜를 베푸셨습니다. 구원 받을 수 없는 이방인들에게도 크신 은혜를 베푸셔서 구원의 대열에 들어서게 하시고 하나님의 백성 삼아주신 하나님을 찬양해야 합니다. 예전에 하나님을 대항하고 무시했던 우리를 불러서 하나님을 찬양하도록 하셨으니 이 얼마나 감사한 일입니까?

　도저히 구원 받을 수 없었던 우리를 구원해 주신 하나님을 향한 예배와 찬양의 태도는 어떠해야 할까요?

찬양은 하나님께서 우리를 지으신 목적

　하나님을 찬양하며 영광을 돌려 드릴 때 하나님께서 진정으로 기뻐하십니다. 그래서 진정한 예배자, 진정한 찬양을 드리는 자에게 하나님의 크신 은혜가 임합니다. 하나님께서는 이런 자를 기뻐하십니다. 하나님을 사랑하는 것이 예배입니다. 하나님을 사랑하면 진정한 예배자가 됩니다. 하나님은 오늘도 진정한 예배자를 찾고 계십니다.

하나님은 찬양을 좋아하십니다. 야곱의 열두 아들 중에 네 번째 아들의 이름이 '유다' 입니다. 이름의 뜻은 '찬송' 이라는 뜻입니다. 예수님께서도 이 유다 지파를 통해서 이 땅에 오셨습니다.

이스라엘 백성이 광야를 지날 때, 성막을 중심으로 앞뒤 좌우에 세 지파씩 질서 있게 나아갔습니다. 그런데 맨 앞에 지파가 유다 지파였습니다. 이스라엘 백성이 40년 동안 사막을 지나면서 들짐승의 위협과 낮과 밤의 기온차로 인한 어려운 환경을 극복해야 했습니다. 사막의 길은 바람 때문에 수시로 바뀝니다. 이정표도 없지만 그들은 유다지파를 앞세우고 나아갔습니다. 그들은 찬송하며 구름기둥과 불기둥을 따라간 것입니다.

이사야 51장 3절에서 이렇게 말씀하고 있습니다.
『나 여호와가 시온의 모든 황폐한 곳들을 위로하여 그 사막을 에덴 같게, 그 광야를 여호와의 동산 같게 하였나니 그 가운데에 기뻐함과 즐거워함과 감사함과 창화하는 소리가 있으리라』(사 51:3)

찬송이 광야 가운데 길을 낼 것이라고 말씀하고 있습니다. 광야를 에덴동산처럼 만들고 그 황무지를 여호와의 동산처럼 만드는데 거기에는 기쁨과 즐거움이 가득하고 감사와 찬송이 가득할 것이라는 것입니다.

우리가 감사하고 찬양할 때 하나님의 위로와 하나님의 인도하심이 있음을 믿어야 합니다.

유다 4대 왕 여호사밧 당시 모압과 암몬 자손 연합군대가 유다를 치러 올라올 때 하나님께서 하신 말씀이 역대하 20:17-19절입니다.

『너희는 이 전쟁에서 싸울 필요가 없고 너희의 장소에서 굳게 서 있기만 하면 하나님께서 너희를 구하시는 것을 보게 될 것이다. 두려워하지 말고 용기를 잃지 마라. 하나님께서 너희와 함께 계시므로 내일 저 백성들에게로 나가거라. 그때 여호사밧이 땅에 엎드려 절하고 유다와 예루살렘의 모든 백성도 하나님께 엎드려 경배드렸으며 고핫과 고라의 자손 레위 사람들이 자리에서 일어나 하나님을 찬양했다. 그들은 큰 목소리로 하나님을 찬양했다.』(대하20:17-19)

여호사밧의 군대는 아침 일찍 드고아 광야로 나갔습니다. 여호사밧은 하나님께 찬양할 사람들을 뽑았고 그들은 군대 앞에서 행진하며 찬양했습니다. "여호와께 감사드리자. 여호와의 사랑은 영원하시다." 그들이 노래를 시작하며 주를 찬양하자 하나님께서는 유다를 치러 온 암몬과 모압과 세일 산에서 온 사람을 공격할 복병들로 암몬과 모압과 세일 산 사람을 치셨고, 세일산 사람을 멸망시키셨습니다.

하나님께 드린 찬양은 승리를 주셨습니다. 하나님께서 찬양 가운데 함께 하셨던 것입니다.

찬양은 원수를 잠잠케 하는 능력이 있습니다. 놀라운 것은 어린

아이의 입으로 하는 찬양도 원수를 잠잠케 한다고 했습니다. 이는 성도들이 찬양할 때 하나님께서 권능으로 임하심을 말씀하신 것입니다.

『주의 대적으로 말미암아 어린 아이들과 젖먹이들의 입으로 권능을 세우심이여 이는 원수들과 보복자들을 잠잠하게 하려 하심이니이다』(시 8:2)

찬양은 하나님께서 우리를 지으신 목적입니다. 로마서 15장 11절에서는 이렇게 말씀하고 있습니다.

『또 모든 열방들아 주를 찬양하며 모든 백성들아 그를 찬송하라 하였으며』

성도들은 먼저 하나님을 경배하고 찬양할 줄 알아야 합니다. 대부분의 경우 먼저 일부터 하려고 합니다. 일보다 먼저 해야 할 일이 있습니다. 그것은 하나님께 경배하고 찬양하는 일입니다. 먼저 예배자가 되고 일하는 자가 되어야 합니다. 찬양은 하나님께서 우리를 지으신 목적이기 때문입니다.

거룩함을 위한 노력

성도들은 거룩함을 추구해야 합니다. 이는 하나님께서 거룩함을 추구하시기 때문입니다. 이 세상 은 거룩함을 우선적으로 추구하지 않습니다. 그러나 하나님께서는 우리에게 거룩함을 요구하십니다.

『그 날에는 말방울에까지 여호와께 성결이라 기록될 것이라 여호와의 전에 있는 모든 솥이 제단 앞 주발과 다름이 없을 것이니』(슥 14:20)

대제사장들이 머리에 쓰는 관에 붙어있는 정금판에 '여호와의 성결'이라는 글씨가 새겨져 있습니다. 말의 이마에 붙어 있는 방울에까지 '여호와의 성결'이라는 글씨가 새겨진 것은 하나님의 거룩에 대한 간절함을 엿볼 수 있는 것입니다.

성도들은 거룩함을 추구하고 노력해야 합니다. 마음으로부터 거룩함에 대한 간절함이 있어야 합니다.

하나님의 나라는 완전히 성결한 곳입니다. 죄 많고 추한 우리를 불러서 하나님 나라의 백성으로 삼아주실 때는 성결한 삶을 살기를 원하시는 하나님의 간절함이 있음을 알아야 합니다. 마음과 생각, 그리고 말과 행동 모든 부분에서 거룩함을 위해 노력해야 합니다.

성도들은 주님을 닮아가기 위해 거룩함을 추구해야 하는데, 다시 말하면 성품의 사람이 되어야 한다는 것입니다.

주님을 닮아가는 성품과 예배에 대한 열정은 양 바퀴와 같습니다. 두 바퀴의 크기가 다르면 제자리를 돌 수밖에 없습니다. 더 이상 전진할 수 없는 것입니다.

성품은 좋은데 예배에 대한 열정이 없다면 신앙의 진보를 기대할 수 없습니다. 어느 한 바퀴라도 작으면 결코 균형있는 그리스도인이 될 수 없고 하나님께서 원하시는 신앙의 성숙한 방향으로 나아갈 수 없습니다.

왜 자신의 신앙이 성장하지 않는지 제자리에 머무는지 그 답은 간단합니다. 옛 성품을 버리지 않고 있기 때문입니다. 옛 성품을 버려야 합니다.

『그런즉 누구든지 그리스도 안에 있으면 새로운 피조물이라 이전 것은 지나갔으니 보라 새 것이 되었도다』(고후 5:17)

하나님의 자녀는 거룩한 신분의 사람입니다. 그러므로 우리는 거룩함을 추구해야 합니다. 거룩함을 추구하지 않는 자는 은혜의 자리에 앉지 못합니다. 거룩함을 추구하기 위해서는 자신의 내면에 있는 더러움을 치워야 합니다. 과거의 습관과 단절해야 합니다. 죄 짓기에 익숙한 성격을 위해 기도해야 합니다. 예수 믿기 전의 옛 모습을 과감하게 던져 버려야 합니다.

옛 모습에서 벗어나기 위해서는 정직해야 합니다. 형제들에게 정직하지 못한 자는 끝까지 자신의 죄를 버릴 수 없습니다.

제자훈련을 하면서 많은 부분에서 변화가 일어납니다. 술, 담배, 도박, 기타 죄악의 생활에서 돌이킵니다. 그런데 제자훈련이 끝날 때까지 변화가 일어나지 않는 사람이 가끔 있습니다. 그런 사람은 말씀에 순종하고자 하는 의지가 부족하든지, 죄를 숨기는 사람입니다.

이런 사람은 말씀의 끊임없는 도전을 받고서도 끝까지 위장한 것입니다. 이런 사람은 거짓을 품고 열심히 주의 일을 합니다. 시간이 지나면 직분자야 되겠지만 주님으로부터 회칠한 무덤 같은 자라는 엄청난 책망을 받게 될 수밖에 없습니다. 사람의 눈만 속이면 하나님의 눈도 속일 수 있다고 생각하여 자신의 꾀에 넘어가는 어리석은 자인 것입니다. 죄를 죄로 여기지 않게 되면 더 큰 죄를 짓게 되는 것입니다.

 죄를 짓고도 무감각한 자는 죄를 다시 짓습니다. 그리고 회개보다는 그 대가를 어떻게 하면 교묘하게 피할까를 생각합니다. 자신을 변명하는데 급급하게 됩니다. 물론 자신을 미화하는데 열심을 기울이게 됩니다. 죄에 대해 민감한 자가 회개할 수 있습니다. 그리고 진정한 예배자와 전도자로 거듭날 수 있습니다.

주님의 통치를 받는 거룩한 자

 하나님은 우리의 거룩함을 강하게 요구하셨습니다.
『너는 이스라엘 자손의 온 회중에게 말하여 이르라 너희는 거룩하라 이는 나 여호와 너희 하나님이 거룩함이니라』(레19:2)
 예수님은 우리의 거룩함을 위해 이 땅에 오셨고 십자가에 죽으셨습니다. 온갖 고초와 모욕을 참으시면서 견디신 이유는 바로 여기에 있습니다. 거룩하지 못한 우리가 예수님의 피로 하나님께 나아갈 수 있게 된 것입니다. 그러므로 거룩함을 추구하는 삶이야말로 은혜를 알고 감사하는 삶입니다.

그러나 예수 믿고도 거룩함과 무관한 삶을 산다면 하나님의 마음을 너무나 모르는 배은망덕한 삶을 사는 것입니다. 영원한 하나님의 통치를 받아야 할 성도들은 이 땅에 살면서 거룩함을 위해 꾸준히 노력하고 하나님께 진정으로 예배 드려야 합니다.

거룩함을 추구하는 자가 하나님께서 기뻐하시는 예배자가 되고 전도자가 될 수 있습니다.

이 세상 사는 동안 거룩함을 위해 끊임없이 노력하는 예배자가 되므로 하나님을 영화롭게 해드리며 하나님의 인도하심을 경험하는 삶을 살기를 바랍니다.

예배자 다윗

(삼상 17:41-49)

『[41] 블레셋 사람이 방패 든 사람을 앞세우고 다윗에게로 점점 가까이 나아가니라 [42] 그 블레셋 사람이 둘러보다가 다윗을 보고 업신여기니 이는 그가 젊고 붉고 용모가 아름다움이라 [43] 블레셋 사람이 다윗에게 이르되 네가 나를 개로 여기고 막대기를 가지고 내게 나아왔느냐 하고 그의 신들의 이름으로 다윗을 저주하고 [44] 그 블레셋 사람이 또 다윗에게 이르되 내게로 오라 내가 네 살을 공중의 새들과 들짐승들에게 주리라 하는지라 [45] 다윗이 블레셋 사람에게 이르되 너는 칼과 창과 단창으로 내게 나아오거니와 나는 만군의 여호와의 이름 곧 네가 모욕하는 이스라엘 군대의 하나님의 이름으로 네게 나아가노라 [46] 오늘 여호와께서 너를 내 손에 넘기시리니 내가 너를 쳐서 네 목을 베고 블레셋 군대의 시체를 오늘 공중의 새와 땅의 들짐승에게 주어 온 땅으로 이스라엘에 하나님이 계신 줄 알게 하겠고 [47] 또 여호와의 구원하심이 칼과 창에 있지 아니함을 이 무리에게 알게 하리라 전쟁은 여호와께 속한 것인즉 그가 너희를 우리 손에 넘기시리라 [48] 블레셋 사람이 일어나 다윗에게로 마주 가까이 올 때에 다윗이 블레셋 사람을 향하여 빨리 달리며 [49] 손을 주머니에 넣어 돌을 가지고 물매로 던져 블레셋 사람의 이마를 치매 돌이 그의 이마에 박히니 땅에 엎드러지니라』

예배자 다윗

　이새의 여덟 번째 아들 중 막내였던 다윗은 소년시절에 아버지의 양을 쳤습니다. 다윗은 처음에는 크게 주목 받지 못했습니다. 가족들까지도 크게 기대하지 않았습니다. 그러던 다윗이 블레셋 장수 골리앗을 쓰러뜨린 것입니다.

　골리앗은 키가 여섯 규빗으로 요즘 키로 계산하면 2미터 90센티에 해당하는 거인이요 장사였습니다. 골리앗은 모든 이스라엘 사람의 공포의 대상이었습니다. 모두 두려워서 골리앗과 싸우려 하지 않았습니다. 골리앗은 다윗을 보며 업신여겼습니다. 골리앗은 다윗과 싸우는 것 자체에 모욕감을 느꼈습니다.

『그 블레셋 사람이 둘러보다가 다윗을 보고 업신여기니 이는 그가 젊고 붉고 용모가 아름다움이라 블레셋 사람이 다윗에게 이르되 네가 나를 개로 여기고 막대기를 가지고 내게 나아왔느냐 하고 그의 신들의 이름으로 다윗을 저주하고』(삼상 17:42-43)

사람은 격이 맞는 상대와 싸워야 합니다. 그런데 어린아이가 싸우자고 덤비니 골리앗의 입장에서는 참으로 자존심이 상한 것입니다. 골리앗은 승리를 확신했습니다. 그리고 다윗의 비참한 최후를 장담했습니다. 그러나 기적 같은 일이 일어났습니다. 다윗이 골리앗을 쓰러뜨린 것입니다. 도무지 상상할 수 없는 일이 발생한 것입니다.

골리앗을 이긴 이유

다윗이 사울에게 전쟁에 내 보내 달라고 청하면서 자신이 골리앗을 이길 수 있는 이유를 말합니다.

『다윗이 사울에게 말하되 주의 종이 아버지의 양을 지킬 때에 사자나 곰이 와서 양 떼에서 새끼를 물어가면 내가 따라가서 그것을 치고 그 입에서 새끼를 건져내었고 그것이 일어나 나를 해하고자 하면 내가 그 수염을 잡고 그것을 쳐죽였나이다』(삼상 17:34-35)

다윗이 사울에게 말한 것처럼 아버지의 양 떼를 지키며, 사자나 곰이 나타나서 양을 물어 갈 때 그 입에서 양을 구하고, 다윗을 공격하면 사자나 곰의 턱을 잡고 때려 죽인 실력 때문일까요?

물론 그런 이유도 있을 것입니다. 그러나 그것이 근본적인 이유는 아닙니다. 믿음의 사람은 겉으로 드러난 것으로 평가할 수 없습니다. 다윗의 힘은 무엇이었을까요?

진정한 예배자 다윗

다윗은 다른 사람과 다른 특별한 면이 있었습니다. 그것을 다윗의 예배의 모습에서 찾을 수 있습니다.

하나님께 진정으로 예배하는 자는 하나님의 특별한 사람이기 때문입니다. 다윗은 예배에 대한 간절함을 가진 자였습니다. 다윗은 법궤가 다윗 성으로 들어올 때 있는 힘을 다해 뛰며 춤을 추었습니다. 이것을 본 아내 미갈은 마음속으로 다윗을 업신여겼다고 했습니다.

『여호와의 궤가 다윗 성으로 들어올 때에 사울의 딸 미갈이 창으로 내다보다가 다윗 왕이 여호와 앞에서 뛰놀며 춤추는 것을 보고 심중에 그를 업신여기니라』(삼하 6:16)

왕의 체면이 손상되고 아내로부터 오해받을 정도로 하나님을 찬양하는데 온 힘을 다했습니다.

다윗의 예배는 단지 분위기나 감정에 의해 좌우되는 예배가 아니었습니다. 분위기나 감정 때문이었다면 그의 예배와 삶은 분리된 이중적인 모습을 가졌을 것입니다. 그러나 그의 예배는 삶의 현장까지 이어진 것을 볼 수 있습니다. 다윗은 한 동안의 예배자가 아니라 한결같은 예배자의 삶을 살았습니다.

다윗은 하나님을 향해 진정으로 경배했습니다. 살아계신 하나님을 바보로 취급하는 블레셋을 그냥 바라만 볼 수 없었습니다. 다윗이 가장 분노한 것은 하나님의 이름이 모욕을 당하는 것이었습니다. 모든 사람이 두려워서 침묵할 때 다윗이 골리앗에 대해 묻습니다.

『다윗이 곁에 서 있는 사람들에게 말하여 이르되 이 블레셋 사람을 죽여 이스라엘의 치욕을 제거하는 사람에게는 어떠한 대우를 하겠느냐 이 할례 받지 않은 블레셋 사람이 누구이기에 살아 계시는 하나님의 군대를 모욕하겠느냐』(삼상 17:26)

다윗이 블레셋 사람이 누군데 살아계신 하나님의 군대를 모욕하느냐 고 묻고 있습니다. 다윗은 단지 민족이 당하는 수치에 대한 분노 수준을 넘어 '살아계신 하나님의 군대를 모욕하느냐'고 묻고 있습니다.

하나님의 명예를 귀하게 여기는 진정한 예배자

사람들은 자신의 명예가 더럽혀지면 견디지 못합니다. 그런데 다윗은 하나님의 명예가 더럽혀지는 것을 견딜 수 없었습니다.

그리스도의 몸인 교회가 핍박을 받고 그리스도의 이름이 더럽혀질 때 가슴을 치며 안타까워해야 합니다. 그러나 많은 성도들이 자신이 그리스도의 몸 된 교회의 지체임을 모르고 오히려 교회의 명예를 실추시키는 자들이 많음은 참으로 안타까운 일이 아닐 수 없습니다.

다윗은 사울에게 자신이 싸워야 할 이유를 말합니다. 바로 살아계신 하나님의 군대를 모욕했기 때문이었습니다.

『주의 종이 사자와 곰도 쳤은즉 살아 계시는 하나님의 군대를 모욕한 이 할례 받지 않은 블레셋 사람이리이까 그가 그 짐승의 하나와 같이 되리이다』(삼상 17:36)

이처럼 진정한 예배자는 하나님의 이름이 조롱당하는 것을 견디지 못합니다. 참된 예배자는 예배시간 뿐 아니라, 삶 속에서도 주님의 이름을 높입니다. 주님의 명예가 땅에 떨어질 때 자신의 생명을 걸고 하나님의 명예를 지키는 것입니다. 다윗은 하나님의 이름이 더럽혀질 때 분노했습니다. 그리고 당당하게 골리앗을 향해 나갔습니다.

하나님의 명예를 걸고 싸운 다윗

다윗은 하나님의 명예 때문에 싸웠습니다. 하나님을 부르고 외치다가도 실제 전쟁에서는 겁쟁이가 된 이스라엘 군인들과 달랐습니다. 모든 이스라엘 군인들은 하나님의 이름이 모욕을 당하는데도 멍하니 바라만 보고 있었습니다. 오히려 두려움에 빠져 있었습니다.

그들이 진정한 예배자들이었다면, 하나님의 군대인 이스라엘군이 모욕을 당할 때, 통곡을 하거나 가슴을 찢는 모습이라도 보여야 했을 것입니다. 그러나 그들의 모습은 오직 두려움 뿐이었습니다.

『그 블레셋 사람이 또 이르되 내가 오늘 이스라엘의 군대를 모욕하였으니 사람을 보내어 나와 더불어 싸우게 하라 한지라 사울과 온 이스라엘이 블레셋 사람의 이 말을 듣고 놀라 크게 두려워하니라』(삼상 17:10-11)

이스라엘 사람들의 '놀라'라는 말은 원래 '부서지다'라는 의미로 극도의 공포심을 표현한 것입니다. 이는 정신적으로 완전하게 압도당한 것을 말합니다. 하나님을 믿는다는 사람들이 극도의 공포심에 빠진 것입니다.

하지만 평소에 예배의 삶을 살았던 다윗은 하나님의 이름을 온 땅에 알리고 싶었습니다. 다윗은 하나님의 이름을 높여 드리고 싶었습니다.

『오늘 여호와께서 너를 내 손에 넘기시리니 내가 너를 쳐서 네 목을 베고 블레셋 군대의 시체를 오늘 공중의 새와 땅의 들짐승에게 주어 온 땅으로 이스라엘에 하나님이 계신 줄 알게 하겠고』(삼상 17:46)

다윗은 살아계신 하나님의 이름을 만방에 알리고 싶은 간절함으로 골리앗에게 나갔습니다. 다윗은 하나님의 이름의 명예를 걸고 싸웠습니다.

『다윗이 블레셋 사람에게 이르되 너는 칼과 창과 단창으로 내게 나아오거니와 나는 만군의 여호와의 이름 곧 네가 모욕하는 이스라엘

군대의 하나님의 이름으로 네게 나아가노라』(삼상 17:45)

다윗은 통쾌하게 승리했습니다. 모든 이스라엘 사람들의 마음을 시원하게 해 준 승리였습니다.

다윗의 승리는 하나님을 향한 경배에서부터 시작되었습니다. 우리는 하나님을 향한 진정한 경배자가 되어야 합니다.

세계 제2차 대전 때에 독일 그리스도인이었던 '디트리히 본회퍼'는 그의 나이 서른 아홉, 2차 대전이 거의 끝나갈 무렵 히틀러와 나치에 맞서 교수형을 당했습니다. 그는 옥중일기에서 이렇게 고백했습니다.

'이것은 삶의 끝이지만, 내게는 삶의 시작이다.'

독일의 나치는 그의 몸은 죽일 수 있었지만 그의 경배는 멈추게 할 수 없었던 것입니다.

아무도 가로막을 수 없는 진정한 예배자

하나님을 경배한 다윗의 앞을 아무도 가로막을 수 없었습니다. 누가 하나님께 경배하는 것을 가로막을 수 있겠습니까?

경배를 방해하는 첫 번째 이유는 바로 자신입니다. 살아계신 하나님에 대한 확신이 없는 경우입니다. 다윗은 분명한 확신을 가지고 있었습니다. 확신 없이 이룰 수 있는 일은 아무 것도 없습니다.

둘째는, 가까운 가족이나 이웃입니다. 여기는 믿음의 형제라고 하는 자들도 포함됩니다. 다윗이 골리앗과의 싸움으로 하나님을 경배하는 것을 방해한 자들을 살펴보십시오.

먼저 큰 형 엘리압을 보세요.

다윗이 골리앗의 조롱에 대해 이스라엘 사람들에게 묻는 것을 보고 형들이 가당치 않게 보고 있습니다. 다윗의 형들이 다윗의 경배의 마음을 무시하고 있습니다. 다윗이 자원하는 모습을 보고 큰 형 엘리압이 다윗에게 화를 내며 '왜 너는 여기에 내려 왔느냐? 너는 들에 있는 몇 마리 양들을 누구에게 맡겨 놓았느냐? 나는 네 오만과 네 마음의 악함을 안다. 참으로 너는 전쟁을 구경하러 내려온 것이다' 라고 말했습니다. 다윗의 모습은 엘리압에게 기가 찬 모습이었습니다.

『큰형 엘리압이 다윗이 사람들에게 하는 말을 들은지라 그가 다윗에게 노를 발하여 이르되 네가 어찌하여 이리로 내려왔느냐 들에 있는 양들을 누구에게 맡겼느냐 나는 네 교만과 네 마음의 완악함을 아노니 네가 전쟁을 구경하러 왔도다』(삼상 17:28)

또한 경배의 방해자는 사울왕입니다.

이스라엘 명장 사울왕 앞에 선 소년 다윗은 당돌한 말을 합니다. '그 사람 때문에 어떤 사람도 낙담해서는 안 됩니다. 왕의 종이 가서 이 블레셋 사람과 싸우겠습니다.'

이 말에 대해 사울은 아주 부정적인 대답으로 말리고 있습니다.

『사울이 다윗에게 이르되 네가 가서 저 블레셋 사람과 싸울 수 없으리니 너는 소년이요 그는 어려서부터 용사임이니라』(삼상 17:33) 그러나 그 누구도 다윗의 용기는 막을 수 없었습니다. 살아계신 하나님께 예배드리며 경험한 하나님에 대해 추호의 의심도 없는 다윗을 그 누구도 말릴 수가 없었던 것입니다.

진정한 예배자가 용감한 복음 전도자

다윗이 전쟁에 나간 것은 복수심 때문이 아니었습니다. 미움 때문도 아니었습니다. 단지 이스라엘 백성을 구하기만도 아니었습니다. 그것은 바로 하나님의 이름을 널리 알기기 위함이었습니다.

평소 찬양으로 하나님을 경외했던 다윗은 살아계신 하나님의 능력을 의지하여 골리앗에게 승리하므로 살아계신 하나님의 이름을 온 땅에 알리고 싶었던 것입니다. 진정한 경배자 다윗은 용감한 전도자였습니다. 그야말로 자신의 생명을 걸고 살아계신 하나님을 전한 것입니다.

『오늘 여호와께서 너를 내 손에 넘기시리니 내가 너를 쳐서 네 목을 베고 블레셋 군대의 시체를 오늘 공중의 새와 땅의 들짐승에게 주어 온 땅으로 이스라엘에 하나님이 계신 줄 알게 하겠고』(삼상 17:46)

다윗은 하나님께서 구원자이심을 분명하게 알리고 싶었습니다. 두려움에 빠진 자들에게 하나님에 대한 확신을 보여 주고 싶었습니다. 세상의 칼과 창을 숭상하는 사람들에게 하나님의 힘을 보여 주고 싶었던 것입니다. 이 세상 사람들이 숭상하는 힘이 얼마나 무기력한가를 사람들에게 보여 주고 싶었던 것입니다.

모든 사람에게 평안과 기쁨을 주는 진정한 예배자

골리앗 때문에 두려워 떨었던 이스라엘 사람들은 환호성이 터졌습니다. 사기가 올랐고, 블레셋을 일시에 격파했습니다. 하나님을 바르게 경배한 다윗은 애국자였던 것입니다.

3.1 운동에 참가한 대표 33명 중 16명이 기독교인이었습니다. 진정한 예배자가 나라와 민족을 사랑합니다.

다윗이 골리앗과 싸운 것은 자신의 힘을 보여주기 위함이 아니었습니다. 전쟁에서 승리하므로 영웅이 되기 위함이 아니었습니다. 하나님의 능력으로 승리하므로 살아계신 하나님의 힘을 보여주고 싶었던 것입니다. 모든 사람이 하나님 앞에 무릎을 꿇고 찬양하는 것을 보고 싶었던 것입니다. 그리고 하나님을 통해 완벽한 승리가 있고 기쁨과 평안이 있음을 보여 주고 싶었던 것입니다. 그렇습니다. 진정한 예배자는 모두에게 평안과 기쁨을 안겨 주는 것입니다.

이것이 하나님을 경배하는 다윗의 깊은 마음이었습니다. 하나님의 이름이 높임을 받으시는 것으로만 만족한 다윗은 물맷돌로 기적같이 승리했습니다.

진정한 예배자가 하나님의 일에 쓰임 받습니다.

하나님이 일하시면 그것은 인간에게 모두 기적입니다. 다윗이 골리앗을 이긴 것은 기적이라고 할 수 있습니다.

하나님은 예배자의 마음을 보고 감동하시고 일하십니다. 많은 사람이 하나님을 알고, 하나님으로 인해 평안을 소유했습니다.

다윗은 입술과 삶을 통해 하나님을 찬양했습니다. 진정한 경배자였던 것입니다.

하나님을 바르게 경배하므로 우리 앞에 있는 골리앗을 격파하고 모든 사람에게 살아계신 하나님을 알리고 평안과 소망을 주는 여러분이 되시기를 바랍니다.

예배와 인생

(창 4:3-16)

『[3] 세월이 지난 후에 가인은 땅의 소산으로 제물을 삼아 여호와께 드렸고 [4] 아벨은 자기도 양의 첫 새끼와 그 기름으로 드렸더니 여호와께서 아벨과 그의 제물은 받으셨으나 [5] 가인과 그의 제물은 받지 아니하신지라 가인이 몹시 분하여 안색이 변하니 [6] 여호와께서 가인에게 이르시되 네가 분하여 함은 어찌 됨이며 안색이 변함은 어찌 됨이냐 [7] 네가 선을 행하면 어찌 낯을 들지 못하겠느냐 선을 행하지 아니하면 죄가 문에 엎드려 있느니라 죄가 너를 원하나 너는 죄를 다스릴지니라 [8] 가인이 그의 아우 아벨에게 말하고 그들이 들에 있을 때에 가인이 그의 아우 아벨을 쳐죽이니라 [9] 여호와께서 가인에게 이르시되 네 아우 아벨이 어디 있느냐 그가 이르되 내가 알지 못하나이다 내가 내 아우를 지키는 자니이까 [10] 이르시되 네가 무엇을 하였느냐 네 아우의 핏소리가 땅에서부터 내게 호소하느니라 [11] 땅이 그 입을 벌려 네 손에서부터 네 아우의 피를 받았은즉 네가 땅에서 저주를 받으리니 [12] 네가 밭을 갈아도 땅이 다시는 그 효력을 네게 주지 아니할 것이요 너는 땅에서 피하며 유리하는 자가 되리라 [13] 가인이 여호와께 아뢰되 내 죄벌이 지기가 너무 무거우니이다 [14] 주께서 오늘 이 지면에서 나를 쫓아내시온즉 내가 주의 낯을 뵈옵지 못하리니 내가 땅에서 피하며 유리하는 자가 될지라 무릇 나를 만나는 자마다 나를 죽이겠나이다 [15] 여호와께서 그에게 이르시되 그렇지 아니하다 가인을 죽이는 자는 벌을 칠 배나 받으리라 하시고 가인에게 표를 주사 그를 만나는 모든 사람에게서 죽임을 면하게 하시니라 [16] 가인이 여호와 앞을 떠나서 에덴 동쪽 놋 땅에 거주하더니.』

예배와 인생

인생을 성공적으로 사는 사람과 실패하는 사람 모두 반드시 이유가 있습니다.

우리는 성공적인 삶을 원합니다. 그렇다면 실패의 원인을 미리 제거하면 됩니다. 그러면 성공적인 삶을 살게 될 것입니다.

이 세상 최초의 사건은 우리에게 주시는 강력한 메시지로 큰 교훈과 깨달음을 줍니다.

아담과 하와의 두 아들은 모두 하나님께 제사를 드렸으나 하나님께서는 아벨의 제사는 받으시고 가인의 제사는 받지 않으셨습니다. 우리는 여기서 하나님께서 받으시는 예배와 받지 않으시는 예배가 있다는 사실을 알 수 있습니다. 예배에 참여 한다고 해서 모든 예배를 다 받으시는 것이 아님을 알아야 합니다.

인류 최초의 살인

하나님께 드린 예배 이후 인류 최초의 살인이라는 무서운 사건이 생깁니다. 그것도 형이 동생을 죽인 사건입니다. 이 사실을 통해 인간의 악한 모습을 두 가지로 살펴볼 수 있습니다.

첫 번째는 죄의 결과가 얼마나 끔찍한 결과를 가져오는지 알 수 있습니다. 두 번째로 선에 대한 악의 박해입니다.

이 땅의 역사를 살펴보면 악은 언제나 선을 핍박하고, 선은 박해 받았습니다. 이런 내용은 한국의 전래 동화에서도 살펴볼 수 있습니다. 팥쥐가 콩쥐를 미워하고 핍박했으며, 놀부가 흥부를 괴롭혔습니다. 그런데 요즘 사람들은 놀부를 더 좋아한다고 합니다. 사람들이 날로 악해져 가고 있는 모습이라 할 수 있습니다. 인류 역사 이래로 악은 선을 향해 파괴하고 폭력성을 드러냈습니다. 악은 결국 가장 악한 범죄인 살인을 범하게 됩니다.

하나님의 징계

하나님께서는 가인의 살인 현장을 바라보고 계셨습니다. 하나님께서 주신 생명을 빼앗는 가인의 잔인성을 보셨고 가인은 무서운 살인의 대가를 받고 있습니다. 가인은 모든 것으로부터 배척을 당하게 됩니다.

먼저 이 땅에서 배척을 당하고 죄의식에 사로잡혀 평생 쫓기는 도망자의 삶을 살게 됩니다.

『네가 밭을 갈아도 땅이 다시는 그 효력을 네게 주지 아니할 것이요 너는 땅에서 피하며 유리하는 자가 되리라 가인이 여호와께 아뢰되 내 죄벌이 지기가 너무 무거우니이다』(창 4:12-13)

'유리하는 자' 란 '도망자, 피난자' 가 된다는 것을 말합니다. 가인은 도망자로 삶을 마감하게 됩니다.

땅이 효력을 주지 않을 것이라고 말씀하셨습니다. 이는 생업의 안정을 찾지 못할 것임을 말씀하신 것입니다. 가인은 농사를 지으며 살았습니다. 그런데 '땅이 다시는 효력을 주지 아니한다' 는 것은 노력한대로 소산물을 얻을 수 없다는 것을 말씀하신 것입니다. 우리가 공급을 받고 사는 것은 하나님의 권세에 있음을 알아야 합니다.

『여호와는 가난하게도 하시고 부하게도 하시며 낮추기도 하시고 높이기도 하시는도다』(삼상 2:7)

두 번째, 이웃에 대한 두려움입니다.

사람들로부터 따돌림을 당하는 것은 두려운 일입니다. 가인은 평생 이웃에 대한 두려움을 안고 살게 됩니다. 사람을 두려워하며 비참하게 살게 된 것입니다. 하나님은 이런 와중에서 가인에게 은혜를 베풀어 주셨습니다. 죽임은 면케 해 주시겠다고 하셨습니다.

그 뿐 아니라 가인은 하나님과 단절된 삶을 살게 됩니다.

인생에게 있어 가장 중요한 것은 하나님과의 관계입니다. 가인은 비로소 하나님을 알게 되고 하나님과 단절된 삶이 얼마나 무서운가를 알게 된 것입니다. 하나님과의 관계가 단절되면 하나님의 인도하심과 보호를 받을 수 없게 됩니다. 이는 가인이 하나님의 간섭과 하나님 말씀을 귀중하게 생각하지 않고 산 결과로, 가인은 평생 중한 죄벌 가운데 살게 된 것입니다.

가인은 하나님 앞에서 쫓겨나 에덴의 동쪽에서 살게 되는데, 두려움과 고통 가운데 살게 됩니다. 그리고 가인의 죄는 계속해서 죄악을 확산시키는 역할을 합니다. 그의 후손들이 죄악을 퍼뜨린 것입니다. 창세기 4장 17-26절에서 가인의 후예들이 죄악된 문화를 발전시켜 급속도로 확산시키는 것을 보게 됩니다.

가인의 실패 이유

가인의 실패는 바로 예배의 실패에서부터 시작됩니다.

웹스터 사전에는 예배의 정의를 '초월자에게 경배와 고백과 기도와 감사를 통하여, 초월자를 향한 존경과 숭배하는 마음과 경의를 표하는 것'이라고 정의하고 있습니다. 그러므로 예배는 '예수 그리스도로 거듭난 사람이 예수님의 구속 사역을 생각하면서 살아계신 하나님께 감사와 영광과 찬양을 성령의 인도하심을 따라 올려 드리는 것'을 말합니다.

가인과 아벨이 하나님께 제물을 드렸습니다. 그런데 아벨의 제물은 기쁘게 받으셨습니다. 왜 기쁘게 받으셨을까요?

아벨은 양의 첫 새끼를 드렸는데 이는 가장 귀한 것을 드렸다는 것입니다. 예배 영어 단어 Worship은 '가치를 어떤 상대에게 돌린다'는 뜻입니다. 최상의 가치 최고의 가치를 올려 드린다는 뜻입니다.

히브리서 11장 4절에는 『믿음으로 아벨은 가인보다 더 나은 제사를 하나님께 드림으로 의로운 자라 하시는 증거를 얻었으니 하나님이 그 예물에 대하여 증언하심이라 그가 죽었으나 그 믿음으로써 지금도 말하느니라』고 말씀하고 있습니다.

아벨은 믿음으로 제사를 드렸다고 말씀합니다. 다시 말해 하나님께 마음을 다해 드렸다는 것입니다.

하나님은 아벨의 제사를 받으실 때 제물 이전에 마음을 받으셨다는 것입니다. 마음의 상태가 중요합니다. 하나님은 마음의 상태를 보시고 아벨의 제물을 받으시고, 가인의 제물은 거부하신 것입니다.

또한 평상시의 삶이 제물이 될 수 있음을 알 수 있습니다. 가인의 평상시의 삶이 하나님의 마음을 기쁘시게 해 드리지 못했다고 볼 수 있습니다. 가인이 예배 후 화를 내고 아벨을 살해한 것으로 봐서 평상시의 삶 역시 하나님 마음에 들지 않았을 것입니다. 삶이 형편

없었던 가인은 믿음으로 드리지 않았습니다. 단지 형식적인 예배를 하나님께 드렸고, 하나님께서는 예배를 받지 않으셨습니다.

하나님은 언제나 마음부터 살피십니다. 제물도 중요하지만 일상적인 삶도 중요합니다. 성경에 나오는 믿음의 사람들은 삶을 인정받음으로 삶의 예배를 드린 자들입니다.

예배에 성공하면 인생도 성공합니다

우리는 언제나 하나님의 뜻이 무엇인가를 살피고, 우리 마음에 순수한 동기를 가져야 합니다. 하나님은 마음이 담긴 예배를 기쁘시게 받으시기 때문입니다.

『아버지께 참되게 예배하는 자들은 영과 진리로 예배할 때가 오나니 곧 이 때라 아버지께서는 자기에게 이렇게 예배하는 자들을 찾으시느니라 하나님은 영이시니 예배하는 자가 영과 진리로 예배할지니라』(요 4:23-24)

예배에 성공하면 인생도 성공합니다. 예배에 성공한 솔로몬은 가장 지혜로운 왕으로 부귀영화를 한 몸에 누렸습니다.

믿음의 사람은 예배의 사람이었습니다. 아브라함, 이삭, 야곱, 모두 예배의 사람이었습니다. 다니엘은 사자굴에 들어가면서까지 하나님을 경배했습니다.

예배에 마음을 다하고 열심을 다하면 인생도 성공합니다. 예배를 소홀히 하는 것은 대단히 큰 잘못을 범하는 것입니다. 마음 없이, 사랑 없이, 성의 없이 예배드린 가인은 누리고 있던 것들까지 모두 빼앗기고 말았습니다.

회복의 기회를 놓치지 마라

하나님께서 아벨의 예배를 받으시고 가인의 예배를 거부하시자 가인은 매우 화가 나서 안색이 변합니다(창 4:5). 가인이 자신의 제물을 하나님께서 받지 않으셨을 때, 자신의 문제점을 묻고 회개했다면 다시 기회가 있었을 것입니다.

하나님은 우리의 잘못을 보시고 반드시 기회를 주십니다. 그러나 기회를 사용하지 못하면 후회하게 됩니다.

가인은 자신의 문제를 살피기보다는 매우 화가 나서 안색이 변했습니다. 안색이 변했다는 히브리어 '이플루 파나우'라는 뜻은 '극심한 분노나 불만으로 안면 근육이 경직된 것'을 말합니다.

자신을 살피지 않게 되면 더욱 하나님의 뜻을 거스르게 되고 악한 행동을 하게 됩니다. 우리는 우리의 잘못이나 부족함을 인정하는데 인색해서는 안 됩니다. 잘못을 인정할 기회는 반드시 있습니다. 그러나 그 기회를 놓치면 엄청난 고통을 받게 됩니다.

성경에 나오는 탕자가 자신의 잘못을 인정하고 그 대가를 받겠다고 결단한 순간 그의 삶은 다시 이전 상태로 회복됩니다.

『지금부터는 아버지의 아들이라 일컬음을 감당하지 못하겠나이다 나를 품꾼의 하나로 보소서 하리라 하고』(눅 15:19)

탕자는 자신이 이렇게 된 것이 자신을 유혹한 친구나 여자들이라고 핑계 하지 않았습니다. 탕자는 지혜로왔습니다. 자신의 잘못을 깨달은 것입니다.

결국 인생의 책임은 자신이 지게 되어 있습니다.

우리가 하나님 앞에서 심판 당할 때, 우리 주변의 사람들과, 환경 그리고 상황이 참작되지 않는다는 것입니다. 책임은 자신이 져야 하는 것입니다.

인생을 파멸시키는 첫 번째 함정을 피해야 합니다.

먼저 내 자신의 노력은 잊어 버려야 합니다. 가인이 제물을 드리기 위해 수고한 것은 잊어버려야 했습니다. 그래도 내가 하나님께 제물을 드렸는데 이렇게 대하실 수 가 있느냐는 마음을 가질 수 있습니다.

오늘날 많은 사람들이 자신의 잘못을 인정하지 못하는 이유가 바로 섭섭한 마음을 가지기 때문입니다. 최선을 다했어도 하나님께서 받지 않으시면 자신이 잘못된 것이기에 잘못을 인정해야 합니다. 가인은 자신이 제물을 드린 것만 생각하고 하나님의 마음은 헤아리지 못했습니다. 그래서 오히려 안색이 변한 것입니다.

내 공로, 내 노력, 그리고 모든 것이 나로부터 나왔다고 생각하는 것은 굉장히 위험한 생각입니다. 내가 섬길 수 있는 것과, 풍성한 열매가 하나님의 은혜라는 것을 알고 감사해야 합니다.

사도 바울은 이런 면에서 대단한 사람이었습니다. 그의 수고와 섬김을 결코 자랑하지 않았습니다. 더 많이 수고하고, 더 많이 섬겼지만, 결코 자신의 힘으로 했다고 말하지 않았습니다.

『그러나 내가 나 된 것은 하나님의 은혜로 된 것이니 내게 주신 그의 은혜가 헛되지 아니하여 내가 모든 사도보다 더 많이 수고하였으나 내가 한 것이 아니요 오직 나와 함께 하신 하나님의 은혜로라』 (고전 15:10)

자신의 수고를 누가 알아주지 않아도 결코 실망하거나 섭섭해 할 이유가 없었습니다. 그것은 바로 하나님의 능력으로 행했기 때문입니다.

그러나 가인은 자신의 것으로 드리고, 자신의 힘으로 했다는 것 때문에 자신의 수고와 노력에 집착했습니다. 이것이 파멸의 시작이었던 것입니다.

인생을 파멸 시키는 두 번째 함정을 피해야 합니다.

결코 남을 탓하지 말아야 합니다. 남의 탓을 잘하는 사람은 자신의 인생을 가인처럼 몰고 갈 가능성이 있는 사람입니다. 누구 때문에 내 인생이 이렇게 되었다고 생각해서는 안 됩니다. 내 잘못이라고 생각해야 합니다.

가인의 문제는 전적으로 자신의 문제였습니다. 그러나 가인은 자신의 잘못을 아벨 때문이라고 생각한 것입니다. 그리고 동생 아벨을 죽이는 비극적인 사건이 일어납니다.

『가인이 그의 아우 아벨에게 말하고 그들이 들에 있을 때에 가인이 그의 아우 아벨을 쳐죽이니라』(창 4:8)

 가인이 아벨을 죽인 것은 우발적인 행동이 아니라 죽일 의도를 가지고 계획적인 살인을 한 것입니다. 가인이 아벨을 탓하는 순간 미움으로 바뀌고 결국 살인에까지 이르게 된 것입니다.

인생을 파멸 시키는 세 번째 함정을 피해야 합니다.

 잘못을 솔직하게 인정해야 합니다. 하나님께서는 가인이 살인한 후 질문을 하셨습니다. 하나님께서 질문하신 이유는 무엇이었을까요? 그것은 자신의 잘못을 솔직하게 인정하고 회개하기를 원하신 것입니다. 회개의 기회를 주셨지만 가인은 외면하고 말았습니다. 하나님의 질문에 오히려 더 강퍅하게 대답했습니다.

『여호와께서 가인에게 이르시되 네 아우 아벨이 어디 있느냐 그가 이르되 내가 알지 못하나이다 내가 내 아우를 지키는 자니이까 이르시되 네가 무엇을 하였느냐 네 아우의 핏소리가 땅에서부터 내게 호소하느니라』(창 4:9-10)

 어떤 유명한 의사가 의학도들에게 소독의 중요성을 가르쳤습니다. "비록 수술기계를 아무리 잘 만들었다고 해도 소독을 깨끗하게 하지 않으면 치료하기 위해 만든 기계가 살인 기계가 될 수밖에 없다"

가인은 허망하게 회개의 기회를 놓치고 말았습니다.

예배의 실패자 가인은 떠돌이가 되었고 하나님과 모든 사람으로부터 배척을 당한 비극적인 사람으로 이 세상의 삶을 마치게 됩니다.

예배의 실패자 가인을 통해 우리에게 주시는 메시지가 있습니다.

예배의 성공은 곧 인생의 성공이라는 것입니다.

예배를 귀하게 여기십시오. 예배에 열심히 참석하고 마음을 다해 예배드리십시오.

예배 중심의 삶을 살면 행복을 누리며 살게 됩니다.

예배의 축복을 누리며 살기를 바랍니다.

예배와 리더

(욥 1:1-5)

『[1] 우스 땅에 욥이라 불리는 사람이 있었는데 그 사람은 온전하고 정직하여 하나님을 경외하며 악에서 떠난 자더라 [2] 그에게 아들 일곱과 딸 셋이 태어나니라 [3] 그의 소유물은 양이 칠천 마리요 낙타가 삼천 마리요 소가 오백 겨리요 암나귀가 오백 마리이며 종도 많이 있었으니 이 사람은 동방 사람 중에 가장 훌륭한 자라 [4] 그의 아들들이 자기 생일에 각각 자기의 집에서 잔치를 베풀고 그의 누이 세 명도 청하여 함께 먹고 마시더라 [5] 그들이 차례대로 잔치를 끝내면 욥이 그들을 불러다가 성결하게 하되 아침에 일어나서 그들의 명수대로 번제를 드렸으니 이는 욥이 말하기를 혹시 내 아들들이 죄를 범하여 마음으로 하나님을 욕되게 하였을까 함이라 욥의 행위가 항상 이러하였더라』

예배와 리더

매력적인 사람은 사람들의 마음을 사로잡습니다.

하나님의 마음을 사로잡은 매력적인 사람이 있었습니다. 바로 욥입니다. 하나님께서 사단에게 욥을 자랑하실 정도니 욥이 얼마나 하나님 마음에 들었는지 알 수가 있습니다.

『여호와께서 사탄에게 이르시되 네가 내 종 욥을 주의하여 보았느냐 그와 같이 온전하고 정직하여 하나님을 경외하며 악에서 떠난 자는 세상에 없느니라』(욥 1:8)

하나님의 마음을 사로잡은 욥의 매력은 무엇이었을까요?

욥의 매력

그 첫 번째는 온전함이었습니다.

이는 욥에게서는 흠을 찾아 볼 수 없었다는 것입니다. 욥의 마음은 선한 것으로 가득 차 있었습니다.

이웃에게 해를 끼치고 피해를 주는 사람은 참으로 많습니다. 마음이 악한 것으로 가득차면 주변 사람들에게 고통과 아픔을 줍니다.

우리 주변에는 너무나 끔찍한 사건들이 많이 일어나고 있습니다. 사람들을 놀라게 했던 '나영이 사건'은 차마 상상할 수 없는 끔찍한 범죄였습니다. 이 사건은 악한 것으로 마음을 채울 때 얼마나 비극적인 일이 일어날 수 있는가를 보여 준 사건입니다.

마음에 선한 것으로 가득 찬 사람은 이웃에게 유익을 줍니다. 욥은 다른 사람에게 유익을 주는 사람이었습니다.

두 번째는 정직함이었습니다.

욥은 생각이나 행동에서 하나님의 기준에서 벗어나지 아니한 사람이었습니다. 욥은 욕심 때문에 사람을 속이거나 거짓된 삶을 살지 않았습니다. 욥은 매사에 하나님의 눈을 의식해서 하나님 앞에서 행동했습니다. 하나님은 정직한 사람을 찾고 계십니다.

어느 가난한 농사꾼이 두 자녀를 키우고 살았습니다. 하루 일당을 받아서 제과점에 가서 빵을 사와서 자녀들과 함께 먹다가 빵 속에 동전이 있는 것을 발견하고는 빵집의 늙은 주인을 찾아가서 돌려주었습니다.

주인은 아주 기뻐하며 '내가 당신 같은 사람을 찾기 위해 몇 년간 노력했는데 이제 당신을 찾게 되어 정말 기쁩니다. 우리 빵 공장 지배인으로 와 주십시오. 그리고 제가 죽으면 이 제과점은 당신에게 물려주겠소' 라고 말했다고 합니다.

살아계신 하나님의 존재를 인정하는 사람은 정직한 삶을 추구합니다. 욥의 온전함과 정직함은 어떤 철학이나 사상에서 나온 것이 아니라 하나님을 경외함으로부터 시작되었습니다.

'경외' 에 해당하는 단어의 공통적인 뜻은 두려움입니다. 경외는 성도들이 가져야 할 첫 번째 요소입니다.

욥이 살아계신 하나님을 두려워한 것은 하나님을 절대적인 주권자로 인정했다는 것입니다. 하나님을 살아계신 하나님으로 인정했기에 온전한 마음을 가지고 정직하게 산 것입니다.

하나님을 경외하는 마음을 가진 자에게 하나님은 마음을 주시고, 기쁘게 받아 주십니다.

『각 나라 중 하나님을 경외하며 의를 행하는 사람은 다 받으시는 줄 깨달았도다』(행 10:35)

하나님을 경외하는 자에게 주시는 선물

하나님을 경외하는 자를 위해 생각지 않은 선물까지 주십니다.

하나님께서 주시는 첫 번째 선물은 선택에 대한 지혜입니다. 사람들은 이 땅에서 선택의 연속입니다. 수많은 행동의 선택, 진로와 결혼 그리고 미래의 여러 사건의 선택입니다. 선택을 잘못해서 한 평생 아파하고 후회하는 사람들은 참으로 많습니다. 그러나 올바른 선택은 인생의 미래를 바꿉니다. 하나님을 경외할 때 가장 올바른 선택을 하도록 하나님께서 간섭해 주십니다.

『여호와를 경외하는 자 누구냐 그가 택할 길을 그에게 가르치시리로다』(시 25:12)

하나님께서 주시는 두 번째 선물은 큰 은혜를 베풀어 주신다는 것입니다. 하나님께서는 우리를 위해 큰 은혜를 쌓아두고 계십니다. 그 은혜를 아무나 받을 수 없습니다. 하나님을 경외하는 자가 받게 됩니다.

『주를 두려워하는 자를 위하여 쌓아 두신 은혜 곧 주께 피하는 자를 위하여 인생 앞에 베푸신 은혜가 어찌 그리 큰지요』(시 31:19)

하나님을 경외하는 자에게 인간이 도무지 상상할 수 없는 때에 하나님의 방법으로 주시는 복을 말합니다. 하나님께서 주시는 것은 측량할 수 없을 만큼 무한하고 풍성합니다.

예배의 사람 욥

하나님을 경외한 욥은 하나님의 마음에 드는 예배를 드렸습니다. 욥의 예배는 모든 성도들이 배워야 할 모델이라고 할 수 있습니다. 욥은 예배로 악을 이겼습니다. 욥은 마음에 걸리는 조그만 죄악도 그냥 지나치지 않았습니다. 혹시 자신도 모르는 사이에 지은 죄가 없는지 살피는 민감한 자였습니다. 잔치가 끝날 때마다 자녀들과 함께 아침 일찍 일어나 번제를 드림으로 몸과 마음을 깨끗하게 하였습니다. 행여 자녀들이 마음으로 죄를 짓거나 하나님을 저주했을지 모른다고 생각하고 제사를 드렸던 것입니다.

『그들이 차례대로 잔치를 끝내면 욥이 그들을 불러다가 성결하게 하되 아침에 일어나서 그들의 명수대로 번제를 드렸으니 이는 욥이 말하기를 혹시 내 아들들이 죄를 범하여 마음으로 하나님을 욕되게 하였을까 함이라 욥의 행위가 항상 이러하였더라』(욥 1:5)

죄악은 우리를 지배하고 우리의 삶을 파괴시키려고 합니다. 욥이 죄악을 이길 수 있었던 것은 바로 예배였습니다.

욥은 죄가 마음을 주장하는 것을 용납할 수 없었습니다. 욥은 잠시라도 죄와 함께 할 수 없었던 것입니다. 마음으로 범한 죄까지 용서 받기를 원한 것은 욥이 얼마나 하나님의 은혜를 사모했는지 알 수가 있습니다. 죄를 이길 때, 하나님과 지속적인 교제가 계속된다는 사실을 알고, 죄악을 이기고 하나님을 기쁘시게 해 드린 욥의 예배를 우리는 배워야 합니다.

　죄를 회개하므로 하나님의 크신 은혜를 사모하십시오. 죄가 하나님의 은혜를 가로막기 때문입니다. 죄 사함 받기를 간절히 원할 때, 하나님께서 은혜 주심을 기억해야 합니다.
　그리고 욥은 마음을 다하고 정성을 다해 예배를 드렸습니다. 욥은 마음까지라도 범죄한 것을 용서 받고 싶었습니다. 건성으로 드린 예배가 아니라 진정으로 예배드린 것입니다. 마음을 다해 온 정성으로 예배를 드린 것입니다.

　하나님께서는 성의 없이 예배 드리는 많은 사람을 보시며 진정으로 예배드리는 자를 찾고 계십니다. 예배드릴 때는 마음이 분주하거나 산만해서는 안 됩니다. 주님의 은혜를 구하는 간절함으로 드려야 합니다. 그러기 위해서는 마음부터 철저하게 준비해서 드려야 합니다.

동방에서 가장 큰 부자 욥

　욥은 엄청난 부자였습니다. 그 당시 동방에서 최고의 부자였습니다. 욥이 가진 양, 소, 나귀, 그리고 많은 종은 그가 어느 정도 부자였는지를 보여줍니다. 그 당시 부는 경제적인 힘 뿐 아니라 정치적인 힘도 함께 가지고 있었음을 의미합니다. 욥은 동방에서 가장 큰 자로 막강한 영향력을 가진 지도자였습니다.

『그의 소유물은 양이 칠천 마리요 낙타가 삼천 마리요 소가 오백 겨리요 암나귀가 오백 마리이며 종도 많이 있었으니 이 사람은 동방 사람 중에 가장 훌륭한 자라』(욥 1:3)

욥의 재물관은 우리에게 큰 도전과 깨우침을 줍니다. 물질 자체를 하나님의 축복이라고 생각하는 사람들은 물질의 어려움을 당할 때 하나님을 원망하게 됩니다. 그러나 욥은 부와 재물이 하나님께로부터 온다고 믿었기에 재물 때문에 교만하거나 자랑하지 않았습니다.

대게 물질이 많아지면 하나님과 멀어지는 경우가 많지만, 재물과 자녀까지 다 빼앗기고 빈손이 된 후의 욥의 고백은 우리의 마음에 큰 감동을 줍니다.

욥은 자신의 재물을 다 잃고 고백했습니다. '내 어머니 배속에서 벌거벗은 채로 나왔으니 벌거벗은 채로 돌아갑니다. 주시고 가져가시는 분이 여호와시니 여호와의 이름이 찬양을 받으시기 바랍니다'

재물의 주관자는 하나님이십니다. 하나님께서 주신 재물 때문에 하나님을 멀리하는 어리석음을 범하지 말고 오히려 하나님께 더 가까이 나아갈 때 재물보다 값진 하나님의 사랑을 경험할 수 있을 것입니다.

재물이 결단코 신이 되어서는 안 됩니다. 재물의 산을 넘어야 재물과 비교할 수 없는 하나님의 은혜를 경험할 수 있음을 기억해야 합니다.

『한 사람이 두 주인을 섬기지 못할 것이니 혹 이를 미워하고 저를 사랑하거나 혹 이를 중히 여기고 저를 경히 여김이라 너희가 하나님과 재물을 겸하여 섬기지 못하느니라』(마 6:24)

상황을 초월한 예배자 욥

우리 인생이 이 땅에서 누리는 모든 것은 하나님의 선물임을 알 때, 진정한 예배자가 될 수 있습니다.

욥은 어떤 상황에서도 흔들림 없이 예배를 드렸습니다. 자신의 모든 소유를 빼앗기고도 예배를 드렸습니다. 그 많은 재물을 하나님께서 자신에게 맡겨 주신 것에 대해 감사한 것입니다.

우리도 이 땅에서 소유하고 누리는 모든 것이 하나님께서 주신 선물임을 깨달아야 합니다. 솔로몬도 말년에야 그 사실을 깨달았습니다.

『사람마다 먹고 마시는 것과 수고함으로 낙을 누리는 그것이 하나님의 선물인 줄도 또한 알았도다』(전 3:13)

그러나 욥은 이미 그 사실을 알고 살았습니다. 때가 되면 모든 것을 내려놓고 다시 돌려 드려야 합니다. 그러므로 욥처럼 하나님께서 모든 것을 가져 가셨지만, 내게 맡겨 주신 것에 감사하고 진정으로 예배드릴 수 있다면 하나님께서 기뻐하시는 예배자라고 할 수 있을 것입니다.

포기할 수 있는 힘

욥은 포기할 수 있는 힘을 가진 자였습니다. 사람들은 한 번 가진 것은 놓치 않으려고 합니다. 그러나 욥은 포기할 수 있는 힘을 가지고 있었습니다.

포기하지 못하면 원망하고 저주하게 됩니다. 인생은 결국 이 땅에서 붙잡았던 모든 것을 포기해야 할 시간이 있습니다. 모두 놓고 가야 합니다. 하나님께서 주셨다가 시간이 되면 모든 것을 가져가십니다. 욥은 이 사실을 알았습니다. 마음 속 깊이 인식하고 산 것입니다.

하나님은 모든 것의 주인이십니다. 우리 인생은 청지기일 뿐, 우리가 영원히 가질 수 있는 것은 아무 것도 없습니다. 포기할 수 있는 힘을 가졌기에 욥은 모든 것을 빼앗긴 상황에서도 예배를 드렸습니다.

하나님은 욥의 이 감동적인 예배를 받으셨고, 그는 더 큰 축복을 받게 됩니다. 포기할 수 있는 믿음을 달라고 기도하기를 바랍니다.

예배와 리더

오늘날 많은 성도들의 고민은 예배와 삶이 일치하지 않는 데 있습니다. 예배는 드려도 삶 속에서는 하나님을 인정하지 않는 것이 문제입니다. 예배드릴 때는 예배라는 가면을 쓰고, 예배드린 후에는 그 가면을 벗어버리고 사는 것이 문제입니다.

욥은 예배와 삶이 일치한 사람입니다. 단지 예배만이 아니라 그의 삶도 예배와 같았습니다.

하나님 앞에서 순전함과 정직함으로 살았던 욥은 삶 자체가 예배였습니다. 하나님은 그의 삶을 받으시고 욥을 사단에게 자랑하신 것입니다.

욥은 이 세상에서 영향을 끼치는 리더였습니다. 리더란 세상의 각 분야를 이끌어 가는 사람입니다. 욥은 동방에서 가장 큰 영향력을 가진 자였습니다. 그의 영향력은 부자였기 때문이 아니라 신실한 예배자였기 때문입니다.

세상 사람들은 단지 리더십을 말하고, 재능과 실력을 말하지만, 하나님은 진정한 예배자가 세상에서도 영향력을 가진 리더가 될 수 있다는 사실을 가르쳐 주셨습니다. 그의 예배적인 삶을 받으신 하나님은 그에게 은혜를 부어 주셨습니다. 진정으로 하나님을 예배하는 자는 가장 힘 있는 지도자입니다.

예배자로 살았던 사람들은 한결같이 하나님을 경외했고 이 땅에서 영향력을 끼치는 리더가 되었습니다. 하나님께서 원하시는 변화를 주도한 믿음의 사람들은 한결 같이 하나님을 경외한 진정한 예배자들이었던 것입니다.

노아

『믿음으로 노아는 아직 보이지 않는 일에 경고하심을 받아 경외함으로 방주를 준비하여 그 집을 구원하였으니 이로 말미암아 세상을 정죄하고 믿음을 따르는 의의 상속자가 되었느니라』(히 11:7,)

아브라함

『사자가 이르시되 그 아이에게 네 손을 대지 말라 그에게 아무 일도 하지 말라 네가 네 아들 네 독자까지도 내게 아끼지 아니하였으니 내가 이제야 네가 하나님을 경외하는 줄을 아노라』(창 22:12)

야곱

『야곱이 잠이 깨어 이르되 여호와께서 과연 여기 계시거늘 내가 알지 못하였도다 이에 두려워하여 이르되 두렵도다 이 곳이여 이것은 다름 아닌 하나님의 집이요 이는 하늘의 문이로다 하고』(창 28:16-17)

다윗

『오직 나는 주의 풍성한 사랑을 힘입어 주의 집에 들어가 주를 경외함으로 성전을 향하여 예배하리이다』(시 5:7)

요셉

『사흘 만에 요셉이 그들에게 이르되 나는 하나님을 경외하노니 너희는 이같이 하여 생명을 보전하라』(창 42:18)

초대교회 성도들

『그리하여 온 유대와 갈릴리와 사마리아 교회가 평안하여 든든히 서 가고 주를 경외함과 성령의 위로로 진행하여 수가 더 많아지니라』(행 9:31)

욥은 하나님으로부터 세상 사람들 중에 단연 최고라고 인정받은 리더입니다.

하나님은 예배자를 통해 영광을 받으실 뿐 아니라 이 땅에 하나님의 뜻을 드러내십니다.

참된 예배자는 이 땅을 변화시키는 리더가 될 수 있습니다.

우리 모두 예배에 성공하므로 이 땅을 변화시키는 리더가 되시기 바랍니다.

마리아를 통해 배우는 예배

(마 26:6-13)

『[6] 예수께서 베다니 나병환자 시몬의 집에 계실 때에 [7] 한 여자가 매우 귀한 향유 한 옥합을 가지고 나아와서 식사하시는 예수의 머리에 부으니 [8] 제자들이 보고 분개하여 이르되 무슨 의도로 이것을 허비하느냐 [9] 이것을 비싼 값에 팔아 가난한 자들에게 줄 수 있었겠도다 하거늘 [10] 예수께서 아시고 그들에게 이르시되 너희가 어찌하여 이 여자를 괴롭게 하느냐 그가 내게 좋은 일을 하였느니라 [11] 가난한 자들은 항상 너희와 함께 있거니와 나는 항상 함께 있지 아니하리라 [12] 이 여자가 내 몸에 이 향유를 부은 것은 내 장례를 위하여 함이니라 [13] 내가 진실로 너희에게 이르노니 온 천하에 어디서든지 이 복음이 전파되는 곳에서는 이 여자가 행한 일도 말하여 그를 기억하리라 하시니라』

마리아를 통해 배우는 예배

예수님께서 베다니에 있는 나병 환자인 시몬의 집에서 식사하실 때, 한 여자가 값비싼 향유 한 병을 가지고 와 예수님의 머리에 향유를 부었습니다.

이 광경을 본 제자들이 이 값비싼 향유를 비싼 값에 팔아서 가난한 사람들에게 줄 수도 있는데 왜 낭비하느냐고 책망했습니다. 그때 예수님께서 '이 여자를 괴롭히지 마라 나를 위해 좋은 일을 하였느니라 가난한 사람들은 항상 너희와 함께 있지만 나는 항상 너희와 함께 하지 못하지 않느냐 이 여자가 내 몸에 부은 향유는 내 장례를 준비한 것이니 복음이 전해지는 세상 곳곳에 이 여자가 한 일도 전해져 그를 기억할 것이다' 라고 하셨습니다.

요한복음 12장 3절에 보면 향유 옥합을 깨뜨린 이 여자를 나사로의 누이이며 마르다의 동생 마리아라고 기록하고 있습니다.

마리아는 정성을 다해 향유 옥합을 드렸습니다. 마리아가 드린 향유병은 목 부분이 길고 가는 아름답고 값비싼 병이었습니다.

주님께서는 마리아의 마음을 기쁘게 받으셨고 흡족해 하셨습니다. 마리아의 주님을 향한 섬김은 오늘날 우리가 드려야 할 예배의 자세를 가르쳐 주신 것이라고 할 수 있습니다. 예수님은 이 여인의 행동을 영원한 기념비로 삼으셨습니다.

주님께 합당한 정성을 담아 드림

마리아가 드린 향유는 히말리야 산맥이나 인도 지방에서 재배되는 나드 향나무에서 추출하는데 매우 비싸게 팔렸다고 합니다. 그 당시 셈에 가장 밝았던 가룟유다는 이 향유 한 근의 값이 삼백 데나리온에 해당한다고 말했습니다. 그 가치는 1년 품삯에 해당할 만큼 값진 것이었습니다.

『이 향유를 어찌하여 삼백 데나리온에 팔아 가난한 자들에게 주지 아니하였느냐 하니』(요 12:5)

이는 마리아가 하나님의 아들이신 주님께 합당한 예물로 주님의 마음을 흡족하게 해 드린 것입니다. 마리아가 드린 향유는 주님을 향한 사랑이 가득 담겨 있었습니다. 진정으로 사랑하면 정성을 다합니다. 마리아는 자신의 힘을 다해 드린 것입니다. 인사 치례가 아니었습니다.

이태리의 한 고관이 길을 가다가 어떤 사람이 땀을 흘리며 열심히 일하는 것을 보았습니다. 그 사람은 어떤 상자를 만들고 있었습니다. 관리가 물었습니다.

"상자를 어디에 쓰려고 그렇게 열심히 만들고 있소? "

"여기다 꽃씨를 뿌리려고 합니다."

"꽃씨를 뿌리려면 적당하게 만들어도 될 텐데 왜 그렇게 정성껏 만드시오?"

"저는 어떤 일이든 완벽하게 하는 것을 좋아합니다."

"그건 쓸데없는 짓이오. 누가 그렇게 한다고 알아 주겠소?"

"저는 그렇게 생각하지 않습니다. 목수이셨던 예수님이시라면 대충하셨을까요?"

"그렇게 하찮은 일을 예수님의 일과는 비교할 수 없지요 그런데 당신 이름이 무엇이오?"

"예, 저는 미켈란젤로입니다."

정성을 다하면 반드시 그 열매가 있습니다. 사람들도 압니다. 하물며 주님께서 모르시겠습니까?

하나님은 정성이 듬뿍 담긴 섬김을 좋아하시고 예배를 좋아하십니다.

남의 시선을 초월한 사랑의 표현

식사를 하고 계신 예수님 앞에 그것도 불쑥 나타났습니다. 그의 품행이 단정하지 않게 보일 수도 있습니다. 그러나 그는 자신이 드릴 수 있는 최고의 것을 주님께 드렸습니다. 다른 사람들은 허비라고 보았지만 이 여인에게는 너무나 귀하고 중요한 시간이었습니다. 실제로 이 여자는 영원한 생명을 주신 주님을 찬양하고 있는 것입니다.

주변 사람들은 이 여인의 행동을 우습게 보았을 것입니다. 그리고 조롱하는 눈으로 보았을 것입니다. '너는 정말 천한 여인이구나, 조금만 생각했으면 가치 있는 일에 사용할 수도 있는데 저토록 귀한 것을 함부로 허비하다니!'

마리아의 모습은 품위를 지킨다고 생각한 사람들보다 월등한 섬김이었습니다. 마리아는 최고의 정성과 사랑을 담아 드렸기 때문입니다.

마리아의 모습은 오늘날 너무나 가볍고 성의 없게 예배드리는 사람들에게 큰 깨우침을 줍니다. 정성과 사랑의 마음 없이 분위기에 편성하여 감정적으로 드리는 예배와 다릅니다.

마리아는 오늘날 다양한 악기와 기술을 사용하여 드리는 현대적인 예배와도 다른 높은 수준의 예배를 드린 것입니다. 사랑과 정성이 담긴 예배야말로 진정한 예배인 것입니다.

주님께서 원하시는 시간에 드린 예배

진정한 예배자는 용기가 있어야 합니다.

지금 마리아가 옥합을 가지고 예수님께 나아가기까지는 용기가 필요했습니다. 그 집은 문둥이의 집이었습니다. 그리고 예수님의 주위에는 남자들이 모여 있었습니다. 예수님 앞에 나아가 무릎을 꿇기까지는 용기가 필요했습니다.

마리아의 용기는 주님이 원하시는 시간을 맞추었습니다. 마리아를 향해 주변 사람들은 향유를 허비한다고 책망했지만 주님은 오히려 흡족해 하셨습니다. 그렇다고 주님께서 허비하시는 분이실까요? 아닙니다. 어려운 이웃을 외면하시는 분도 아닙니다. 얼마 있지 않아서 십자가에 돌아가실 주님은 더 이상 제자들과 함께 있을 시간이 없었습니다. 주님과 함께 할 수 있는 시간을 마리아는 잘 포착했습니다. 그리고 정성껏 준비한 예물을 가지고 나갔고 주님은 제자에게 말씀하셨습니다.

『예수께서 아시고 그들에게 이르시되 너희가 어찌하여 이 여자를 괴롭게 하느냐 그가 내게 좋은 일을 하였느니라 가난한 자들은 항상 너희와 함께 있거니와 나는 항상 함께 있지 아니하리라 이 여자가 내 몸에 이 향유를 부은 것은 내 장례를 위하여 함이니라』(마 26:10-12)

주님께서는 이 여인이 가져온 예물과 예배의 마음이 가장 좋은 선택이었음을 칭찬하신 것입니다.

주님께서 원하시는 시간에 주님 앞에 나아간 또 한 사람이 있었습니다. 문둥병자였다가 치료받은 사마리아 사람입니다.(눅 17:11-17)

예수님을 만난 열 명의 문둥병자들은 길을 가다가 자신의 병이 나은 것을 알았습니다. 그런데 아홉 명은 다 갈 길로 가고, 한 명은 다시 돌아와 예수님께 예배를 드렸습니다.

만왕의 왕이신 예수님께서 자신을 치료해 주시고 받아 주셨다는 감격 때문에 다른 문둥병자들의 따돌림은 문제가 되지 않았습니다. 아마 다른 아홉 명이 이렇게 말했는지 모릅니다. '나중에 가서 예배드리자. 먼저 가족부터 만나 보아야 하지 않겠는가?' 그러나 사마리아 사람은 유별나다는 말을 들으면서도 예수님께 발길을 돌렸습니다.

가장 좋은 예배는 주님께서 원하시는 시간에 드려야 합니다. 예수님은 그들이 지체하지 않고 예배드리기를 원하셨습니다. 예수님은 바로 그 시간에 문둥병자들이 예배드리기를 원하셨던 것입니다.

예수님께서는 이 사람이 때에 맞는 예배를 드리는 것을 보고 너무나 기뻐하셨습니다. 주님께서는 '먼저 볼일부터 보고 와도 괜찮은데' 라고 말씀하지 않으셨습니다.

누가복음 17장 15-17절을 살펴보면 그 사실을 잘 알 수 있습니다. 『그 중의 한 사람이 자기가 나은 것을 보고 큰 소리로 하나님께 영광을 돌리며 돌아와 예수의 발아래에 엎드리어 감사하니 그는 사마리아 사람이라 예수께서 대답하여 이르시되 열 사람이 다 깨끗함을 받지 아니하였느냐 그 아홉은 어디 있느냐』

진정한 예배는 주님께서 원하시는 시간에 드리는 예배인 것입니다.

주님께서 원하시는 예물

이 여인이 드린 향유는 참으로 큰 액수에 해당합니다. 그러나 그 액수 때문에 가치가 있는 것은 아닙니다. 이 여인이 드린 예물에 대해 예수님은 『이 여자가 내 몸에 이 향유를 부은 것은 내 장례를 위하여 함이니라』(마 26:12) 고 말씀하십니다.

유대인들은 죽은 자에게 향유를 붓습니다. 그러나 예수님은 죽으신 다음에 기름부음을 받지 못하셨습니다. 예수님은 마리아를 통해 십자가에 죽으시기 전에 가장 값진 선물을 받으신 것입니다.

그 당시 제자들까지도 예수님의 십자가의 죽음에 대해서는 이해하지 못했지만, 예수님께서 제사장과 서기관들로부터 위험에 처하고 계시다는 사실을 마리아는 알고 있었을 것입니다. 마리아는 예수님께 다가오는 어려움을 생각하며 존경과 사랑의 마음으로 위로해 드리고 싶었을 수도 있습니다.

마리아가 예수님의 십자가를 생각하고 향유를 부어 드린 것은 아니라고 해도 예수님의 마음을 흡족하게 해 드린 정말 값진 예물이 된 것입니다.

교회가 가장 필요로 할 때 드리는 예물은 가치가 있습니다. 성도들 가운데 교회가 건축될 때 헌신적으로 섬기는 자들이 있습니다. 넉넉하지 않고 어려운 가운데 드리는 자들의 섬김을 통해 예배당이 건축되고 그 섬김을 통해 많은 자들이 함께 예배드리는 기쁨을 누리게 됩니다. 구제와 선교를 위해서도 아낌없이 드린 자들의 예물로 인해 하나님의 나라가 확장되어져 갑니다.

예수님의 자랑이 된 영원한 모델 마리아

예수님께서 마리아의 행동에 대해 칭찬하셨습니다. 복음이 전파되는 곳, 다시 말해서 교회가 세워지고 예배드리는 성도들에게 이 사실을 알리라고 하셨습니다.

예수님을 향해 사랑과 존경을 담아 드리는 최고의 섬김과 예배는 주님의 마음을 기쁘시게 해 드렸고, 복음이 전파되는 곳에도 이 여인의 모습, 섬김과 예배의 모습이 모든 성도들에게 각인되기를 원하신 것입니다.

목회를 하다보면 자랑하고 싶은 성도가 있습니다. 사도 바울도 자랑하고 싶은 성도들의 이름을 로마서 16장에서 일일이 열거하고 있습니다.

예수님은 마리아를 자랑하시고 제자들에게 자랑을 부탁하셨습니다. 이는 복음으로 세워진 교회마다 마리아의 마음이 섬김과 예배 가운데 나타나야 한다는 사실 때문에 자랑스러운 모델로 소개하고 계신 것입니다.

세계 각 분야에서 가장 큰 업적을 이룬 사람들은 각 분야의 명예의 전당에 이름을 올립니다. 미국 플로리다에는 골프 명예의 전당이 있습니다. 여기에 이름을 올리려면 LPGA 무대에서 10년 이상의 경력과 일정 기준 이상의 점수를 얻어야 합니다. 아시아 선수로는 처음으로 박세리 선수가 가입되어 있습니다.

그가 명예의 전당에 가입할 때 3000여 명의 축하를 받았다고 합니다. 1997년 미국 골프에 데뷔한 아시아의 조그만 나라 한국의 이름 없는 소녀가 10년 만에 메이저리그 5승을 포함 24승을 거두며 세계 골프인이 부러워하는 명예의 전당에 당당하게 입성한 것입니다.

천국 명예의 전당에는 여러 믿음의 사람의 이름과 함께 마리아의 이름도 기록되어 있을 것입니다.

여러분의 이름도 천국 명예의 전당에 기록되기를 간절히 소원하는 진정한 예배자기 되시기 바랍니다.

• 설교사전 시리즈 •

설교사전시리즈 ❶
4차원 영해설교사전
편집부 엮음

성경에 숨겨진 444의 비밀

444편의 설교가 가나다라 순으로 정리되어 필요한 내용을 뽑아 쓸 수가 있으며, 책을 펼친 한 면에 설교가 한 편씩 들어가도록 편집하였다. 신구약 성경에서 네 가지와 연관된 것만 뽑았으며, 각각 다른 4개의 대지가 관계 성경 구절과 함께 명시되어 있다.

설교사전시리즈 ❷❸
새설교사전 상/하
윤도중 편저

각종 설교자료의 노하우를 총망라한 대작

각 주제별 가나다라 순으로 총 500여편의 설교가 들어있다. 한 편의 설교마다 각종 십계명, 예화, 해설, 명상 등의 자료들이 풍성하게 들어있다.

설교사전시리즈 ❹❺
주제별용어설교사전 상/하
편집부 엮음

주제별로 분류된 신개념 설교사전!

이 책은 성경에 나타난 용어를 풀이하여 설교에 도움이 되도록 기획된 설교사전이다. 주제별로 나누어진 설교 제목과 본문을 기본 틀로 하여 다양하게 설교에 활용할 수 있도록 많은 자료와 용어 해설이 들어 있다.

핵심요약 심방설교 (1~3)

편집부 엮음

약 100편의 주제로 분류하여 500여 편의 설교자료를 편집하였다. 설교자에게 실제로 필요한 내용과 구성으로 큰 도움을 줄 것이다. 참고자료가 풍부하여 응용하기에 좋다. 1권은 핵심요약 심방설교, 2권은 핵심요약 새심방설교, 3권은 최신 심방설교로 구성되어 있다.

피종진 목사 능력요약설교 (1~5)

피종진 지음

구원의 확신과 성령의 뜨거운 능력을 체험하는 축복의 말씀을 요약하여 창세기부터 요한계시록까지 정리하였다. 목회자, 부흥사, 전도사, 신학생은 물론 평신도에까지 말씀이 능력됨을 깨닫게 해 줄 것이다.

설교자료뱅크 (1~3)

편집부 엮음

방대한 설교자료들을 주제별로 분류하여 설교 내용을 찾기 쉽도록 편집하였다. 주일 예배 외에도 심방, 기도회, 기관모임 등의 설교에서도 활용할 수 있다. 총 3권으로 되어 있으며 더 많은 자료를 빠른 시간 안에 참고하도록 각 권이 서로 연결되어 풍부한 설교를 준비할 수 있다.

새벽강단 (1~10)

김원태 외 2명 지음

매일 예배를 드릴 수 있도록 간결하면서도 주제가 있는 설교들이 들어있다. 새벽기도 외에도 여러가지 예배와 소규모 모임에도 함께 나눌 수 있는 묵상을 준다. 구역예배와 큐티에도 활용할 수 있어서 꾸준하게 성도들에게 사랑받는 설교집이다.